本书为教育部人文社会科学青年项目"全球化与和谐世界的构建"（项目编号：07JC710002）研究成果。

现实与理想：

全球化背景下的国际合作与和谐世界

赵长峰 ◯ 著

中国社会科学出版社

图书在版编目(CIP)数据

现实与理想:全球化背景下的国际合作与和谐世界/赵长峰著 . —北京:中国社会科学出版社,2011.11

ISBN 978 - 7 -5161 -0264 -0

Ⅰ.①现…　Ⅱ.①赵…　Ⅲ.①全球化—关系—国际合作—研究

Ⅳ.①D812

中国版本图书馆 CIP 数据核字(2011)第 224010 号

策划编辑　冯　斌
责任编辑　丁玉灵
责任校对　韩天炜
封面设计　郭蕾蕾
技术编辑　戴　宽

出版发行　中国社会科学出版社
社　　址　北京鼓楼西大街甲 158 号　　邮　编　100720
电　　话　010—84029450(邮购)
网　　址　http://www.csspw.cn
经　　销　新华书店
印　　刷　北京新魏印刷厂　　　　　装　订　广增装订厂
版　　次　2011 年 11 月第 1 版　　　印　次　2011 年 11 月第 1 次印刷
开　　本　710×1000　1/16
印　　张　18.5
字　　数　300 千字
定　　价　42.00 元

前　言

　　大家基本上有一个共识：中国的改革开放时期（1978 年至今）正是全球化蓬勃发展的时期。在这一时期，中国一改之前对全球化敬而远之的态度，[①] 逐步认识到融入全球化的必要性、可行性与重要性，中国历经 13 年的艰苦谈判才最终成功加入世界贸易组织便是证明。然而对于中国而言，加入世界贸易组织，绝不仅仅意味着加入一个国际经济组织，而是融入全球化的标志之一，它意味着中国所处国际环境的变化。而国际环境的变化，意味着中国的内政、外交也必须做出相应的调整，以适应变化了的国际环境。从外交方面来看，20 世纪 90 年代以来，尤其是进入 21 世纪后，在"和平与发展"的基础上，中国政府和领导人提出"要和平、求合作、促发展已经成为时代的主流"，"中国将坚定不移地高举和平、发展与合作的旗帜"等主张，突出强调了"合作"的重要性。[②] 2005 年 9 月 15 日，胡锦涛主席在联合国成立 60 周年首脑会议上郑重提出了"和谐世界"的理念：坚持多边主义，实现共同安全；坚持互利合作，实现共同繁荣；坚持包容精神，共建和谐世界；坚持积极稳妥方针，推进联合国改革。[③] "和谐世界"理念的提出，完成了对"和平与发展"的时代升华。

　　我们明白，通向和谐世界的道路肯定是崎岖不平的，在达到目标之

---

　　① 具体表现为对国际组织（尤其是西方大国主导的国际组织）的态度上，将其视为"富人俱乐部"、"资本主义国家俱乐部"、"空谈俱乐部"、"国际剥削工具"、"国际警察署"。这种态度直接决定了中国的行动：拒绝加入，以免受其控制或剥削。

　　② 有学者甚至将"合作"提到一个更高的层次：时代主题的层次，认为，当今的时代主题已经由"和平、发展"演变为"和平、发展、合作"。参见杨守明《时代主题的演变与中国的和平发展》，《当代世界与社会主义》2006 年第 5 期。

　　③ 详见胡锦涛《努力建设持久和平、共同繁荣的和谐世界——在联合国成立 60 周年首脑会议上的讲话》，《人民日报》2005 年 9 月 16 日。

前甚至还有可能迷失方向，但是我们坚信，和谐世界的来临将是不可避免的。问题是：第一，当今的全球化能否加速这一"全新的国际秩序"①的建立，如有可能，又将如何促进？第二，国际合作如何在全球化与和谐世界之间起到桥梁纽带作用？第三，如何勾画出全球化的现状？第四，国际合作对全球化提出了哪些要求？第五，和谐世界对国际合作提出了什么要求？第六，"和谐世界"理念对中国外交产生了哪些影响？

为了回答上述问题，本书旨在以"和谐世界"为核心变量，从全球的视角探讨"全球化"、"国际合作"与"和谐世界"三变量之间的关联。尤其强调以全球化为背景，在"国际合作"与"和谐世界"之间建立起变量关系，从而使"和谐世界"成为一个具有丰富内涵的、逻辑连贯的、科学的理论命题。本书采用的主要研究方法包括理论与实践相结合的方法、比较分析方法和历史分析方法。

本书研究的基本内容和框架结构如下：

第一章，全球化及其提出的新要求。本章首先从定义、动因、分期、影响和轨迹五个方面对全球化进行全面解读。然后分别对"国家与市场"、"不平等"、"和平与冲突"、"国际组织"以及"人类共同利益"与全球化的关系进行了详细探讨。最后着重阐述了全球化提出的新要求。这一点很重要，正是由于全球化提出的新要求，从而使全球化与国际合作以及和谐世界建立起了紧密联系。

第二章，全球化背景下的国际合作。本章在详细分析国际合作的定义、形式、历史发展及其特点以及国际合作理论的基础上，着重探讨了全球化与国际合作的关系。指出，国际合作符合全球化的要求，从理论与现实两个方面阐述了全球化背景下国际合作的艰辛性与可行性，并提出了全球背景下国际合作应该坚持的原则。最后以当今国际社会备受关注的国际金融危机与气候变化为例，分别阐明国际金融合作与全球气候合作的艰辛性与必要性。

第三章，全球化背景下的和谐世界。本章首先界定了"和谐世界"的内涵，对国际社会关于"和谐世界"的误解进行了批判，并进一步探讨了"和谐世界与和谐社会的关系"、"和谐世界理念与传统外交理

---

① "和谐世界"是一种全新的国际秩序，详见本书第三章第二节。

念的传承关系"、"和谐世界理念与中国的传统文化"。为了对"和谐世界"理念有一个更清楚的了解，本章将"和谐世界"理念分别与"帝国世界"、"霸权世界"、"民主世界"、"改革与新思维"、"共产主义"世界进行了比较，认为"和谐世界"是一种全新的国际秩序，是一种全新的全球治理模式。最后重点阐述全球化与"和谐世界"的关系，全球化与"和谐世界"理念的关系。

第四章，国际合作与和谐世界。本章首先阐述了国际合作与和谐世界的关系，主要表现为：第一，构建"和谐世界"是推行国际合作的主要目标；第二，构建"和谐世界"需要国际合作；第三，为推动建设和谐世界，各国愿意合作；第四，推行国际合作是构建"和谐世界"的主要手段。其次本章探讨构建和谐世界对国际合作的原则要求，主要包括平等相待原则、公平竞争原则、互利共赢原则、相互尊重原则、恪守公认国际关系准则以及相互信任原则。最后，从理念层面、制度层面和实践层面探讨构建和谐世界对国际合作的具体要求。

第五章，"和谐世界"理念与中国外交。本章首先探讨了"和谐世界"理念对于中国的意义以及"和谐世界"理念指导下的中国外交，包括对总体外交和具体外交的影响。然后分别以"新时期的中非合作关系"和"奥巴马执政以来的中美合作关系"为例来阐明"和谐世界"理念对中国外交的影响。

结语，构建和谐世界任重而道远。此部分简要介绍了构建和谐世界可能会遇到的一些棘手问题。总的结论是，尽管构建"和谐世界"的过程是艰辛的，但是前景却是光明的。

研究和探讨全球化背景下的国际合作与和谐世界及相互间的关系具有重要的理论与现实意义。第一，突破国际关系理论中的"问题解决理论"偏好，建构起一个具有"解放理论"旨趣的马克思主义的新的国际关系理论；第二，构建中国特色的国际关系理论。在当今世界，日益崛起的中国作为对国际关系学发展具有重要影响力的国家，它应该产生中国自己的国际关系理论的"地方性知识"，这也是中国的现实状况、中国国际关系学界既有的知识条件和中国传统精神资源等诸多条件的整合而应该生产出来的原创性知识。从实践上讲，本研究对于国际政治经济现实的发展具有重要的导向和规范作用：第一，有助于规范和理顺国际关系的未来发展走向。基于对全球化的分析和考察，"和谐世界"理念指出了国际关系的发展方向是趋于和谐状态，也指出了国际合作是实现和谐世界的重要途径；第二，有助于正确认识和解决国际政治经济现实中的各种不和谐现象和状况。和谐世界的进程不会是一片坦途，各种不和谐音符的存在是正常现象。对此，应该有清醒的认识，采取积极态度，努力去应对和解决各种不和谐因素；第三，有助于指导中国外交实践，开创中国外交和国际关系的新局面。中国外交一直在为构建一个公正、合理、繁荣的国际社会而积极努力。"和谐世界"理念使中国外交实践更加自觉，也使得中国所主张的国际社会的核心价值观能够得到更多的明确认同，使中国在国际社会的形象建构具备更充足的、更明确的精神旗帜。

目　录

导　论

一　问题的提出及研究意义

（一）问题的提出

大家基本上有一个共识：中国的改革开放时期（1978 年至今），正是全球化蓬勃发展的时期。在改革开放时期，中国一改之前对全球化敬而远之的态度，[①] 逐步认识到融入全球化的必要性、可行性与重要性，中国历经 13 年的漫长谈判才最终成功加入世界贸易组织便是明证。然而对于中国而言，加入世界贸易组织，绝不仅仅意味着加入一个国际经济组织，它是中国全面融入全球化的标志之一，它意味着中国所处国际环境的变化。而国际环境的变化，意味着中国的内政与外交也必须做出相应的调整，以适应变化了的国际环境。从外交方面来看，20 世纪 90 年代以来，尤其是进入 21 世纪后，在"和平与发展"的基础上，中国政府和领导人提出了广为人知的"要和平、求合作、促发展已经成为时代的主流"，"中国将坚定不移地高举和平、发展与合作的旗帜"等主张，突出强调了"合作"的重要性。[②] 2005 年 9 月 15 日，胡锦涛主席在联合国成立 60 周年首脑会议上郑重提出了"和谐世界"理念：坚持多边主义，实现共同安全；坚持互利合作，

---

① 具体表现为对国际组织（尤其是西方大国主导的国际组织）的态度上，将其视为"富人俱乐部"，或"资本主义国家俱乐部"，或"空谈俱乐部"，或"国际剥削工具"，或"国际警察署"。这种态度直接决定了中国的行动：拒绝加入，以免受其控制或剥削。

② 有学者甚至将"合作"提到一个更高的层次：时代主题的层次，认为，当今的时代主题已经由"和平、发展"演变为"和平、发展、合作"。参见杨守明《时代主题的演变与中国的和平发展》，《当代世界与社会主义》2006 年第 5 期。

实现共同繁荣；坚持包容精神，共建和谐世界；坚持积极稳妥方针，推进联合国改革。①"和谐世界"理念的提出，完成了对"和平与发展"的时代升华。

我们明白，通向和谐世界的道路肯定是崎岖不平的，在到达目的之前甚至还有可能迷失方向，但是我们坚信，和谐世界的来临将是不可避免的。问题是：第一，当今的全球化能否加速这一"全新的国际秩序"②的建立，如有可能，又将如何促进？第二，国际合作如何在全球化与"和谐世界"之间起到桥梁纽带作用？第三，如何勾画出全球化的现状？第四，国际合作对全球化提出了哪些要求？第五，"和谐世界"对国际合作提出了什么要求？第六，"和谐世界"理念对中国外交产生了哪些影响？所有这些问题都需要加以解答。

（二）研究意义

从理论上讲，本课题的研究对于继承和发展马克思主义国际关系理论具有一定的指导价值：第一，突破国际关系理论中的"问题解决理论"偏好，建构起一个具有"解放理论"旨趣的马克思主义的新的国际关系理论；第二，构建中国特色的国际关系理论。在当今世界，日益崛起的中国作为对国际关系学发展具有重要影响力的国家，它应该产生中国自己的国际关系理论的"地方性知识"，这也是中国的现实状况、中国国际关系学界既有的知识条件和中国传统精神资源等诸多条件的整合而应该生产出来的原创性知识。

从实践上讲，本课题的研究对于国际政治经济现实的发展具有重要的导向和规范作用：第一，有助于规范和理顺国际关系的未来发展走向。基于对全球化的分析和考察，"和谐世界"理念指出了国际关系的发展方向是趋于和谐状态，也指出了国际合作是实现"和谐世界"的重要途径。第二，有助于正确认识和解决国际政治经济现实中的各种不和谐现象和状况。"和谐世界"的进程不会是一片坦途，各种不和谐音符的存在是正常现象。对此，应该有清醒的认识，采取积

---

① 详见胡锦涛《努力建设持久和平、共同繁荣的和谐世界——在联合国成立 60 周年首脑会议上的讲话》，《人民日报》2005 年 9 月 16 日。

② "和谐世界"是一种全新的国际秩序，详见本书第三章第二节。

极态度，努力去应对和解决各种不和谐因素。第三，有助于指导中国外交实践，开创中国外交和国际关系的新局面。中国外交一直在为构建一个公正、合理、繁荣的国际社会而积极努力着。"和谐世界"理念使中国外交实践更加自觉，也使得中国所主张的国际社会的核心价值观能够得到更多的明确认同，使中国在国际社会的形象建构具备更充足的、更明确的精神旗帜。

二 关于"和谐世界"的研究现状①

（一）主要著作及其述评

自 2005 年 9 月胡锦涛主席在联合国成立 60 周年首脑会议上发表"努力建设持久和平、共同繁荣的和谐世界"的重要讲话以来，"和谐世界"已成为中国外交的新理念。学术界对其进行了全面而深入的探讨。截至 2009 年年底，已出版著作十多部。

其中论文集有 7 部，分别是上海市社会科学界联合会编的《和谐世界：和平发展与文明多样性》（上海人民出版社 2006 年版）、中国前驻日大使徐敦信主编的《世界大势与和谐世界》（世界知识出版社 2007 年版）、中共中央宣传部舆情信息局编的《推动建设持久和平共同繁荣的和谐世界》（学习出版社 2007 年版）、中国国际问题研究所所长马振岗主编的《建设和谐世界的战略环境与理论探索：2006 年国际形势研讨会论文集》（当代世界出版社 2007 年版）、北京大学国际关系学院教授梁守德与李义虎主编的《全球化与和谐世界》（世界知识出版社 2007 年版）、王建国、张伟群主编的《和谐社会与和谐世界："推进和谐社会与和谐社区建设"国际学术研讨会论文集》（上海人民出版社 2007 年版）、中国社会科学院亚太研究所所长张蕴岭主编的《构建和谐世界：理论与实践》（社会科学文献出版社 2008 年版）。主要内容都涉及"和谐世界"的价值、意义、内涵及构建的途径。

---

① 本书主要涉及三个变量：全球化、国际合作与和谐世界，其中"和谐世界"是最核心的变量。限于篇幅以及出于"和谐世界"是最核心变量的考虑，本书主要考察"和谐世界"的研究现状。

　　另外，中国国际问题研究所所长马振岗与甄炳禧研究员主编的《实施"走出去"战略　推动建设和谐世界》（世界知识出版社2009年版），全面论证了"走出去"战略与建设和谐世界的相互关系。中国国际问题研究所研究员郭震远主编的《建设和谐世界：理论与实践》（世界知识出版社2008年版）包括"理论篇"和"实践篇"，其中"理论篇"着重论述了中国提出建设"和谐世界"理念的根据和前景；"实践篇"则着重论述了中国将如何推进建设和谐世界。中共海南省委党校海南省战略发展研究所所长傅治平编著的《和平发展与共建和谐世界》（中国社会出版社2009年版），主要探讨了中国和平发展道路的选择，构建和谐世界的路径选择与未来展望。

　　严格意义上的专著只有两本，其中中央党校的秦治来博士的《和平发展合作：为什么要推动建设和谐世界》（人民出版社2008年版），是一本十七大热点通俗读物，主要介绍了和谐世界提出的背景、意义、内涵、影响因素、实现途径及对中国外交的指导意义。《求是》杂志国际部副主任杨发喜的《从"协和万邦"到建设和谐世界》（人民出版社2008年版），指出"协和万邦"是有实践基础的历史传统，协和万邦历史传统对当代中国和平外交产生较大影响，并对建设和谐世界的历史传统、时代背景和实践基础进行了深入阐述。

　　概言之，从著作方面来看，中国学术界对"和谐世界"给予了相当程度的重视，且呈现出从一般介绍到具体、详细研究的趋势，对于了解和谐世界的基本内容和观点大有帮助。但是也存在着一定的问题，例如，著作多是以论文集的形式出版，系统而深入的学术研究成果相对较少。

　　（二）主要论文及其述评

　　国内以"和谐世界"为篇名的论文大约有896篇，①关注的问题主要集中在以下几个方面：

　　1. 关于"和谐世界"的称谓

　　有学者称其为一种"理论"，如岳晓勇的《对推动建设和谐世界理论的初步认识》（《国际问题研究》2007年第4期）、徐步的《和

―――――――――――――

　　① 以中国期刊全文数据库为准，时间截至2009年年底。

谐世界理论与国际体系建设》（《和平与发展》2008 年第 2 期）。

有学者称其为一种"思想"，如孙建社的《和平发展和构建和谐世界思想与中国外交战略思想的创新》（《当代世界与社会主义》2007 年第 6 期）、杨宇等的《"和谐世界"思想与中国软实力塑造》（《国际关系学院学报》2008 年第 3 期）。

大多数学者称其为一种"理念"，如秦亚青的《和谐世界：中国外交新理念》（《理论参考》2007 年第 5 期）、王缉思的《和谐世界：中国外交新理念》（《中国党政干部论坛》2007 年第 7 期）、俞可平的《和谐世界理念下的中国外交》（《瞭望新闻周刊》2007 年第 17 期）、杨洁勉的《试论和谐世界理念与国际体系转型的互动》（《毛泽东邓小平理论研究》2007 年第 1 期）、张幼文，黄仁伟的《国际社会盛赞"和谐世界"新理念》（《决策与信息》2007 年第 10 期）、时殷弘的《成就与挑战：中国和平发展、和谐世界理念与对外政策形势》（《当代世界与社会主义》2008 年第 2 期）。

除上述称谓外，还有少数学者称其为一种"秩序"或"理想"①。

不同学者赋予"和谐世界"的众多称谓，各有其一定的道理，但是相比较而言，本书更认可"理念"这一称谓。②

2. 关于"和谐世界"的研究视角

从研究的视角来看，大多数学者运用的是政治学的视角，除此之外，还有：

哲学的视角，如刘镇江的《哲学视域中的和谐世界研究》（《南华大学学报》2006 年第 6 期）、董恒宇的《中国哲学在新世纪的价值与使命——构建和谐社会、和谐世界的哲学思考》（《内蒙古统战理论研究》2006 年第 6 期）、娄永清的《矛盾与和谐世界的建设》（《广西

---

①　分别参见段小平《从无政府状态到和谐世界秩序的建构》，《国际论坛》2006 年第 4 期；曹峻《"和谐世界"理想与中国特色国际战略思想的发展》，《毛泽东邓小平理论研究》2007 年第 8 期。

②　在本书看来，从"理论"的构成要素（概念、变量、命题与假设等）来看，"和谐世界"还称不上"理论"；"和谐世界"当然是"思想"，是新一代领导集体关于未来世界走势的"思想"，但是显然还无法上升到马列主义、毛泽东思想的境界；"和谐世界"当然是一种"秩序"，也是一种"理想"，但是"秩序"与"理想"仅仅是"和谐世界"内涵的一个方面，无法全部包含"和谐世界"的内涵。

社会科学》2007年第4期）。

法学的视角，如龚瑜的《论国际法与和谐世界》（《现代法学》2006年第6期）、邢爱芬的《实现和谐世界的国际法治途径》（《北京师范大学学报》2007年第1期）以及《和谐世界与国际法治》（《新视野》2009年第2期）、何志鹏的《国际法治：和谐世界的必由之路》（《清华法学》2009年第1期）。

经济学的视角，如张妍的《推动建设和谐世界与完善国际能源秩序》（《外交评论》2007年第4期）、蒋泓峰的《均衡管理对构建和谐世界的意义》（《公关世界》2008年第8期）、杨柳的《论"保护的责任"与和谐世界的构建》（《中外企业家》2009年第20期）、周载的《经济危机催生和谐世界》（《经济研究导刊》2009年第13期）。

伦理学的视角，如王永智的《论儒家伦理在构建和谐世界中的作用》（《道德与文明》2007年第5期）、毛勒堂的《世界经济正义及其对建设和谐世界的伦理价值》（《云南师范大学学报》2007年第5期）、王易的《国际关系伦理学视角下的和谐世界构建》（《理论前沿》2007年第11期）、左高山的《和谐世界理念：一种新的政治伦理》（《道德与文明》2008年第2期）。

心理学的视角，如尹继武的《和谐世界秩序的可能：社会心理学的视角》（《世界经济与政治》2009年第5期）、李旭东的《论国际社会的怨恨心理与和谐世界的构建——一种基于社会心理学视角的分析》（《国际论坛》2008年第1期）。

文化学的视角，如梁昕的《建构和谐世界——评〈呼啸山庄〉中自然与文明的关系》（《湘潭师范学院党报》2006年第3期）、刘祥生的《语言、文化与和谐世界》（《世界文化》2008年第7期）、周星的《用真心真情创造和谐世界——影片〈突发事件〉观后》（《求是》2008年第3期）。

宗教学的视角，如叶小文的《和谐世界 众缘和合》（《中国宗教》2009年第4期）、杜青林的《共担世界和谐重任 共享和谐世界恩泽》（《中国宗教》2009年第4期）、石刚的《佛教文化精神与和谐世界理念》（《首都经济贸易大学学报》2006 年第 4 期）。

历史学的视角，如刘庭华的《老子的战争观与军事战略——"不以兵强天下"与建立和谐世界》（《军事历史》2009 年第 3 期）、张金路的《孙子兵学思想与和谐世界的构建》（《管子学刊》2009 年第 1 期）、谢茜的《论文化与建构和谐世界——从历史考察的角度》（《理论月刊》2008 年第 6 期）、向荣的《世界史与和谐世界》（《历史研究》2008 年第 2 期）。

体育学的视角，如何振梁的《"体育梦"、"中国梦"与和谐世界》（《外交评论》2006 年第 2 期）、崔乐泉的《体育文化与和谐世界研究》（《体育文化导刊》2009 年第 4 期）、鲁松涛等的《"新奥运""新和谐世界"——北京奥运会对和谐世界构建影响的研究》（《体育世界》2008 年第 10 期）。

由此可见，关于"和谐世界"的研究已遍及各学科领域，受到各学术领域学者的普遍关注。

3. 关于"和谐世界"的内容

从研究内容来看，关注的问题主要集中在以下几个方面：

（1）"和谐世界"理念提出的背景①

第一，中国迅速提升的综合国力和国际影响力为"和谐世界"理念的提出和推介创造了重要的基础和条件。

第二，苏东剧变以来国际政治、经济、军事、安全等形势的巨大变化，是提出"和谐世界"理念的国际背景。

第三，"和谐世界"理念是中国推动建设"和谐社会"在国际社会上的自然延伸。

第四，和平、发展、合作的世界大趋势，为构建和谐世界提供了基础性的条件。

---

① 参考秦亚青《和谐世界：中国外交新理念》，《前线》2006 年第 12 期；萨本望《对于建设和谐世界的几点认识》，《和平与发展》2006 年第 1 期；刘清才《建构和谐世界：关于世界秩序范式的理论探讨》，《吉林大学社会科学学报》2006 年第 5 期；肖晞、于海洋《试论和谐世界理念》，《理论探索》2006 年第 3 期；胡尊东《困境与对策：对建设和谐世界的思考》，《山东社会科学》2006 年第 11 期。

（2）"和谐世界"理念提出的价值①

第一，有助于中国软实力的提升。表现在：首先，消除"中国威胁论"的负面影响，为中国塑造正面的国际形象。其次，展示给世界一套与美国文明截然不同的价值体系。再次，推动中国国际体系观的完善——中国版本的"全球治理"。

第二，倡导构建和谐世界的思想具有鲜明的时代意义。首先，冷战结束后，和平与发展时代潮流的进一步发展以及当前经济全球化、世界多极化的趋势，在全球范围内造就了前所未有的、有利于各国和平共处、互利合作的国际大环境。其次，各种全球化发展趋势，使经济、政治、安全、文化、环境和其他社会领域内大量出现一些国际性和全球性问题。再次，强调"包容"和"合作"精神。

第三，有利于促进中国与现行国际体系主导国，尤其是美国的战略合作关系的发展，增加中美两国在维护世界、地区和平与稳定方面的共同利益。

第四，"和谐世界"理念的提出，可以带动中国的国际关系和外交理论研究深入发展。

第五，和谐世界是对人类社会发展规律的最新探索，它坚持国家和谐与世界和谐、国家利益与人类利益相结合的新视野，提出新的世界发展观；它深化了对和平与发展时代主题的认识，不仅突出了和平与发展，而且强调了二者之间的关系，创新了时代主题论。

（3）构建"和谐世界"的途径②

第一，积极推进联合国改革，充分发挥并尊重联合国在构建"和

---

① 参考徐坚《"构建和谐世界"的理论与实践》，《国际问题研究》2006 年第 4 期；孙建社《构建"和谐世界"：中国外交战略的新理念》，《南京师大学报》2007 年第 2 期；江西元《从新天下主义到和谐世界：中国外交理念选择及其实践意义》，《当代亚太》2007 年第 12 期；杨宇等《"和谐世界"思想与中国软实力塑造》，《国际关系学院学报》2008 年第 3 期；丁晋清《充分认识建设和谐世界的理论意义和现实意义》，《上海党史与党建》2005 年第 12 期。

② 参考秦亚青《和谐世界：中国外交新理念》，《前线》2006 年第 12 期；元成章《关于"和谐世界"的几个问题》，《理论视野》2006 年第 5 期；孙建社《构建"和谐世界"：中国外交战略的新理念》，《南京师大学报》2007 年第 2 期；刘国华、李阵《和谐世界理念及其体系构建》，《理论建设》2006 年第 6 期；郭志俊《实现国际关系民主化的途径——构建和谐世界的关键》，《兰州学刊》2006 年第 5 期。

谐世界"中的主导作用。

第二，促进国际关系民主化，推动建立和平、民主、公正、合理的国际政治经济新秩序。

第三，推动世界经济的共同发展，尤其是力促广大发展中国家的经济社会快速发展。

第四，在世界范围内推行多边主义，坚持多边国际合作。

第五，树立新安全观，建立集体安全机制。

第六，尊重并维护世界文明与文化的多样性。

第七，加强国际社会的法理基础，积极推动并强化国际法和国际关系基本准则的作用。

第八，推进和谐地区的共同体建设。

总体而言，国内学术界对"和谐世界"理念的研究取得了不少有分量的成果，这对于加深人们对"和谐世界"理念的认识无疑是大有裨益的。但是就当前的研究来讲，学理层面探讨和分析的研究成果相对较少，主要表现在对"和谐世界"理念的研究缺乏全球视角。

本书旨在以"和谐世界"为核心变量，从全球的视角探讨"全球化"、"国际合作"与"和谐世界"三变量之间的关联。尤其强调以全球化为背景，在"国际合作"与"和谐世界"之间建立起变量关系，从而使"和谐世界"成为一个具有丰富内涵的、逻辑连贯的、科学的理论命题。

三　研究思路、结构框架和研究方法

（一）研究思路

本书从定义全球化开始，在分析了全球化的动因、分期、影响、轨迹以及如何看待全球化的基础上，着重阐述了全球化提出的要求。这是本书的起点和基础，主要是为下面论述国际合作与和谐世界做好铺垫。紧接着探讨国际合作的定义、形式、历史发展、特点及国际合作理论，目的是为了重点分析全球化与国际合作的关系，分析全球化背景下国际合作的艰辛性、可行性及国际合作应该坚持的原则。接下来重点论述"和谐世界"理念，并探讨全球化与"和谐世界"、"和

谐世界"理念的关系。在讨论了全球化与国际合作的关系以及全球化与"和谐世界"的关系之后，重点阐述国际合作与和谐世界的关系。最后阐明"和谐世界"理念对于中国的意义以及该理念指导下的中国外交。

（二）结构框架

本书包括导论、正文 5 章和结语共 7 部分，次序与体系结构安排如下：

导论。主要简介本书的研究意义、研究现状、研究思路、结构框架以及研究方法。本部分的写作目的在于对全书的论述进行总体描述，为全书的展开提供引导。

第一章，全球化及其提出的新要求。本章首先从定义、动因、分期、影响和轨迹五个方面对全球化进行了全面解读。然后分别对"国家与市场"、"不平等"、"和平与冲突"、"国际组织"以及"人类共同利益"与全球化的关系进行了详细探讨。最后着重阐述了全球化提出的新要求。这一点很重要，正是由于全球化提出的新要求，从而使全球化与国际合作以及和谐世界建立起了紧密联系。

第二章，全球化背景下的国际合作。本章在详细分析国际合作的定义、形式、历史发展及其特点以及国际合作理论的基础上，着重探讨了全球化与国际合作的关系。指出，国际合作符合全球化的要求，从理论与现实两个方面阐述了全球化背景下国际合作的艰辛性与可行性，并提出了全球背景下国际合作应该坚持的原则。最后以当今国际社会备受关注的国际金融危机与气候变化为例，分别阐明国际金融合作与全球气候合作的艰辛性与必要性。

第三章，全球化背景下的和谐世界。本章首先界定了"和谐世界"的内涵，对国际社会关于"和谐世界"的误解进行了批判，并进一步探讨了"和谐世界与和谐社会的关系"、"和谐世界理念与传统外交理念的传承关系"、"和谐世界理念与中国的传统文化"。为了对"和谐世界"理念有一个更清楚的了解，本章将"和谐世界"理念分别与"帝国世界"、"霸权世界"、"民主世界"、"改革与新思维"、"共产主义"世界进行了比较，认为"和谐世界"是一种全新的国际秩序，是一种全新的全球治理模式。最后重点阐述了全球化与"和谐世界"的关系，全球化与"和谐世界"理念的关系。

第四章，国际合作与和谐世界。本章首先阐述了国际合作与和谐世界的关系，主要表现为：第一，构建"和谐世界"是推行国际合作的主要目标；第二，构建"和谐世界"需要国际合作；第三，为推动建设和谐世界，各国愿意合作；第四，推行国际合作是构建"和谐世界"的主要手段。其次本章探讨了构建和谐世界对国际合作的原则要求，主要包括平等相待原则、公平竞争原则、互利共赢原则、相互尊重原则、恪守公认国际关系准则以及相互信任原则。最后，从理念层面、制度层面和实践层面探讨了构建和谐世界对国际合作的具体要求。

第五章，"和谐世界"理念与中国外交。本章首先探讨了"和谐世界"理念对于中国的意义，以及"和谐世界"理念指导下的中国外交，包括对总体外交和具体外交的影响。然后分别以"新时期的中非合作关系"和"奥巴马执政以来的中美合作关系"为例来阐明"和谐世界"理念对中国外交的影响。

结语，构建和谐世界任重而道远。此部分简要介绍了构建和谐世界可能会遇到的一些棘手问题。总的结论是，尽管构建"和谐世界"的过程是艰辛的，但是前景却是光明的。

（三）研究方法

1. 理论与实践相结合的方法

国际合作与和谐世界属于国际关系理论范畴，而当它们指导和运用于实践时，就转化为国际关系进程中的现象、行为和状态，因此带有实践性特征。

2. 比较分析方法

通过与"帝国世界"、"霸权世界"、"民主世界"、"改革与新思维"、"共产主义"世界以及"全球治理"理论的比较分析，"和谐世界"理念更符合全世界人民的根本利益，是国际社会共同追求的目标；通过与西方国际关系理论的国际合作观的比较，界定和明确国际合作的内涵。

3．历史分析方法

"和谐世界"理念并非从天而降，现今的中国外交新理念是历史的积累和沉淀。以历史的和发展的眼光研究"和谐世界"理念，不仅有助于增进对它的整体理解和认识，从而更好地理解和认识当今全球化条件下的中国外交新理念，而且可以从对其历史演变的领悟中获得洞察其发展前景的提示。

第一章　全球化及其提出的新要求

　　全球化既是一种客观事实，也是一种发展趋势，无论承认与否，它都无情地影响着世界历史的进程，无疑也影响着中国的历史进程。

　　　　　　　　　　　　　　　——俞可平《全球化论丛》总序

　　套用美国著名国际关系学者罗伯特·基欧汉（Robert Keohane）在《权力与相互依赖》开篇中的一句话"我们生活在一个相互依赖的时代"，现在完全可以说："我们生活在一个全球化的时代。"欧洲著名思想家、活动家，中欧社会论坛基金会主席，欧洲梅耶人类进步基金会会长，法国人皮埃尔·卡蓝默（Pierre Calame）指出："今天的问题是，我们必须从整体、从全球的角度来审视以上的问题，今天我们已经不能说某一个问题只是一个地区性的问题、一个国家的问题或者是某一个领域的问题。所有……问题都必须从全球的角度出发进行规划处理，而不是某一个国家某一个部门专门处理的问题。"[①] 澳大利亚学者马尔科姆·沃特斯（Malcolm Waters）说："全球化是我们赖以理解人类社会向第三个千年过渡的关键概念。"[②]

　　因此，在这样一个全球化时代，无论是观察和处理国内问题，还是观察和处理国际问题，我们都必须改变传统的思维方式，转而具有全球眼光、树立全球意识、开拓全球视野、学会全球思维。同样，有关国际

---

　　① ［法］皮埃尔·卡蓝默：《全球化与世界整体治理思维》，《法国研究》2007 年第 1 期。
　　② Malcolm Waters, globalization, london：routledge, 1995, p. 1. 转引自文军《西方多学科视野中的全球化概念考评》，《国外社会科学》2001 年第 3 期。

合作与和谐世界——本书的主题——的一些根本性问题也必须在全球化的背景中加以考察和解决。换句话说，全球化是本书分析国际合作与和谐世界的一个最基本的前提背景，如果没有全球化这一当今人类的基本趋势，国际合作与和谐世界的探讨就会失去现实意义。

第一节　全球化概述

当代著名全球化理论家、伦敦经济学院政治学教授戴维·赫尔德（David Held）认为，一个完整的全球化理论分析框架，必须解决五个方面的问题：定义、原因、分期、影响以及全球化的轨迹。[①] 遵照戴维·赫尔德的全球化思路，本节从定义、原因、分期、影响以及轨迹五个方面对全球化展开论述。

一　全球化的定义

"Globalization"（全球化）一词于1961年被首次编入美国英语词典，但直到20世纪80年代，该词才逐渐被学术界接纳。[②] 由于恰当表明了国际政治经济因科学技术的发展而表现出的全球特性，一经接纳，"Globalization"（全球化）便迅疾地在各国各领域学者间传播开来，成为社会各界的流行语，成为越来越多的政治家、商人、记者、学者和公民观察和理解一个正在变化中的世界的一块透镜。正如英国利兹大学和波兰华沙大学社会学教授齐格蒙特·鲍曼（Zygmunt Bauman）所说："'全球化'挂在每个人的嘴边。这个风靡一时的字眼如今已迅速成为一个陈词滥调，一句神奇的口头禅，一把意在打开通向现在与未来的一

---

① David Held and Anthony McGrew, etal. , Global Transformations: Politics, Economics and Culture, p. 16. 转引自李刚《论戴维·赫尔德的全球化理论分析框架》，《南阳师范学院学报》2009年第2期。

② 之所以如此，至少有两个原因：第一，20世纪60年代，正值两极对峙非常严峻之际，两个超级大国美国与苏联只考虑如何在军事上打败对方，无暇顾及其他；第二，尽管科学技术在当时已经十分发达，但由于资本主义国家与社会主义国家实行两个平行的市场，双方几乎没有什么贸易往来，"全球特性"不明显。到20世纪80年代，随着美、苏关系的缓和，双方的注意力不再仅限于军事领域，不同社会制度国家间的经济贸易往来日益频繁，"全球特性"开始凸显，此时"全球化"一词被学术界接纳便是顺理成章的事了。

切奥秘的万能钥匙。"①

尽管数不胜数的学者们已经仓促地接受了全球化这个用滥了的词。②尽管"全球化"的概念给人们提供了一个共享的词汇，来表达这种联系在一起的感觉，但是，那些受到影响的人完全可能有理由对这个词和它所传达的意义，持有非常不同的看法。③

（一）不同学科视角下的全球化④

1. 经济学视角下的全球化

在相当一部分经济学者看来，所谓"全球化"就是指"经济全球化"，"全球化"只不过是"经济全球化"的缩略词而已。

第一，经济全球化是指各种生产要素或资源在世界范围内自由流动以实现生产要素或资源在世界范围的最优配置。这一定义常常被有些学者直接引用，但是这一定义存在一个严重的问题：与事实不太相符。我们知道，生产要素包括劳动力、土地、资本、技术、信息等内容，其中劳动力是生产要素最重要的内容之一。现在可以说发达国家占优势的资本、技术、信息等生产要素或资源确实实现了自由流动，然而发展中国家占优势的劳动力要素不仅不能在世界范围内自由流动，反而是限制条件越来越多。由此可见，这只不过是与实践中的全球化完全相悖的、一相情愿的定义。⑤

第二，经济全球化是指跨国商品与服务交易及国际资本流动规模和形式的增加，以及技术的广泛迅速传播，使世界各国经济的相互依赖性增强。这一定义是国际货币基金组织给出的，由于克服了上述定义中存在的问题，比较客观地反映了现实，因此，这一定义目前在经济学界比较流行。

第三，经济全球化是指由于高新科技特别是信息技术及其产业的迅

---

① ［英］齐格蒙特·鲍曼：《全球化：人类的后果》，郭国良、徐建华译，商务印书馆2001年版，第1页。

② ［英］扬·阿特·肖尔特：《全球化：再论其定义问题》，《社会科学战线》2003年第5期。

③ 参考［英］马塞厄斯·柯尼希－阿奇布吉《全球化和对管理的挑战》，载［英］戴维·赫尔德等《驯服全球化》，童新耕译，上海世纪出版集团2005年版，第1页。

④ 严格地讲，是具有某一学科背景的学者（或国际组织）对全球化的认识。

⑤ 中国著名经济学家吴易风教授对此问题的分析比较透彻，详见吴易风《全球化的二重性》，《福建论坛》2001年第1期。

猛发展，直接推动国际贸易、跨国投资和国际金融的迅速发展，使整个世界经济空前紧密地联系在一起。这一定义是中国社会科学院副院长李慎明提出的，① 他指出了全球化的动因以及对国际贸易、国际投资和国际金融的具体影响。这一定义在学界也具有一定的代表性。

除上述具体定义外，还有一些学者认为，经济全球化是生产社会化扩大的结果，是一个动态的过程，很难给经济全球化一个具体的定义。在中国人民大学黄卫平教授看来，经济全球化的内涵至少可归为以下几点：这是各国在经济上相互依存不断加深，但是全球经济竞争也在不断深化的历史过程；其突出表现为商品和资本、技术等要素的国际多边流动日益加强；其主要因素是信息革命以及贸易和金融的自由化，即技术创新与制度变革的深刻过程。②

2. 社会学视角下的全球化

安东尼·吉登斯（Anthony Giddens）、乌尔里希·贝克（Ulrich Beck）与齐格蒙特·鲍曼是 20 世纪 90 年代以来西方最负盛名的三大社会理论家。他们对全球化的认识，在某种程度上，代表着社会学界对全球化的理解。

英国社会学家安东尼·吉登斯是把"全球化"放在现代社会范围内加以定义的。他指出，全球化实际上是"我们生活中的时—空的巨变"，体现为"发生在遥远地区的某种事件，无论其是否是经济方面的，都比过去任何时候更为直接、更为迅速地对我们发生着影响。反过来，我们作为个人所作出的种种决定，其后果又往往是全球性的"③。

德国社会学家乌尔里希·贝克为全球化作了三个层面的区分：第一个层面的全球化只是一个假象，媒体炒作出来的全球化。我们现在所谈论的经济全球化其实比不上 20 世纪初，现在的全球贸易只是被区分为几个贸易区，并被不同的跨国公司的不同部分瓜分和操纵。第二个层面的全球化主要是由英国社会学家提出的全球化"跨文化关联"概念，"一条意大利的船，在西班牙船长的领导下，前往调查朝鲜的小船，小船上的船员是俄国人，在非洲的海岸把几个巴基斯坦人运到西班牙。通

---

① 李慎明：《努力建立公正合理的全球化》，《红旗文摘》2001 年第 7 期。

② 张冬梅：《经济全球化及其格局探讨——访黄卫平教授》，《中国大学教学》2003 年第 9 期。

③ ［英］安东尼·吉登斯：《第三条道路》，郑戈译，北京大学出版 2000 年版，第 33 页。

过这个例子，全球化状态会超越我们的想象力"。在贝克教授看来，跨文化关联，就是直面你陌生的文化，你不想进入但也一定要进入。第三个层面的全球化是一种全球化的悖论，"一方面全世界人民越来越彼此关联；另一方面，各个国家民族意识也越来越强"①。

齐格蒙特·鲍曼以质询的态度对"全球化"进行了冷静地分析。在鲍曼看来，全球化绝不意味着社会秩序是整齐同质的"一个世界"，相反，它是精英与大众、强者和弱者所构成的具有等级区分意义的"两个世界"。这一等级秩序往往通过人们的"移动能力"加以体现，精英和强者往往自由地往来于世界各地，而普通的弱者却只能固守狭小的一隅。②

3. 文化学视角下的全球化

某些国际文化学者认为全球化是指在世界范围内起作用的文化的生长与加速发展的复杂的整体过程，特别是世界整体意识的形成过程。他们认为世界各国的民族文化不断地受到全球交流技术和媒介网络的冲击，它逐渐通过并在这种冲击中进行跨国综合或全球综合。③

中国社会科学院文学研究所杜书瀛研究员认为，全球化是指地球上各种不同文化（包括物质文化和精神文化），通过各种形式、各种范围、各种程度、各种途径的交流、碰撞（甚至免不了厮杀），互相影响、互相渗透、互相融通，从而在某些方面、某些部分难以一体化（或者说不可能一体化），但可以在保持个性化、多样化、多元化的情况下，互相理解、彼此尊重，达成某种价值共识和价值共享，促成全球性的人类文化繁荣。④

4. 哲学视角下的全球化

黑龙江大学副校长、著名哲学家丁立群认为，全球化总体上可理解为发展中国家与发达国家的相互作用，其本质是同质化和异质化的

---

① 转引自石剑峰《乌尔里希·贝克："全球化是媒体炒作的假象"》，《东方早报》2007年9月6日。

② 转引自王建民《空间与等级秩序——齐格蒙特·鲍曼的全球化思想》，《黑龙江社会科学》2010年第2期。

③ 转引自田丰《全球化趋势与马克思的方法论》，《学术研究》2001年第6期。

④ 转引自佴荣本、陈学广《开创文学理论研究和教学的新格局——"全球化语境中的文学理论研究与教学"学术研讨会综述》，《文学评论》2001年第5期。

矛盾。①

首都师范大学全球化与文化研究中心主任叶险明指出，全球化是一个复杂的世界历史进程，它绝不仅仅是一体化的进程，当然也不是民族和国家日趋削弱的过程，而是一体化与多元化（包括民族和国家的多元化发展）在对立统一的矛盾运动中并行发展的进程。全球化进程的基本矛盾就是一体化与民族和国家发展的矛盾，而全球化进程的其他矛盾如"中心与外围"之间的矛盾、"主体性与依附性"之间的矛盾、全球主义与多极主义之间的矛盾、文化普遍主义和文化相对主义之间的矛盾、各文明之间的矛盾，以及"南北"之间、"北北"之间、"南南"之间的矛盾，等等，和贯穿于这些矛盾中的各种冲突，归根结底都是由这一基本矛盾所规定的。②

综上所述，因为全球化自身的复杂性以及学科背景不同，导致对于全球化的理解不同也是情理之中。尽管如此，由于各学科间不断出现交叉现象，以及学者自身知识面的拓宽，各学科彼此借鉴对方的观点亦在所难免，因此，从各学科关于全球化的定义中，我们也很容易发现相通的内容。

（二）定义"全球化"

通过对上述不同学科视角下的全球化概念地分析，可以看出"全球化"是一个可以而且必须是从多种角度来加以辨识、探讨和认知的概念。前联邦德国总理赫尔穆特·施密特（Helmut Schmidt）指出，全球化应从多种角度来认识，它既是一个实践政治命题，也是一个社会经济命题，还是一个思想文化命题。荷兰前首相、蒂尔堡大学全球化教授吕伯斯（R. F. M. Lubbers）将全球化定义为："……一个抽象的概念。它并不指向一个具体的客体，而是对社会进程的一种解释。因此这一概念不能被简单下定义。……全球化是一个复杂的概念，包括政治、经济和社会文化的变革。"③

鉴于全球化的多学科性、多面性与复杂性，本书抽象地将全球化表述为：全球化是一个动态的过程，是生产力发展的客观要求和必然结

---

① 丁立群：《全球化的文化选择》，《哲学研究》2008 年第 11 期。
② 叶险明：《对全球化的一种主体性思考》，《哲学研究》2007 年第 2 期。
③ 转引自［澳］韦恩·赫德森《全球化是什么?》，《国外社会科学》2003 年第 5 期。

果，既包括所有经济活动和经济关系在全球范围内的相互交织和融合，也包括思想文化、政治制度、意识形态、科学技术、文化艺术等在全球范围的交流、沟通和相互影响。为了更准确地把握全球化的定义，有必要将"全球化"与"全球性"（Globality）以及"全球主义"（globalism）等相关或相近的概念进行比较，以明确它们之间的联系与区别。

（三）"全球化"与"全球性"、"全球主义"的比较

1. 全球化与全球性

如果把全球化理解为一个动态的过程，那么，全球性则表达这一动态过程的结果。剑桥大学知名学者丹尼尔·耶金（Daniel Yergin）提出用"Globality"来描述全球化的内容，他指出，"Globalization"所界定的是一个过程，即经济活动的国际化过程，"Globality"主要指一种结果而非过程，表明全球化是一种事实、一种现实和一种结果。① 对于把全球性视为一种"结果"，大多数学者对此表示赞同，但是在"什么样的结果"上却显露分歧。部分学者认为，"结果"没有定论，既可以是和平，也可以是战争；既可以是同质，也可以是分裂，它仅仅表明地理空间的缩小。例如，在英国学者扬·阿特·肖尔特（Jan Aart Scholte）看来，全球性把世界作为一个仅有的社会空间，即地球不再简单地是一个小一些的地理单位（如国家和地区）的集合，而它本身就是一个空间单位。② 部分学者则认为，全球性必定是同质（homogenization）或趋同（convergence）的，即全球化发展程度越高，全球同质性也将日益加强；全球同质性实质上就是全球范围的趋同化甚至一体化；如果说世界本来是多样性的，那么全球化的总体趋势是消灭越来越多的多样性，而不断加强同质性。③

上述观点比较普遍，亦有个别学者另辟蹊径，从范围上对"全球化"与"全球性"分别做出了不同界定。为防止"全球化"含义和范围的无限制扩大和蔓延，北京师范大学中文系王一川教授倾向于用"全球化"一词表述发生在经济领域的全球一体化，信息技术和信息产业的全球一体化等，即专门指代经济状况，而用"全球性"专门描述在文

---

① 转引自门洪华《全球化与国际机制：理论上的启示》，《教学与研究》2002 年第 4 期。

② ［英］扬·阿特·肖尔特：《全球化：再论其定义问题》，《社会科学战线》2003 年第 5 期。

③ 参见杨学功：《全球化与民族性》，《马克思主义哲学研究》2003 年第 10 期。

化领域出现的世界各国之间相互参照、冲突、激励或共生等状况，主要涉及生活方式、价值体系、语言形态、审美趣味等文化维度。① 这种观点比较新颖，也具有一定的道理，但是为便于论述，本书仍持如下观点：全球化是一个动态过程，全球性是这一过程的结果，至于什么结果，不确定，取决于历史发展进程。

2. 全球化与全球主义

如果说学术界对"全球性"的认识还比较一致的话（只是在什么样的结果上有分歧），那么，对于"全球主义"的理解则是五花八门。

有学者把"全球主义"理解为一种思想主张，一种意识形态，一种观念。如北京大学哲学院杨学功教授认为，"如果把全球化理解为一个动态的过程，那么，全球主义则是一种思想主张，一种意识形态。"② 北京大学国际关系学院朱锋教授认为：超越世界上不同的民族、国家、文化、经济发展水平以及制度形式、地理分割，而认为世界属于一家和世界可以成为一家的观念，就是全球主义。③

有学者把"全球主义"理解为一种具有具体主张的思潮。例如上海大学申小翠博士指出，"全球主义"对建立一个怎样的全球化世界阐发了一系列主张：建立统一的全球市场、建立世界政府、建立全球同一的文化价值体系。④

有学者把"全球主义"理解为一种状态。如罗伯特·基欧汉和约瑟夫·奈（Joseph S. Nye）将全球主义定义为世界的一种状态，它关涉各大洲之间存在的相互依赖网络，并通过资本、商品、信息、观念、人民、军队与环境和生物相关的物质（如酸雨和病原体）的流动和影响联结在一起。全球化或"去全球化"指的是全球主义的增减。⑤

本书认为，将"全球主义"理解为一种意识形态和观念信仰比较好，因为"ism"这个英文后缀词所体现的是"主义"的意思。它仅仅是一种比较模糊的信仰，认为全球化是个"好"事情，但是没有具体

① 王一川：《"全球性"境遇中的中国文学》，《文学评论》2001 年第 6 期。
② 杨学功：《全球化与民族性》，《马克思主义哲学研究》2003 年第 10 期。
③ 朱锋：《关于区域主义与全球主义》，《现代国际关系》1997 年第 9 期。
④ 申小翠：《全球主义的基本主张及其批判》，《马克思主义研究》2007 年第 12 期。
⑤ ［美］罗伯特·基欧汉、约瑟夫·奈：《权力、相互依赖与全球主义》，《战略与管理》2002 年第 4 期。

的主张。

综上所述，全球性表明的是一种客观状况，全球主义表明的是一种主观意识，而全球化则同时体现了主观和客观的一种过程，从大的方面来说，三者殊途同归，都属于全球化，只是分别代表不同的内涵。中国人民大学法学院教授冯玉军指出：全球化包括三重内涵，体现客观发展状况的全球化，即全球性；体现主体意识形态的全球化，即全球主义；体现主客观相互作用的全球化过程本身，即狭义的全球化。[①]

二 全球化的动因

如果承认全球化有起点，不是从人类诞生以来就有的，那么就存在一个"全球化的动因"问题，即全球化为什么会产生？本书认为，有三大因素导致了全球化的产生与发展：其一是客观因素。这指的是生产力的巨大发展，包括生产、贸易、投资和科学技术的发展。其二是主观因素。这主要归因于自由主义秩序的全球蔓延。其三是外溢因素。即经济领域的全球化向文化、法律、政治等领域的扩散。

（一）客观因素

全球化是生产力发展的必然结果。没有15世纪前后新航路的开辟，世界还将处于彼此隔绝状态；没有国际市场的开拓，世界各国将只能自给自足；没有科学技术的发展，世界还将处于老死不相往来的境地；没有资本的全球流动，世界还将处于小规模小范围的发展阶段。一句话，全球化的根本动因是生产力的发展，没有生产力的大发展，全球化不可能出现。

1. 经济全球化是国际分工发展的必然结果

在资本主义时代，生产力获得了大发展，这促进了国际分工的深化，反过来，国际分工的深化发展又促进了生产力的发展。首先，随着通信、航海技术的不断革新，运输成本得以大幅度的降低，进而促进了国与国之间的联系越来越紧密，国际分工获得了前所未有的发展。及至20世纪30年代，出现了美国著名社会学家麦肯齐（R·D·Mckenzie）所说的"时空压缩"，到了20世纪60年代，加拿大传播理论家马歇

---

① 参见冯玉军《略论全球化理论的研究语境——兼论法学理论的变革与更新》，《法学家》2005年第2期。

尔·迈克卢汉（Marshall McLuhan）更是提出了"地球村"这一家喻户晓的概念。其次，随着国际分工的发展，实现了经济资源在全球范围的优化配置，促使了世界各国经济的优势互补，进而使得各国经济的发展与整个世界经济的增长日益相互促进或相互制约。正是由于经济资源全球范围的自由流动与优化配置，才有了经济全球化及其不断发展。

2. 经济全球化是市场经济发展的必然结果

经济全球化在某种程度上就是市场经济的全球化，因此，市场经济在全球范围的扩展及得到普遍认可，其结果必然是经济的全球化。早在160多年前，马克思、恩格斯就在《共产党宣言》中敏锐地揭示了市场经济与全球化的必然联系："资产阶级，由于开拓了世界市场，使一切国家的生产和消费都成为世界性的了。新的工业的建立已经成为一切文明民族的生命攸关的问题；这些工业所加工的，已经不是本地的原料，而是来自极其遥远的地区的原料；它的产品不仅供本国消费，而且同时供世界各地消费。"①

3. 经济全球化是经济主体追求利润最大化的必然结果

价值增值是资本的固有本性。因此，为了获取利润的最大化，任何经济主体都试图突破民族和国家的疆界，只要有这种必要。当众多经济主体（尤其是跨国公司）为追求利润最大化而在全球范围内进行生产、销售等活动时，客观上对经济全球化的发展就起到了推波助澜的作用。

（二）主观因素

除了生产力发展的客观因素外，主观因素——大多数国家（尤其是西方大国）接受自由市场经济思潮——亦是经济全球化产生及发展必不可缺的。甚至可以说，如果仅靠生产力发展和科技进步等客观因素的推动作用，全球化的进程必将是非常缓慢的。如果缺少了主观因素，全球化不可能在18世纪后半期初露端倪，也不可能在20世纪90年代后实现真正意义上的全球化。

18世纪中后期，随着工业革命由英国向其他资本主义国家的蔓延，尤其是亚当·斯密（Adam Smith）的《国民财富的性质和原因的研究》的出版，主张自由市场经济，取消国家干预，瞬间成为资本主义各强国普遍接受和采用的社会思潮。自此，资本主义强国把培育、建立和完善

---

① 《马克思恩格斯选集》第一卷，人民出版社1995年版，第254页。

自由市场经济作为主要目标，为经济全球化的萌芽及推进奠定了坚实的基础。

20 世纪 90 年代后，经济全球化获得了迅速发展，究其原因，除了以美国为首的发达国家有意识地推动之外，以苏东国家为代表的转型国家和以中国为代表的新兴国家的主动实施自由市场经济政策（相对而言）亦是不可或缺的主导原因之一。

（三）外溢因素

经济决定政治，经济基础决定上层建筑。随着经济全球化的蔓延与发展，政治、文化、法律等领域呈现出全球化的趋势在所难免。

总而言之，推动全球化发展的动因有很多，是众多原因共同作用的结果，其中最为根本的原因是生产力的发展。只是每一阶段全球化发展动因的排列顺序会略有变化，如果承认全球化有分期的话。

三 全球化的分期

（一）不同学者的看法

全球化始于何时？[①] 如何划分？在学术界，关于这一问题是仁者见仁，智者见智。归纳起来，主要有以下几种看法：

1. 关于全球化始于何时

按照历史顺序，主要有以下几种观点：

第一种看法，全球化已有几千年的历史。耶鲁大学全球化研究中心研究员纳扬·昌达（Nayan Chanda）指出，从人类走出非洲开始，全球化就已经拉开了序幕。今天的全球化和古代的全球化，差异只在于不断

---

① 尽管全球化的概念出现较晚，但是全球化现象早已存在，对此，学术界基本上已经达成共识，只是全球化始于何时还没有定论。当然，也有极个别的学者认为，全球化至今尚未露头，例如，赫斯特和汤普森（Hirst and Tompson），他们认为，如果"经济全球化"确实存在，它就不会被哪一个民族国家所支配，但事实上美国这个超级大国正领导着全世界。如果"经济全球化"确实存在，它就不会听任政治控制，但现实中它却由国际货币基金组织、世界银行以及八国集团之类国际组织所左右。如果"经济全球化"确实存在，那么逍遥自在、没有国家认同的跨国公司应该是其标志，但现实中更多的是设在不同国家并受到更多控制的多国公司。参见汉克·塞维奇《全球化有何新意？它对城市预示着什么？》，《国际社会科学杂志》2003 年第 2 期。但是，持有此种观点的毕竟是少数，恰如《今日美国报》撰稿委员会成员拉尔夫·彼得斯所言："那些认为全球化是前所未有的现象的人压根儿不谙历史。"参见拉尔夫·彼得斯《全球化的无稽之谈》，《今日美国报》5 月 23 日，转引自环球视野网，http：//www. globalview. cn/ReadNews. asp？NewsID＝4327。

进步的新技术拓展了边界跨越的范围、速度和内容。① 加州大学洛杉矶分校教授、普利策奖获得者贾里德·戴蒙德（Jared Diamond）认为，全球化的第一波浪潮开始于大约公元前 8500 年，其方式与美国、欧洲和日本重塑当今世界的模式是一样的。② 英国剑桥大学著名考古学教授马丁·琼斯（Martin Jones）说，全球化并不是个新现象，早在几千年前就开始了。距今 4000—5000 年前，文化、人种、人口、器物、作物等传播，就像高速公路一样在欧亚大草原上频繁出现。③ 印度著名学者、诺贝尔奖获得者阿马蒂亚·森（Amartya Sen）认为，全球化不是新东西，几千年来，全球化通过旅行、贸易、移民、文化影响的扩大以及知识和认识（包括科学和技术）的传播而不断发展。④

第二种看法，全球化始于 15 世纪。具体而言，是 1492 年哥伦布发现新大陆揭开了全球化的序幕。⑤

第三种看法，全球化始于 18 世纪 60 年代英国的资本主义工业革命。⑥

第四种看法，真正的全球化开始于 20 世纪 80 年代，因为国际垄断资本是经济全球化的宏观基础，跨国公司是经济全球化的微观基础，全球市场经济体制的形成为经济全球化提供了制度保障，科学技术的发展为经济全球化提供了必要的物质条件。⑦

2. 关于全球化如何划分

一阶段说：当代全球化处于并将长期处于全球化初级阶段，即不全面、不成熟阶段。⑧

两阶段说：（1）以 1945 年为界。有两种看法：一种看法始于文艺复兴时期，至 1945 年为第一阶段，是资产阶级主导的全球化；1945 年

---

① 转引自董志强《全球化：从未停止的融合——评〈绑在一起：商人、传教士、冒险家、武夫是如何促成全球化〉》，《董事会》2008 年第 7 期。

② Los Angeles Times, September 14, 2003.

③ 转引自《考古学家：人类几千年前就有"全球化"》，中国新闻网，2010 年 8 月 25 日。

④ ［印］阿马蒂亚·森：《有关全球化的十个问题》，《国外社会科学文摘》2001 年第 9 期。

⑤ 李慎之：《全球化发展的趋势及其价值认同》，《马克思主义与现实》1998 年第 4 期。

⑥ 江凌飞：《目前的时代是全球化时代》，《世界知识》2007 年第 7 期。

⑦ 赵景峰：《经济全球化开端探究》，《石油大学学报》2004 年第 6 期。

⑧ 吴怀友：《初级阶段：当代全球化所处的历史阶段》，《长白学刊》2006 年第 6 期。

以后为第二阶段，是各阶级、各国家和各民族共同主导的全球化。[①] 另一种看法始于 19 世纪六七十年代，至 1945 年为初级阶段；1945 年至今为中级阶段。[②] （2）以 20 世纪 60 年代为界。16 世纪欧洲"现代国际体系"形成到 20 世纪五六十年代为历史上的全球化，20 世纪 70 年代至今为今天的全球化。[③] （3）以 1992 年为界。前 500 年为第一阶段，是一种不自觉的全球化；后 500 年为第二阶段，是一种自觉的全球化。[④] 上述划分都是以具体时间（或时间段）为界，分为前后前后两个阶段。还有一种划分方法，是将全球化划分为两个时间不相连接的阶段，例如有学者将全球化划分为两个黄金发展阶段：第一个黄金发展阶段从 19 世纪中叶到 1914 年，第二个黄金发展阶段从 20 世界 80 年代中期至今。[⑤]

　　三阶段说：（1）第一阶段是从 16 世纪初到第二次世界大战以前，第二阶段是从第二次世界大战结束后到冷战结束以前，第三个阶段是冷战结束以来的全球化浪潮。[⑥] （2）第一个时期从 18 世纪中叶到 19 世纪，从 19 世纪末 20 世纪初进入第二个时期，第二次世界大战以后特别是到了 20 世纪八九十年代进入第三个时期。[⑦] （3）从 19 世纪后半期算起，第一阶段即 19 世纪后半期到 20 世纪初，以资本主义市场的扩大、国际资本和劳动力的国际性流动为标志；第二阶段是经过"第一次世界大战"、"第二次世界大战"到 20 世纪 60 年代，以国际金融和国际贸易体制的形成和跨国公司的出现为特征。第三阶段是 20 世纪 70 年代后开始的，以信息技术为背景，以技术创新和制度创新、资本在全球大范围流动、跨国公司的大量出现、企业经营活动国际化为特征。[⑧] （4）世

①　何萍：《全球化与中国改革开放》，载俞可平、黄卫平主编《全球化的悖论》，中央编译出版社 1998 年版，第 115 页。

②　庄芮：《经济全球化进程的起点与分期》，《国际论坛》2000 年第 1 期。

③　［德］狄特玛尔·布洛克：《全球化时代的经济与国家》，载张世鹏、殷叙彝编译：《全球化时代的资本主义》，中央编译出版社 1998 年版，第 100 页。

④　《关于全球化的几个问题》，《社会科学》2000 年第 1 期。

⑤　王允贵、李淑芳：《经济全球化对我国国际直接投资资本流动的影响》，《经济工作者学习资料》2000 年第 14 期。

⑥　《经济全球化问题综述》，《理论集萃》1998 年第 5 期，转引自任卫东《全球化时期划分的主要观点及其评析》，《国际关系学院学报》2004 年第 6 期。

⑦　郑必坚：《经济全球化的历史进程与马克思主义的历史发展》，《理论前沿》2000 年第 20 期。

⑧　参见金安平《全球化：一个现代咒语?》，《天涯》2003 年第 2 期。

界银行指出，第一次全球化浪潮从 1870 年到 1914 年总共持续了 44 年。第二次全球化浪潮从布雷顿森林体系建立开始一直延续到 1980 年，全球化主要被集中在发达国家的范围里，而发展中国家由于其主要贸易产品集中在初级产品和农产品，所以没有从此次全球化中获益。相对于前两次全球化浪潮而言，从 1980 年开始的第三次全球化浪潮对于发展中国家的影响是最大的。①

四阶段说：（1）戴维·赫尔德将全球化分为以下四个阶段：前现代时期（1500 年以前）、现代早期（1500 年至 1850 年）、现代时期（1850 年至 1945 年）和当代时期（1945 年以来）。②（2）全国人大常委会副委员长成思危认为，经济全球化的进程可以大体上分为四个阶段：第一个阶段是原料贸易；第二个阶段是产品贸易；第三个阶段是技术贸易；第四个阶段是资金的输入和输出。③

五阶段说：美国学者罗兰·罗伯森（Roland Robertson）认为，可以将全球化粗略划分为五个阶段：第一阶段，萌芽阶段。在欧洲，从 15 世纪初期到 18 世纪中期。第二阶段，从 18 世纪中叶直到 19 世纪 70 年代，主要发生在欧洲。第三阶段，起飞阶段，从 19 世纪 70 年代到 20 世纪 20 年代中期。第四阶段，争霸阶段，从 20 世纪 20 年代中期到 60 年代后期。第五阶段，不确定性阶段，从 20 世纪 60 年代后期开始，并在 90 年代初显示出危机趋势。④ 山东大学当代社会主义研究所教授赵明义认为可将全球化分为五个时期：第一个时期，15 世纪 90 年代初至 17 世纪初，为全球化萌芽、形成时期；第二个时期，始于 17 世纪中叶，一直延续到 18 世纪末；第三个时期，自 19 世纪下半叶至 20 世纪 40 年代中叶第二次世界大战结束；第四个时期，第二次世界大战结束至苏东剧变之前的近半个世纪；第五个时期，自苏东剧变至今及今后相当长的时间。⑤

---

① 转引自张巍《世界银行为全球化正名》，《金融信息参考》2002 年第 5 期。

② ［英］戴维·赫尔德等：《全球大变革——全球化时代的政治、经济与文化》，杨雪冬译，社会科学文献出版社 2001 年版，第 574—602 页。

③ 成思危：《经济全球化与中国的应对》，《自然辩证法研究》2001 年第 5 期。

④ ［美］R. 罗伯森：《为全球状况绘图——论全球化研究》，《国外社会科学》1997 年第 1 期。

⑤ 赵明义：《当代中国马克思主义对全球化问题的科学回答》，《当代世界社会主义问题》2008 年第 4 期。

（二）本书看法

上述关于全球化的起始及分期，应该说都有一定的道理，之所以有如此大的分歧，关键原因在于各位学者的出发点不同。根据历史唯物主义和辩证唯物主义的观点，本书认为全球化不是从来就有的，也不是始于15世纪的地理大发现，而是始于18世纪后期的资本主义工业革命。以此为起点，可以将全球化分为三个阶段：第一阶段，初级全球化，从18世纪后期的资本主义工业革命到20世纪60年代；第二个阶段，中级全球化，从20世纪70年代至今，并在可预见的将来仍将维持在这一阶段；第三阶段，高级全球化。

从参与全球化的主体来看，初级全球化无论在广度还是深度上都不可与中级全球化同日而语。在初级全球化阶段，全球化只属于少数一些国家，只有他们才是真正参与全球化的主体，其他国家充其量只是全球化的客体和旁观者，命运掌握在他者手中；在中级全球化阶段，全球化属于大多数国家，大多数国家都是参与全球化的主体，命运掌握在自己手中。与此同时，中级全球化无论在广度还是深度上都不可与高级全球化相提并论，当然高级全球化仍属观念上的全球化、理想化的全球化。只有达到以下几个标准或要求才算是进入高级全球化阶段：这是一个所有参加者都能分享全球化益处、世界各国能够共同发展和共同繁荣、利益和资源平均分配、人权和生存有保障、世界各国相互尊重、共享高新科技成果、可持续发展、严格遵守公认的国际关系准则、各国优秀文化相互包容、公平有序、游戏规则共同制定的全球化。

四　全球化的影响

学术界几乎一致认为全球化是把双刃剑，有利也有弊。但是全球化有何利弊？利大还是弊大？对谁有利，对谁有弊？学术界却各持己见。

（一）全球化的利弊表现

1. 总体而言

全球化的利处：有利于增加全球财富；改善世界范围的分工；推动全球市场的开放和形成；有利于生产要素和资源在全球范围内的流动和有效配置；促进世界经济结构与产业结构的合理调整和协调发展；增强各国经济相互之间的关联度；加速科技转化为生产力的速度；推动国际经济交往规则与制度的形成和不断完善；加速世界经济一体化的发展

趋势。

全球化的弊处：导致各类全球性危机；不平等现象增加；不公平竞争层出不穷；环境污染加剧；饥荒蔓延；南北差距加大；恐怖活动增加。

2. 对发达国家而言

全球化对发达国家的利处：获得巨大的国际分工利益；获得资源相对优势收益；控制交易规则。

全球化对发达国家的弊处：就业压力增大；福利社会面临挑战；劳资矛盾加剧。

3. 对发展中国家而言

全球化对发展中国家的利处：解决资金不足、技术和管理经验落后的问题；促进产业结构优化和升级；促进对外贸易发展；提高创新能力和国际竞争力；扩大国外市场；增加国内就业；提高企业的生产效率；促进政府机构改革。

全球化对发展中国家的弊处：参与制度成本和交易成本高；经济安全受到严重挑战；引发汇率波动甚至货币危机；加剧国内收入分配不平等。

（二）利大还是弊大

有学者认为，全球化对发达国家利大于弊。全球化的主导力量是美国和其他发达国家，全球化的主要受益者也主要是美国和其他发达国家。美国和其他发达国家所推动的经济全球化将给它们带来巨大利益。但是，对发展中国家来说，现在还无法证明全球化肯定利大于弊。全球化对发展中国家既可能利大于弊，也可能弊大于利。[①]

（三）对谁有利，对谁有弊

第一种观点，全球化只对发达国家有利。有学者认为，只有发达国家才能充分享受经济全球化的物质成果和精神成果。[②]

第二种观点，全球化主要对发达国家有利。有学者认为，全球化的"红利"并未在发达国家和发展中国家之间公平分配，发达国家掌握着制定国际"游戏规则"的主导权，是全球化最积极的推动者和最大受

---

① 吴易风：《全球化的二重性》，《福建论坛》2001年第1期。
② 《经济全球化：理论上的六大论争》，《经济研究参考》2003年第35期。

益者。发展中国家总体上处于被动地位，受全球化的负面影响很大。①

第三种观点，全球化对发展中国家有利。德国基尔世界经济研究所的两位科学家埃里希·贡特拉赫和彼得·努能坎普通过研究得出结论："全球化使许多发展中国家改善了从经济上把本国开发成工业国家的机会。"②

（四）本书观点

本书赞同德国前总理格哈德·施罗德（Gerhard Schroeder）在《新社会/法兰克福》中的一句话："全球化既不是'好'的也不是'坏'的，它只是实实在在地存在着。"③ 关于全球化的影响，"双刃剑"是一种很有价值的分析范式，即不论政治、经济或社会领域，全球化总是会带来正反两方面的后果。如果分析仅到此为止，恐怕有意犹未尽或言而无物之嫌。众所周知，任何事物的影响都是既有积极的一面也有消极的一面，反倒是如果某一事物只有积极影响或只有消极影响才令人吃惊。例如，反全球化者说，全球化加大了贫富之间的不合理分配、剥夺了民族国家的主权。全球化就是工业国家一手策划的、不尊重人的赌博资本主义。对全球化持批评态度的人无视全球竞争所带来的福利水平提高的结果。④ 全球化的支持者说反全球化者忽视了……其实，颠倒过来何尝不正确，即反全球化者说全球化支持者忽视了……那么，怎样才算全面呢？

首先，我们要承认，无论对发达国家还是发展中国家而言，全球化都是一把"双刃剑"，既带来积极影响又不可避免地带来消极影响，是正效应和负效应的对立统一。对于发达国家而言，只看到全球化给发展中国家带来的挑战，而对全球化给发达国家带来的挑战和压力视而不见，是不能理解为什么反全球化活动主要是发生在西方发达国家，更不可能全面了解反全球化运动的实质。⑤ 对于发展中国家来说，对于全球

---

① 刘箴、杨连成：《全球化需要全球性规则——访诺贝尔经济学奖获得者劳伦斯·罗·克莱因》，《光明日报》2003 年 11 月 6 日。

② 《南方蒸蒸日上》，德国《时代》周报 1996 年 5 月 24 日，转引自《参考消息》1996 年 6 月 13 日。

③ 转引自徐洋《〈全球化黑皮书〉简介》，《国外理论动态》2003 年第 11 期。

④ 《全球化及其反对者》，德国《世界报》2000 年 4 月 13 日，转引自《参考消息》2000 年 5 月 14 日。

⑤ 刘曙光：《全球化与反全球化》，湖南人民出版社 2003 年版，第 6—7 页。

化的两面性保持清醒头脑尤为重要，正如江泽民在第九届全国人民代表
大会香港代表团的讨论会上的讲话中所指出的那样，"经济全球化是世
界经济发展的客观趋势，谁也回避不了，都得参与进去。问题的关键是
要辩证地看待这种全球化趋势，既要看到它的有利的一面，又要看到它
的不利的一面。这对于我们中国这样的发展中国家来说尤为重要"①。
为此，既不要盲目地把全球化赞誉为"人类进步的标志"，也不要悲观
地将全球化视为"神话"或"陷阱"。

其次，关于利大还是弊大，这完全取决于观察者的角度。如果是站
在全球化受害者的角度去看，必然是弊大于利，但是换一角度，如果是
站在全球化获益者的角度去看，必然是利大于弊。因此，轻言全球化对
发达国家利大于弊或全球化对发展中国家弊大于利都是欠妥的，对此要
作辩证和全面地分析。关于全球化的利弊，至少有以下几种情况：第一
种情况，全球化对国家甲利大于弊，但是却对国家乙弊大于利。第二种
情况，在第一种情况下，全球化对国家甲的利益集团 A 利大于弊，但是
对国家甲的利益集团 B 却是弊大于利；全球化对国家乙的利益集团 C 弊
大于利，但是对国家乙的利益集团 D 却利大于弊。上述两种情况都是静
态地看全球化，如果动态地看全球化，即不是固定在某一历史时段而是
放在一个较长的历史时期去观察全球化，那么又会出现第三种情况，全
球化此时对甲国利大于弊，但是彼时对甲国却弊大于利；全球化此时对
乙国弊大于利，但是彼时对乙国却利大于弊。第四种情况，全球化此时
对甲国 A 利益集团利大于弊，但是彼时对甲国 A 利益集团却弊大于利；
全球化此时对甲国 B 利益集团弊大于利，但是彼时对甲国 B 利益集团却
利大于弊；全球化此时对乙国 C 利益集团弊大于利，但是彼时对乙国 C
利益集团却利大于弊；全球化此时对乙国 D 利益集团利大于弊，但是彼
时对乙国 D 利益集团却弊大于利。

综上所述，经济全球化的影响到底是弊大于利还是利大于弊？不能
一概而论。既不能不假思考地赞成或反对利大于弊的论断，也不能不假
思考地赞成或反对利小于弊的论断，问题在于，利弊都是对特定主体而
言的，利弊取决于不同的国家和不同的问题。利弊本身不是一个常量，

---

① 江泽民：《在第九届全国人民代表大会香港代表团的讨论会上的讲话》，《人民日报》
1998 年 3 月 9 日。

而是一个变量，经济全球化只是提供了一种环境和条件，关键取决于人们对经济全球化的态度和采取的对策是否与其相适应。

五　全球化的轨迹

全球化的轨迹包括两方面：一是全球化是否可逆；二是全球化是否可控。对此，学术界各持己见。

（一）全球化是否可逆

1. 全球化不可逆转

大部分学者认为全球化不可避免，不可逆转。

世界贸易组织总干事雷那托·鲁杰罗（Renato Ruggiero）说，世界经济全球化不可阻挡，"迅速发展的技术也是推动力，认为可以阻挡全球化的人必须告诉我们他准备如何阻止经济和技术发展；这实际上等于是在设法阻止地球自转"①。

美国《新闻周刊》专栏作家罗伯特·塞缪尔森（Samuel Samuelson）指出，全球化不可能倒退回去，因为推动它前进的各种力量（如通信和交通成本的不断下降、企业跨国扩展等）是不可能被逆转的。②

英国学者齐格蒙特·鲍曼指出："对某些人而言，'全球化'是幸福的源泉；对另一些人来说，'全球化'是悲惨的祸根。然而对每一个人来说，'全球化'都是世界不可逃脱的命运，是无法逆转的过程。"③

全国政协委员、中欧国际工商管理学院执行院长刘吉认为，作为客观规律，全球化是不随人的意志而转移的，是不可抗拒的。不论你愿意不愿意，认识不认识，经济全球化都将按照自己的规律向前发展。④

中国社会科学院欧洲研究所原所长陈乐民认为，全球化不是哪个人主观地所设计或制造出来的理性规划；它是自然趋势，是人力所不能抗拒和左右的。⑤

中国社会科学院世界经济与政治研究所所长张宇燕教授认为，不管

---

① 路透社日内瓦1996年5月10日电，转引自《参考消息》1996年5月16日。

② ［美］罗伯特·塞缪尔森：《美元与外交》，美国《新闻周刊》2003年12月22日，转引自《参考消息》2004年1月5日。

③ ［英］齐格蒙特·鲍曼：《全球化》，郭国良、许建华译，商务印书馆2001年版，第1页。

④ 刘吉：《经济全球化："共赢"还是"共输"》，《领导决策消息》2000年第27期。

⑤ 陈乐民：《全球化的悖论》，《民主与科学》2008年第1期。

喜欢与否，我们每个人都已经迈上了开往全球化的列车，这趟列车或快或慢、或停或走，但却只会向前，不可逆转。①

2. 全球化可以逆转

部分学者认为全球化并非不可避免，不可逆转。

戴维·赫尔德认为，全球化并不是一个直线上升的过程，它并不意味着全球相互依存、全球一体化或全球趋同，全球化的发展具有复杂性和历史偶然性，其中普遍性与特殊性并存，一体化与分裂化并存，而且全球化的发展还可能出现中断或逆转，全球化的前景具有不确定性。②

伊恩·克拉克（Ian Clark）认为全球化常常是国家政策的结果，因此它并非不可避免。③

卡尔·波拉尼（Karl Polanyi）、凯文·奥洛尔克（Kevin O'Rourke）、杰弗雷·威廉姆森（Jeffrey Williamson）、丹尼·罗德里克（Dani Rodrik）和贝思·西蒙斯（Beth A. Simmons）等学者从全球市场与社会力量之间的互动这一角度出发，采用历史性的眼光、从历史上已经发生过的事件中得出关于全球化进程发展的教训：全球化是有可能逆转的。④

印度著名学者卡瓦基特·辛格（Kavaljit Singh）认为，国内经济政策完全可以逆转经济全球化的趋势，过去有这样的先例，未来同样存在着这种可能。在全球化发展的初级阶段，它的脚步曾经为一系列历史事件所阻碍，20世纪发生的第一次世界大战、第二次世界大战，都深刻地改变了全球化的进程。在存在如此之多未知数的当今世界环境下，目

---

① 张宇燕：《如何研究全球化》，《世界知识》2007年第15期。

② 转引自李刚《论戴维·赫尔德的全球化理论分析框架》，《南阳师范学院学报》2009年第2期。

③ ［澳］韦恩·赫德森：《全球化是什么?》，《国外社会科学》2003年第5期。

④ Karl Polanyi, The Great Transformation：The Political and Economic Origins of Our Time (Boston：Beacon Press, 1944)；Dani Rodrik, Has Globalization Gone Too Far? (Washington, D. C.：Institute for International Economics, 1997)；Beth A. Simmons, Who Adjusts? Domestic Sources of Foreign Economic Policy During the Interwar Years (Princeton, N. J.：Princeton University Press, 1994)；Kevin O'Rourke and Jeffrey Williamson, Globalization and History：The Evolution of a Nineteenth - Century Atlantic Economy . Cambridge, Mass.：MIT Press, 1999. 转引自熊炜《双重运动：全球化并非不可逆转》，《外交评论》2007年第5期。

前的全球化进程是否会遭受相同的命运，同样也是一个未知数。①

北京大学国际关系学院王勇教授指出："全球化是否能够继续推进，取决于主要国家能否有效地开展合作，协调政策，取决于它们能否克服彼此之间的利益冲突，取决于它们能否有效地解决全球化带来的负面效应。一句话，如何创造出适应全球化新现实的有效治理模式，决定着全球化的前途与命运。……那种认为全球化的浪潮势不可挡、不可逆转的观点，显然是盲目乐观了。"②

3. 本书观点

本书认为，应该区分两种不同的全球化，即"西方的全球化"（或某某国家主导的全球化）和"作为世界历史运动客观进程的全球化"③。如果把全球化理解为"西方的全球化"（或某某国家主导的全球化），那么全球化就是可逆的，因为没有任何国家能够永远保持强大，即使目前拥有"唯一超级大国"称号的美国也不例外。当主导国的实力衰落时，它所主导的全球化便会发生逆转。德国《明镜》周刊的编辑加博尔·斯坦加特所说的"全球化正在发生逆转"④便是从这一层含义上对全球化的理解。只有"作为世界历史运动客观进程的全球化"才真正是不可逆转的，是一个不以人们的意志为转移的历史的、客观的进程。中国第三代领导人江泽民指出，经济全球化是随同社会生产力发展而产生的一种客观趋势。⑤

（二）全球化是否可控

1. 全球化可控

有学者认为，当前的全球化是发达资本主义国家所主导和支配的，发达资本主义国家所要达到的全球化，绝不仅仅是扩大国际间的经济联系、合作与交流，更是国际垄断资本及少数跨国财团对全球的扩张，甚至还表现为发达资本主义国家的社会政治制度和价值观念向全球的浸润

---

① ［印］卡瓦基特·辛格：《不纯洁的全球化》，吴敏、刘寅龙译，中央编译出版社 2005年版，第 184—185 页。

② ［美］约瑟夫·奈、约翰·唐纳胡主编：《全球化世界的治理》，王勇译，世界知识出版社 2003 年版，译者序。

③ 司马白：《全球化与第三世界》，《红旗文摘》2001 年第 1 期。

④ 转引自［美］法里德·扎卡利亚《后美国世界——大国崛起的经济新秩序时代》，赵广成、林民旺译，中信出版社 2009 年版，第 53 页。

⑤ 江泽民：《关于经济全球化问题》，《高校理论战线》2000 年第 9 期。

和推销。① 另有学者指出，到目前为止的全球化发展历史中，以及在今后很长一段时期里，作为全球化始作俑者的西方发达国家仍将是全球化基本游戏规则的制定者并继续操纵着全球化的进程。也许我们应当关心的只是这种作用是王道，还是霸道？是道义，还是强权？②

2. 全球化不可控

纳扬·昌达认为，没有任何人、任何组织可以控制全球化。③

托马斯·巴尼特（Thomas P. M. Barnett）认为，这个时代的全球化是美国送给全世界的礼物，但是，礼物一旦送出，就不再是自己的了。④

3. 本书观点

本书认为，简单地判定全球化可控或全球化不可控都不完全正确。首先，全球化是社会生产力发展的必然结果，但并不表明某些国家不能在全球化进程中发挥重要作用。事实上，某些强国能够制定全球化的规则，能够主导全球化的过程。正如有学者指出的那样，主权国家既可以为全球化设置壁垒和迟滞其发展，也可以通过提供稳定的国内环境和缓和市场与社会之间关系的方式来促进全球化进程。⑤ 其次，全球化不是一个自然而然的过程，但也并不是代表某些国家可以完全控制全球化的进程。正如吉登斯所言，全球化是一系列变化的组合，而不是一个单一的变化过程。没有一个国家，或国家集团，能够控制其中的任何一种变化。⑥ 俞可平教授也指出，全球化是由美国为首的西方发达国家倡导的，全球化的规则由它们制定，全球化的过程也受美国和西方国家主导，但是，包括美国在内的任何国家都不可能完全控制全球化的进程。⑦

本节从定义、原因、分期、影响与轨迹五个方面对全球化进行了阐释，但仅此还算不上一个完整的"全球化理论分析框架"，除此之外，

---

① 李慎明：《努力建立公正合理的全球化》，《红旗文摘》2001 年第 7 期。

② 唐贤兴、张爱阳：《全球化进程和大国政治的作用》，《中共福建省委党校学报》1999 年第 2 期。

③ 转引自董志强《全球化：从未停止的融合——评〈绑在一起：商人、传教士、冒险家、武夫是如何促成全球化〉》，《董事会》2008 年第 7 期。

④ ［美］托马斯·巴尼特：《全球化，并非全球美国化》，美国《巴尔的摩太阳报》1 月3 日，转引自《参考消息》2005 年 1 月 10 日。

⑤ 熊炜：《全球化与国家自主权——国家使命是否终结？》，《外交评论》2008 年第 3 期。

⑥ 转引自任重道《全球化等于美国化？——威尔·霍登和安东尼·吉登斯的对话》，《国外社会科学文摘》2001 年第 6 期。

⑦ 俞可平：《全球化与政治发展》，社会科学文献出版社 2003 年版，第 172 页。

至少还有一个如何看待全球化的问题，第二节将就此问题展开论述。

第二节　如何看待全球化

俄罗斯联邦共产党主席久加诺夫在《对话》杂志 2001 年第 6 期发表的《全球化：绝境还是出路?》一文中指出，全球化问题已经不仅仅是理论问题，而是关系到人类生存斗争的尖锐问题，不搞清这一问题，就无法正确选择俄罗斯的救国之路。[①] 由此可见，搞清全球化是一个事关国家生存发展的重大问题。那么如何看待全球化呢? 显然，这也是一个因人而异、见仁见智的问题。陈乐民曾说："'全球化'绝对不是一个设计完好的'理性蓝图'；它自身包含着种种悖论，这已是相当普遍的共识。所以，重要的不是急于对它作出'价值'判断，不是给它'打分'。它是一种客观存在的世界发展趋势；是全过程充满'二律背反'的大趋势。这里有一个非常重要的认识论问题，就如康德说的：'正是这个二律背反，把我从独断论的迷梦中唤醒，使我转到对理性本身的批判上来，以便消除理性似乎与它自身矛盾这种怪事。'但是，这种怪事是消除不了的；因此必须承认'二律背反'的永恒性。"[②] 本节将坚持马克思主义基本原理，运用辩证法去认识和解读全球化，以求对全球化有一个较为科学的认识。

一　国家、市场与全球化

自亚当·斯密以来，国家与市场之间的关系，历来是经济学界争论的焦点。如果说在全球化成为人们普遍的语境之前，强调国家与强调市场的经济学者平分秋色的话，那么，在全球化背景下，强调市场的经济学者明显占据了绝大多数。与经济学界不同，在全球化之前，几乎所有的政治学者都强调国家的作用，尤其以现实主义学派为甚。但是，在全球化的冲击之下，这种一边倒的阵营出现分化，出现了多种不同的声音。

---

① 转引自张国风《久加诺夫论全球化》，《国外理论动态》2002 年第 12 期。
② 陈乐民：《全球化的悖论》，《民主与科学》2008 年第 1 期。

（一）国家消亡、市场唯一说

在以大前研一（Ohmae Kenichi）和福山（Francis Fukuyama）等人为代表某些学者看来，全球化标志着人类历史的一个新时代，在这个时代中，包括民族国家在内的各种旧的制度在经济全球化面前或者完全过时或者正在失去存在的基础，市场成为决定和解决所有问题的唯一力量。这种观点认为，全球化进程正在创造一个由跨国公司和金融市场主宰的真正"全球性"经济，国家界限将不复存在。① 因此面对正在发生的国际金融危机，西方国家采取的"救市"等保护主义措施，在这些学者看来，这是"去全球化"的表现。

（二）国家过时、市场主导说

面对全球化的挑战，以哈贝马斯（Juergen Habermas）、罗兰·罗伯逊（Roland Robertson）和安东尼·吉登斯等为代表的西方左翼思想家，提出了"民族国家过时论"。这种观点认为，全球化之所以出现，完全归因于市场化，因此在某种程度上，全球化就是市场化，就应该让市场在全球资源的配置上发挥主导作用，国家尽可能不干预或少干预市场。

（三）国家主权受到挑战说

国外持此种观点的代表人物是英国的著名学者苏珊·斯特兰奇（Susan Strange），她认为，全球化使主权的属性遭到相对削弱，国家权力已为一国的内部市场、公民社会、跨国公司及跨国团体所分解，传统的集中的公共管理应让位于由市场和社会主导的新的"治理"形式。具体表现为：参加地区集团削弱主权的最高性；参与共同性问题的解决削弱主权的不可让与性；相互依存和科技发展削弱主权的排他性；遵守某些国际义务削弱主权的不可干预性等。② 国内持此种观点的学者较多，代表人物有中央编译局的俞可平教授和中国人民大学的时殷弘教授。俞可平教授指出，经济全球化对国家主权的挑战可以从三个方面来理解。首先，跨国投资等全球性的经济活动，势必要求在有关的民族国家内有一个相应的政治环境。其次，经济全球化导致了某些政治价值的普遍化，特别是自由、民主、人权、和平。最后，经济全球化使得许多

---

① ［印］卡瓦基特·辛格：《不纯洁的全球化》，吴敏、刘寅龙译，中央编译出版社 2005 年版，第 171 页。

② 转引自何方《全球化与民族化》，《经济研究参考》1999 年第 15 期。

原先的国内问题日益国际化，例如生态环境、资源短缺、贫困、犯罪、毒品、人口等问题，仅靠民族国家的主权政府很难有效地解决它们，而需要跨国性的国际合作。这种国际合作在许多情况下也会削弱传统的国际主权。① 时殷弘教授指出，全球化对国家主权提出了四个方面的挑战，即来自"上面"的超国家或"准"超国家行为体，来自"旁边"的跨国家行为体，来自"下面"的亚国家行为体，还有来自国际社会内部的一个倾向于总体霸权的超级强国。②

（四）国家主权强化说

在有些学者看来，国家主权在全球化进程中不仅没有削弱反而更加强化。例如一位世界知名的企业战略学家曾经说："随着全球化的深入以及保护主义等阻碍竞争的因素被取消，国家的作用更加突出。"③ 关于国家主权强化说，有些学者已分别从理论和实践中对其进行了论证。例如，厦门大学的刘志云教授在《经济全球化背景下国家主权问题探讨》一文中，运用马克思主义唯物辩证法对主权的制度与本质层次进行剖析，并从经济学角度对主权在经济全球化背景下传统制度变迁的内在根源进行探究，揭开主权通过传统制度变迁方式在根本上得以强化的真相，有力驳斥了主权弱化论、过时论以及消亡论等论调。④ 中央编译局的杨雪冬教授指出，在本次危机（指爆发于 2008 年的国际金融危机——作者注）中，主要国家，尤其是大国的声音远远高于曾经在墨西哥危机、东亚危机中发号施令的国际货币基金组织、世界银行等国际组织的声音。通过这场危机，国家的作用不是削弱了，而是明显增强了。这主要是体现在以下四个方面：首先，在西方主要国家的救市计划中，"国有化"成了主要措施；其次，大国之间的合作关系在加强；第三，个别大国的作用更为突出；第四，国家对经济干预的加强，存在着"保护主义"倾向。⑤

① 俞可平：《全球化与政治发展》，社会科学文献出版社 2003 年版，第 4 页。

② 时殷弘：《论民族国家及其主权的被侵蚀和被削弱——全球化趋势的最大政治效应》，《国际论坛》2001 年第 4 期。

③ ［法］亨利·盖诺：《全球化的神话》，法国《世界报》1996 年 5 月 24 日，转引自《参考消息》1996 年 6 月 4 日。

④ 刘志云：《经济全球化背景下国家主权问题探讨》，《现代国际关系》2002 年第 7 期。

⑤ 杨雪冬：《从本次金融危机反思全球化与国家的关系》，《学习时报》2009 年 5 月 18 日。

（五）本书观点

上述各种观点，应该具体分析，不能抽象地进行肯定或否定。对全球化浪潮中国家作用的削弱和加强，或者市场作用的削弱和加强，必须进行双重性的观察，形成辩证法所要求的精致理解。

1. 认为国家消亡或过时的观点是值得商榷的①

持"国家消亡或过时"观点的大多数是发达国家的学者，他们极力在全世界范围内推崇和宣扬"市场唯一"或"市场万能"说。这种观点是值得商榷的。理由一，它并非符合所有国家的利益，甚至于对某些发展中国家而言是非常危险的。复旦大学张汝伦教授指出，在今天的世界上，不管出于什么理由，鼓吹超越民族国家或民族国家消亡，客观上只会产生对非发达国家十分不利与危险的前景。② 理由二，市场不是万能的，许多外国学者均指出了这一点。卡瓦基特·辛格指出，这种观点的前提就是错误的。首先，并非所有国家都会因国际资本的影响而无能为力，事实上，不同国家的具体情况存在着巨大的差别。其次，政府预算并不会因为采取开放式经济而被削弱甚至是消亡。理由三，公共部门企业的私有化并不一定意味着政府将全面退出对经济的干预。理由四，尽管政府的作用有可能在经济的某些行业有所下降，但也有可能在其他方面得到进一步的拓展和加强。卡瓦基特·辛格还指出，所谓"自由市场"的概念，不过是一个虚无的神话，因为任何市场都要受到某些规则的控制，而且任何市场的正常运作也不可能离开规则，只不过管制的本质和程度在不同的市场之间有所差异而已。③《驯服全球化》一书的作者们承认经济全球化有可能成为一股有利的力量，但他们坚持认为，这种可能性只有在市场力量受到一个能够确保社会的持续性和正义性的政治框架的抑制和平衡的条件下，才可能实现。④ 联合国贸易和发展会议

---

① 一般常识认为，国家消亡或过时的观点肯定是错误的（在世界真正达到大一统或实现共产主义社会之前）。本书此处用"值得商榷"取代"错误"一词，有如下考虑：持"国家消亡或过时"观点的学者其意主要是突出市场的无上地位，即"市场唯一"或"市场万能"，而不是真的主张取消政府，让国家消亡。

② 张汝伦：《评哈贝马斯对全球化政治的思考》，《哲学研究》2001年第7期。

③ ［印］卡瓦基特·辛格：《不纯洁的全球化》，吴敏、刘寅龙译，中央编译出版社2005年版，第175—179页。

④ ［英］马塞尼斯·柯尼希－阿奇布吉：《全球化和对管理的挑战》，载［英］戴维·赫尔德等《驯服全球化》，童新耕译，上海世纪出版集团2005年版，第1页。

总干事鲁本斯·里库佩罗（Rubens Ricupero）说："全球化是个无法回避的事实，不能凭主观愿望希望它不存在。但如果设想，市场力量一定会被赋予毫无约束的自由支配权，那就大错特错了。"①

2. 认为国家主权受到挑战以及国家主权强化的观点是合理的

随着全球化的发展，国家主权受到越来越多、各式各样、或严重或轻微的挑战是毋庸置疑的，但是据此而否认国家在全球化中仍具有的中心地位则是欠妥的。大家都知道下面一个故事：为了保证沙丁鱼在运输过程中因过于安逸而窒息死亡，聪明的渔夫放入鲶鱼，沙丁鱼出于对鲶鱼的恐惧，不断游动，从而大量地存活下来。这便是有名的"鲶鱼效应"，其中蕴涵着丰富的智慧，其中之一便是挑战意味着生存。同此道理，尽管国家面临着市场、非国家行为体等的巨大挑战，只要应对恰当，国家就会变得更加强大。第一，全球化的顺利运转，尤其是在资源配置方面，市场更是发挥着举足轻重的作用，但是，市场不是万能的，它也有无法克服的缺陷，需要国家出面承担责任。美国华盛顿大学经济学教授卡兹米埃兹·波兹南斯基（Kazimierz Poznanski）指出，市场不是万能的，市场力量的作用也不是尽善尽美的。市场机制在资源配置中存在着固有的自发性、盲目性和滞后性。全球化的运作不仅需要市场的扩展，也需要政府（职能）的扩展。为了处理市场扩大所产生的额外风险，政府必须承担更多的责任。为了应付这些风险，政府的权能也得扩大。② 第二，随着国家间政治经济相互依赖的发展，越来越多的非国家行为体（包括非政府组织、跨国公司等）在国家间关系中发挥重要作用，它们会以各种方式和手段影响着国家的政策与行动。其一，非国家行为体的这些行动与其说是对国家主权的削弱，不如说是对国家主权的补充。其二，尽管国家主权在很多领域受到非国家行为主体的挑战，但在安全、军事等涉及核心国家利益的决策权、影响权方面，国家要么独享，要么占有绝对的主导优势。由此可见，国家的权力并没有因为市场和非国家行为体而减损。

3. 国家与市场的互补关系要把握好"度"

国家与市场历来是一对互补的关系：既不能抛弃和摧毁市场力量，

① ［英］罗伯特·埃文斯：《联合国资深官员对自由市场发出警告》，路透社日内瓦1997年7月2日电，转引自《参考消息》1997年7月14日。

② ［美］波兹南斯基：《全球化的理论与实践》，《国外理论动态》2002年第8期。

也不能不要国家的干预。过于强调国家或者过于强调市场都是不当的，会造成巨大的损失。换句话说：第一，市场不是万能的，不可能完全替代政府，但是在大多数领域，市场可以帮助政府把工作做得更好。第二，市场需要政府的监管，但是政府监管不应该取代市场，而是应当与市场合作。历史与现实表明，再自由的国家（强调市场作用），也不可能抛弃政府；再保守的国家（强调政府作用），也不可能完全忽视市场。在政府与市场的关系上，自由国家与保守国家的唯一区别在于更看重政府还是更看重市场。但是，如何构造政府与市场之间的平衡，如何在处理政府与市场之间关系时保持合理的"度"，这是一个世界性的难题。

二 不平等与全球化

（一）国际社会存在的"不平等"

国际社会存在"不平等"吗？人人都会给出"肯定"的答案，因为社会本身就是"不平等"的，国际社会也不例外。但是国际社会存在什么样的"不平等"？却不是轻易能说得清楚的。

平等包括"形式平等"与"实质平等"两种。其中"形式平等"是一种"理想化"的平等，它又包括两种：一种是"形式主义的平等"，即无视差别的存在，追求单纯的机会上的形式平等；一种是"平均主义的平等"，即承认差别的存在，却不承认其中某些差别的存在。"实质平等"是一种"真正"的平等：承认现实中有着许多差别，且其中有的在人类社会现有条件下还是不可避免的差别。换句话说，实质平等是综合考虑了各种现实条件限制、由形式平等与自由民主等价值达成妥协后产生的平等。理想的"形式平等"与真正的"实质平等"通常是对立的，但并不排除两者也有重合的方面。[①]

与"平等"相对应，"不平等"也包括两种形式："形式上不平等"与"实质上不平等"。"形式上不平等"与"实质上不平等"往往是对立的，但也并不排除两者有重合的方面。颇有意思的是，"形式平等"

----

① 这里需要注意的一点是：关于什么是"形式平等"、"实质平等"、"形式上不平等"以及"实质上不平等"，存在一个主观判断的问题，即不同的人可能会对同一现象作出不同的判断。

往往对应的是"实质上不平等";"实质平等"通常对应的是"形式上不平等"①。

国际社会上存在的"形式上不平等"包括：世界各国分为三六九等，既有发达国家，也有新兴国家，还有欠发达国家；只有美国、俄罗斯、英国、法国和中国五个国家是安理会常任理事国；国际货币基金组织的总裁历来由欧洲人担任；世界银行的行长历来由美国人垄断；发展中国家在巴塞尔银行监理委员会（由西方十大工业国于1974年设立）和金融稳定论坛（由西方七国集团于1999年设立）中没有代表；国际货币基金组织、世界银行等一些国际经济组织实行加权投票制。

国际社会上存在的"实质上不平等"包括：南北差距继续扩大；某些国家掌握着国际规则的制定权与解释权；西方国家主导全球性的国际组织；国际资源配置严重失衡；利益分配严重不均；国际贸易歧视；美国拥有国际货币基金组织任何重大决议的一票否决权。②

（二）如何看待国际社会中存在的"不平等"

通过上述对国际社会存在的"不平等"的介绍，我们对于国际社会存在的"不平等"应采取区别对待的态度。有的"不平等"是无法避免的，暂时也不太容易更改，大多数的"形式上不平等"属于此类；③有的"不平等"是不合理的，应该试图更正之，大多数的"实质上不平等"属于此类。

（三）国际社会中存在的"不平等"与全球化的关系

这是一个十分复杂的问题，轻易地认定两者之间"有"或"没

---

① 一般情况是这样，例如，公司职员不论贡献大小薪水一样多，便是"形式平等"与"实质上不平等"；反之，公司实行多劳多得的分配方式，便是"实质平等"与"形式上不平等"。但这种现象并不绝对，"形式平等"不一定是"实质上不平等"；"实质平等"不一定是"形式上不平等"。例如在联合国大会上，每个国家只有一票，这既是"形式平等"，也是"实质平等"。

② 国际货币基金组织章程规定，任何重大决议如若获得通过，必须得票率达到85%以上，而美国却拥有总投票权的15%以上，因此，只要美国不同意，任何重大决议都不可能通过。所以说，美国拥有一票否决权。

③ 这里的主观性比较大，不同国家的人们乃至同一国家的不同人都有可能持截然相反的立场。例如，只有美国、俄罗斯、英国、法国和中国五个国家是安理会常任理事国；国际货币基金组织的总裁历来由欧洲人垄断；世界银行的行长则由美国人担任；国际货币基金组织、世界银行等一些国际经济组织实行加权投票制。针对上述现象，有人认为是合理的，有人则认为是不合理的。

有"关系都是欠妥当的，应该具体问题具体分析。说它复杂，还有一个原因，那就是即使是针对某一具体的"不平等"，不同的学者也有可能得出不同的结论。以"南北差距不断扩大"这一"不平等"现象为例。有学者将这一"不平等"归因于全球化。例如，戴维·赫尔德和安东尼·麦克格鲁在《全球化与反全球化》一书中认为，尽管不平等的原因有很多，但首要原因是全球化，是当前经济全球化的特殊的新自由主义形式。在决定生产力和财富在世界经济中的定位和贡献的因素中，经济全球化是影响全球不平等和排外主义制度的基本力量。印度学者迪帕克·那亚尔（Deepak Nayyar）教授在《全球化，历史与发展：两个世纪的神话》一文中指出，全球化并不是一个关于融合和发展的神话故事，它并不必然导致经济快速增长和融合，反而是增长速度放慢，收入水平分化，国家间差距扩大。① 有学者认为不能将不平等的原因归咎于全球化。南开大学国际经济与贸易系博士研究生王进在《经济全球化是否扩大收入的不平等》一文中，通过回顾19世纪初到20世纪末全球收入不平等的演变，分析发达国家和发展中国家国内收入不平等以及国家间收入不平等的状况，认为经济全球化并非是全球收入不平等扩大的原因。② 关于"南北差距不断扩大"，本书的观点是："南北差距不断扩大"与全球化有很大的关系，但全球化不是全部原因，某些南方国家自身的政治环境、经济结构、贸易政策等也是导致"南北差距不断扩大"的重要因素之一。

限于篇幅，本书不可能去分析国际社会存在的所有"不平等"与全球化之间的关系，但是总体上可以做如下判断：国际社会存在的"不平等"肯定与全球化存在一定关系，但全球化既不是唯一的原因，也并不总是最重要的原因。

三　和平、冲突与全球化

"和平"与"冲突"历来是国际关系（政治）学界关注的焦点，不

---

① ［印］迪帕克·那亚尔：《全球化，历史与发展：两个世纪的神话》，《国家行政学院学报》2008年第1期。
② 王进：《经济全球化是否扩大收入的不平等》，《开放导报》2008年第5期。

同时期表现迥异。在全球化背景下，又会出现何种变化呢？

（一）全球化必将通向和平时代的观点是错误的

全球化将通向一个和平时代。许多人天真地以为，随着全球化的发展，和平将降临人间。他们的理由是：国家间的冲突源于共同利益的缺失，一旦存在共同利益，将导致和平的发展。因为全球化会导致越来越多的共同利益的产生，因而更倾向于和平。这是人们的一种美好企盼。但这仅仅是一种企盼而已，不是现实。

有些学者认为，全球化与暴力冲突之间存在着某种紧密联系。全球化似乎不仅没有扩大和平，反而助长了冲突和憎恨。在《纽约时报》专栏作家托马斯·弗里德曼（Thomas Friedman）看来，随着全球性媒体的发展，使大多数被剥夺被压迫的人能够把他们的命运与自由富裕的人的命运进行比较。于是，这些人请求拥有同样怨恨情绪、同样族群来源或宗教信仰的其他人给予帮助。由于全球化使有的人富有了，而另外许多人却失去了一切，那些穷苦的失去一切的人可能试图用恐怖主义进行报复，找回自尊。[①] 斯德哥尔摩国际和平研究所所长亚当·达尼埃尔·罗特费尔德（Adam Daniel Rotfeld）也表达了类似的观点，他认为，全球化包含着对和平的危险，理由是，经济国际化的趋势同政治"分散化"的趋势是背道而驰的，经济全球化同政治分散化的矛盾将来会表现得更加明显。内部的、多数是由种族冲突引起的战争是未来的最大潜在威胁。[②]

西方有位深谙历史的学者曾经明智地指出，1899 年，人们普遍认为人人都在变得非常富有，技术非常先进，世界经济紧密交织，因此 20 世纪将是人类历史上最和平的时期。当时的乐观主义者错了——关于全球化和关于和平的预测都错了。我们现在也可能在犯同样的错误吗？[③]

为了避免犯同样的错误，请让我们记住前苏联哲学博士瓦·瓦·扎格拉金（Загладин，В. В）说的一句话："如果战争不是注定不可避免

---

① 转引自［美］斯坦利·霍夫曼《全球化的冲突》，《国外理论动态》2003 年第 12 期。

② 《全球化和分散化》，德国《商报》1999 年 2 月 11 日，转引自《参考消息》1999 年 2 月 28 日。

③ ［美］沃尔特·拉塞尔·米德：《分界线》，美国《洛杉矶时报》1999 年 10 月 24 日，转引自《参考消息》1999 年 10 月 30 日。

的，那么和平也不是注定不可避免的。"①

（二）全球化根本不可能通向和平时代的观点也是错误的

但是，也不能走向极端，认为全球化必将导致冲突而根本不可能带来和平，这也是错误的。博鳌亚洲论坛秘书长龙永图先生说，"全球化不等于发达国家的时代，也不等于跨国公司的时代"，认为全球化就是"大鱼吃小鱼、小鱼吃虾米"也是完全错误的。②

由此可见，全球化与和平、冲突有一定关联，但不是唯一的决定因素。全球化只是客观存在，和平与冲突的走向在很大程度上还取决于人们的主观努力。

四　全球问题与全球化

（一）全球问题③的定义

关于"全球问题"的定义很多：④定义一：根据罗马俱乐部的见解，全球问题就是困扰当代人类问题的"总问题"、"世界性问题"、"全球危机"；定义二：全球问题特指那些在全球范围内普遍存在的，严重威胁全人类的生存和发展的问题；定义三：全球问题就是决定人类的共同命运，而且只有靠全人类的共同努力才能解决的一些迫切问题；定义四：全球问题又称"全球性危机"，是指那些对人类性命攸关的，制约着社会进步的持续实现的根本问题；定义五：所谓"全球问题"，就是在发生规模或程度上具有全球性质，对人类的生存和发展至关重要，涉及世界上各民族、国家、地区的根本利益（以上构成全球问题的必要条件），并需要全世界人民的共同努力及国际社会的一致行动才能

---

①　转引自［苏］尼涅莉·斯特列利佐娃《关于未来的思考——在二十一世纪前夕的对话》，何毓德、丁士超译，内蒙古大学出版社 1988 年版，第 57 页。

②　《全球化非"大鱼吃小鱼"龙永图提倡走出两误区》，中新网，2004 年 5 月 24 日。

③　此处做两点说明：第一，本书将"全球化问题"、"全球性问题"、"世界性问题"、"全球问题"、"全球公共问题"等统称为"全球问题"。第二，从严格意义上来讲，"全球问题"除包括"全球公害问题"外，还应包括"全球公益问题"，但为了论述方便，本书所讲的"全球问题"主要是指"全球公害问题"。

④　分别参见尹希成《困扰人类的全球问题》，《哲学研究》1993 年第 3 期；晓忠：《全球性问题的挑战及其治理》，《当代世界与社会主义》2000 年第 4 期；王小民：《全球问题与全球治理》，《东南亚研究》2004 年第 4 期；魏恩政：《"全球问题"的文化意蕴》，《青岛海洋大学学报》2000 年第 3 期；张黎夫、张功柱：《全球问题的伦理解读》，《科技进步与对策》2002 年第 8 期；王伯鲁：《全球问题的实质与解决困难》，《青海社会科学》1997 年第 5 期。

得到建设性解决（构成全球问题的充分条件）的问题；定义六：全球性问题是指超越社会制度的差异和意识形态的分歧，具有全球规模的普遍性和复杂性，涉及整个人类当前和长远的共同利益，对人类的生存和发展关系重大，并需要不同社会制度国家在全球范围内共同关注，通过协调一致的国际行动来加以解决的一系列问题。

综上所述，我们可以从全球问题的特性去把握全球问题的内涵。第一，全球性。全球问题不是某个国家、某个国家集团或某个局部地区的问题，它遍及全球各个角落。第二，严峻性。全球问题关系到全人类的整体利益，如果得不到有效地解决，将有可能威胁人类的生存与发展。第三，整体性。各种全球问题之间存在着密切的联系，每一个全球问题都和其他的全球问题紧密相关。第四，紧迫性。全球问题涉及所有国家、国家集团、地区的切身利益，要求得到及时解决，不能拖延。第五，协作性。全球问题只有通过世界各国和人民的团结合作，依靠全人类的共同努力才能得到根本性的解决。

（二）全球问题的分类

承认全球问题的存在是大多数学者的共识，但是具体包括哪些问题却是见仁见智，意见不一。有部分西方学者对"全球问题"概念作狭义理解，认为只有两三个是"唯一"重要的问题：地球人口过多、资源枯竭和生态平衡。罗马俱乐部前主席奥雷利欧·佩切伊（Aurelio Pec-cei）把全球问题归结为由近 30 个问题构成的总问题。①

苏联学者由于坚持了马克思列宁主义的辩证唯物主义和历史唯物主义的方法，因此，他们对全球问题的分析至今仍有较大的参考价值，尽管时间已经过去了 20 多年。与西方学者不同，除了列举一个个具体的全球问题外，前苏联学者更重要的是将全球问题进行了归纳与分类。例如，苏联著名哲学家伊万·季莫弗耶奇·弗罗洛夫把全球问题归纳为三个方面：第一，国际社会方面的全球性问题，它们与诸如社会经济体系、国家等这样一些社会共同体之间的相互作用有关（如和平问题和裁军问题、全球社会经济发展问题以及克服某些国家和地区的落后状态等问题）；第二，社会人类学方面的全球性问题，它们与人同社会的关系

---

① 参见［意］A. 佩切伊《全球问题研究的发端》，载王兴成、秦麟征编：《全球学研究与展望》，社会科学文献出版社 1988 年版，第 4 页。

有关（科学技术进步问题、教育和文化问题、人口增长问题、保健问题、人的生物适应性问题以及人的未来问题）；第三，自然—社会方面的全球性问题，它们存在于人与社会同自然的相互作用之中（资源问题、能源问题、粮食问题、环境问题）。① 与弗罗洛夫一样，阿·恩·丘马科夫亦将全球问题分为三组："社会间的"问题、"人—社会"系统的问题和社会与自然的相互作用问题。②

（三）全球问题与全球化的关系

20 世纪 70 年代以前，全球问题很少有人问津，"似乎我们讨论的全球性问题只与其他星球有关"③。20 世纪 70 年代以后，全球问题作为一个独立的、专门的研究领域被确立并日益受到世界关注。原因有两个：其一，随着科学技术的进步和社会经济的发展，越来越多的地方性问题转变为全球性问题。苏联学者洛斯指出，"越来越多的使个人或整个社会感到不安而在过去仅具有地方性的问题，到了 70—80 年代，随着科学技术日益加速进步和社会经济进一步发展，由于程度不同地触及世界所有国家和所有民族的利益而获得了全球性质"④；其二，这与罗马俱乐部的努力是分不开的，标志是 1972 年罗马俱乐部发表的研究报告《增长的极限》，该报告引发了世界对全球问题的关注。而全球化受到学术界的关注也是始于这一时期。由此可见，全球问题与全球化之间并非只是时间的巧合，两者之间有着千丝万缕的联系。

1. 全球化扩大了全球问题

"全球化"不仅不能掩盖和取消各种公害的社会问题，而且还不断引发出和异化出许多新的问题。⑤ 随着全球化的发展，地球在变得越来越"小"的同时，人类面临的问题和麻烦却在变"大"。

2. 全球化不能为全球问题负全责

---

① 参见［苏］弗罗洛夫《人的前景》，王思斌、潘信之译，中国社会科学出版社 1989 年版，第 94 页。

② ［俄］阿·恩·丘马科夫：《全球性问题哲学》，姚洪芳等译，中国人民大学出版社 1996 年版，第 112 页。

③ ［意］A. 佩切伊《全球问题研究的发端》，载王兴成、秦麟征编：《全球学研究与展望》，社会科学文献出版社 1988 年版，第 11 页。

④ ［苏联］B. A. 洛斯：《全球问题是综合科学研究的对象》，载王兴成、秦麟征编：《全球学研究与展望》，社会科学文献出版社 1988 年版，第 256 页。

⑤ 陈乐民：《全球化的悖论》，《民主与科学》2008 年第 1 期。

全球化在某种程度上扩大了全球问题的范围，加剧了全球问题的恶化。从历史发展来看，全球问题不是从来就有的，也并非永远不变的，而是一个处于发展之中彼此交织、相互作用的"问题群"或"问题体系"，其中充分展现了事物之间联系的复杂性。有的全球问题是伴随全球化而出现的新问题，如网络犯罪等。大多数全球问题则是过去就已经存在，只不过在全球化发展以后，其数量、规模、范围和破坏性越来越大，如跨国恐怖主义、流行性传染病等。因此，全球化不能为全球问题的出现负全责。全球问题是生产力和生产关系发展的副产品，正如俄罗斯学者丘马科夫所言，多数全球性问题都和生产力、生产关系的发展有着这样或那样的联系。如果说社会、经济发展落后的国家是诸如饥饿、疾病、人口的过度增长等问题的主要原因，那么发达世界则对其他的许多危险，如核战争的威胁、生态危机、能源和原材料的日趋枯竭等负有主要责任。[①]

五　国际组织与全球化

（一）国际组织存在的问题

众所周知，国际组织，尤其是一些具有重要影响力的国际组织，它们所做出的每一个决策都会对世界上大多数国家和人民的生活带来深刻的影响，但是，大多数国家和人民对于这些决策为什么以及如何被制定出来却一无所知。然而，如此缺乏透明度的国际组织，却要求一些发展中国家的政府决策增加透明度，难免有点"只许州官放火，不许百姓点灯"的意味，有点过于伪善了。印度学者卡瓦基特·辛格对国际货币基金组织和世界银行存在的问题进行了入木三分地揭露与批判。[②]

卡瓦基特·辛格指出，尽管世界银行和国际货币基金组织一直在无休止地催促发展中国家改进政府治理结构，但是这些机构本身却一直在高度缺乏民主的组织结构下运行着，至于治理标准更是让人觉得难以启齿。世界银行和国际货币基金组织的投票权仍然在沿用 1944 年订立的表决方式。几十年以来，尽管世界经济已经发生了翻天覆地的变化，但

---

① ［俄］阿·恩·丘马科夫《全球性问题哲学》，姚洪芳等译，中国人民大学出版社 1996 年版，第 9—10 页。

② 关于对国际货币基金组织的批评，也可参见赵长峰《国际金融合作：一种权力与利益的分析》，世界知识出版社 2006 年版，第 129—131 页。

国际金融机构的表决权机制却仍然停留在 1944 年。对于拥有 180 多个成员国的国际金融机构来说，它所具有的多边性是毫无疑问的，但是不平等的表决权以及毫无根据的权力分配结构，导致这些机构的实际控制权落入到极少数发达国家的手中。更令人难以接受的是，在这些国际金融机构中，个别成员国决定了贷款条件以及其他政策问题，而绝大多数成员国却只能对决策过程无可奈何地听之任之。①

卡瓦基特·辛格还指出，由于在表决权问题上存在严重失衡，使得绝大多数贫穷国家和发展中国家根本没有机会在国际金融机构执委会中发表他们的看法。事实上，在国际金融机构执委会的代表中，包括中国、巴西和印度在内的发展中国家代表寥寥无几。而其他发展中国家只能以轮流和组成地区性集团的形式，参与执委会事务。……也许可以期待，发达国家在拥有如此之高比例表决权的同时，能够承担起与之相对应的义务和责任。然而在很多情况下，这些发达国家在争夺权力和扩大影响的同时，却不愿意向国际金融机构做出与之相对应的捐赠。另一个是国际金融机构长期采纳的规则：世界银行行长的被提名人必须是美国人，而国际货币基金组织的被提名人则来自于欧洲。换句话说，决定选举结果的是国籍而不是能力。通过世界银行和国际货币基金组织的执行理事选举，发达国家一次又一次地人为地削弱发展中国家的地位，使得选举过程变成了由美国和欧洲操纵的暗箱游戏，他们可以通过非正式的谈判确定选举结果。②

卡瓦基特·辛格进一步指出，由于缺乏透明度和完善的治理规范，导致国际社会常常对这些国际金融机构的豪言壮语嘲笑不已，更重要的是，作为全球性的治理结构，他们所具有的合法性和权威性，已经受到了动摇和质疑。③

正是出于对国际货币基金组织和世界银行的不满，2007 年 4 月 30 日，委内瑞拉总统查韦斯宣布：委内瑞拉退出国际货币基金组织和世界银行两大金融机构。近年来，包括厄瓜多尔、尼加拉瓜、阿根廷等在内的国家虽然没有完全退出两大国际金融组织，但却以各种方式疏远与它

---

① ［印］卡瓦基特·辛格：《不纯洁的全球化》，吴敏、刘寅龙译，中央编译出版社 2005 年版，第 156 页。

② 同上书，第 157 页。

③ 同上书，第 158 页。

们之间的关系。①

（二）国际组织需要改革而不是废除

以国际货币基金组织和世界银行为代表的国际组织自诞生以来，便备受争议。如今越来越多的事实暴露了现行国际组织的弊端、不公正和不合理。进入新世纪尤其是 2008 年国际金融危机爆发以来，世人对国际货币基金组织和世界银行的批评之声更是不绝于耳。

本书认为，对国际组织的批评，只是表明国际组织进行改革的必要性，并不意味着国际组织没有存在的必要性。国际货币基金历史上任职时间最长的总裁米歇尔·康德苏（Mi chel Camdessus）说："二战结束时，世界需要这样一个机构；处于全球化背景下的今天，世界更加需要国际货币基金组织。当然，1945 年至今，世界已经发生了很多变化。我们必须改革国际货币基金组织以适应新的世界分配格局，处理新的问题和风险，提供新的全球治理工具，使世界真正成为一个大家庭。"②罗伯特·基欧汉曾一针见血地指出，在全球管理中的确存在实质性的责任缺口，但他也指出，改良主义者的许多运动指向了错误的目标，即指向了多边组织。多边组织尽管在更广泛的利益方面有增加责任的充裕的余地，但不应成为改良主义运动的首要目标，因为比之于世界政治中的其他行动者，尤其是跨国公司、跨政府的网络，宗教运动和组织、恐怖主义网络，以及特别是跨国公司，它们更为开放和负责。国际组织代表了对强国的行动施加某些限制的一种重要的方面，因此，改良主义的运动应该留意不要破坏它们的合法性和影响。他警告说，削弱这些机构不会阻止全球化，而只会让最强的行动者以更不负责任的方式行使它们的权力。③ 这不是为国际组织存在的问题开脱，而只是表明：其一，存在问题的不单是国际组织，还有其他一些非国家行为体；其二，有些问题的出现不能全归因于国际组织。

总之，我们要正视而不是回避国际组织存在的问题，但是绝不能因存在问题而取缔国际组织，另起炉灶。如果真的要取缔某一国际组织，首先要思考这样一个问题：取缔国际组织是有助于问题的解决还是会使

① 转引自俞金尧《"反全球化运动"与反资本主义》，《中国图书评论》2007 年第 7 期。

② 转引自《全球化时代 世界更加需要 IMF》，《文汇报》2010 年 5 月 17 日。

③ ［美］罗伯特·基欧汉：《全球管理与民主问责制》，载［英］戴维·赫尔德等：《驯服全球化》，童新耕译，上海世纪出版集团 2005 年版。

情况变得更糟？

六　全人类共同利益与全球化

全人类共同利益是指人类赖以维系生存与发展的主要前提和基本条件。全人类的共同利益集中表现为人类生存利益和人类发展利益。[①]

（一）全球化开辟了全人类共同利益的新前景

"全人类共同利益"存在吗？有部分人给出了"否定"的答案，他们的理由是戈尔巴乔夫提出的"新思维"及其悲惨命运。戈尔巴乔夫在《改革与新思维》一书中提出了"全人类共同利益"概念，并且判定"全人类共同利益高于阶级利益"。然而戈尔巴乔夫的"高姿态"，换来的是苏联的解体、东欧的剧变、资本主义在全球的扩张以及俄罗斯在苏联解体之后经历的苦难。[②] 这些人的逻辑很简单：由于承认存在"全人类共同利益"结果导致国家的解体，因此应该否认存在"全人类共同利益"，以便更好地维护国家利益。本书赞同另外一些学者的观点，即戈尔巴乔夫"新思维"的失败实际上并不能否定全人类共同利益的存在。……戈尔巴乔夫的错误不在于他承认了这一事实，而在于他在政治上的书生气和幼稚，在应对这一问题时把复杂的问题想得太简单了。[③]

本书倾向于承认存在"全人类共同利益"，理由如下：国际分工和生产的专业化，使世界各国的经济联系日益密切，尤其是科技革命的推动，极大的缩短了世界各国在时间和空间上的距离，客观上为全人类共同利益的不断凸显奠定了物质基础。因此可以说，全人类共同利益的产生是生产力不断发展的必然结果。当代全球化呈现出"你中有我，我中有你，一荣俱荣，一损俱损"的相互依存性，开辟了全人类共同利益的新前景；随着全球化的深入发展，主权的有限转让已经成为一种客观现实和发展趋势，主权虽然不可分割，但是在一定范围内可以有限转让，这种有限度的主权转让内在地推动了全人类共同利益的发展。

（二）妥善处理国家利益与全人类共同利益的关系

首先，全人类共同利益是国家利益的重要组成部分。随着全球化的

---

① 董漫远：《全人类共同利益与中国的和平发展》，《国际问题研究》2005 年第 5 期。

② 参见樊锐《地球村——全球化与人类共同利益》，人民出版社 2005 年版，序言。

③ 同上。

发展，国家利益与全人类共同利益的相关性不断增强，他国利益、区域利益和全人类共同利益往往与国家的发展方向是一致的，甚至有时成为国家利益的组成部分。

其次，维护好全人类共同利益需要世界各国人民的共同努力。随着全球问题的日益凸显以及人们对全球问题认识的发展，过去那种只以国家为单位各自为战采取措施治理问题的方法显然已经不能适应对付全球问题的需要。这就要求人类在全球意识的基础上以地球共同体为单位，为了全人类的共同利益而采取联合行动。

最后，全人类共同利益不能高于国家利益。在当前国际形势下，毫无疑问，国家依然是国际关系（政治）的基本行为体，国家利益是国家制定对外目标的重要依据和决定性因素，谋求国家利益是国家对外行为的基本动因。因此，每个国家追求本国利益天经地义，但是又不能仅仅追求本国利益，需要照顾到全人类的共同利益，否则全球问题的解决（例如全球经济恢复和持续性增长）将受到质疑。另一方面，不能因为承认存在全人类共同利益而得出"全人类共同利益高于国家利益"的结论，更不能为了全人类共同利益而牺牲本国的国家利益。① 当前国际社会普遍存在的全球性合作（如国际金融合作和全球气候合作），不能否认有全人类共同利益的因素，但更重要的这是各国出于各自国家利益考虑的结果。英国著名学者赫德利·布尔（Hedley Bull）在《无政府社会》中一针见血地指出："一个国家所信奉的普世性意识形态显然是从属于该国的特殊利益的，国家间所达成的协议是讨价还价和妥协的产物，而不是追求人类共同利益的结果。"②

总之，我们既要承认"全人类共同利益"的存在，又不能将"全人类共同利益"过分地夸大。在对外实践中争取把自己国家的利益与全人类共同利益结合在一起，综合平衡、具体分析和辩证对待。胡锦涛在党的十七大报告中明确地向全世界宣告："我们坚持把中国人民的利益同各国人民的共同利益结合起来，秉持公道，伸张正义。"

---

① 为了全球问题的解决，或者说为了全人类的共同利益，世界各国需要"超越"本国国家利益，从而齐心协力，共同应对。注意，这里是"超越"而不是"牺牲"国家利益。

② ［英］赫德利·布尔：《无政府社会：世界政治秩序研究》，张小明译，世界知识出版社2003年版，第68页。

第三节　全球化提出的要求

在第一节，我们将全球化划分为"初级全球化"、"中级全球化"和"高级全球化"，并且介绍了"中级全球化"的特征以及"高级全球化"的标准。那么"中级全球化"还会持续多长时间？"中级全球化"怎样才能顺利过渡到"高级全球化"？这在相当大的程度上取决于人们解决"中级全球化"存在问题的能力。因此，本节所谓"全球化提出的要求"，完整的说法应该是："中级全球化"过渡到"高级全球化"向人类提出的要求，或"高级全球化"对处于"中级全球化"时代的人类提出的要求。

一　构建新的国际政治经济秩序

"中级全球化"背景下出现的各种国际政治、经济、军事、文化、环境等问题，虽然产生的具体原因各异，但基本上都可以归因于国际政治经济旧秩序的存在。为此，只要不根除国际政治经济旧秩序，"高级全球化"就将遥遥无期。在某种程度上说，国际政治经济新秩序（或和谐的国际秩序）的构建过程，就是"中级全球化"向"高级全球化"的过渡时期。

什么是国际政治经济新秩序呢？针对国际政治经济旧秩序以及"高级全球化"的标准，这应该是一个相对有序的秩序，是公正合理的秩序，而不是霸权统治下的秩序。[①] 具体包括如下内容：任何国家不能将本国的政治经济模式强加于全世界，各国完全根据本国的具体情况选取自己的政治经济模式；世界各国在平等的基础上相互尊重、协调发展、互利共赢，促进共同发展和共同繁荣；以和平的方式化解国家之间的矛盾、冲突，尽量避免各类战争的爆发；用较完备的国际规则去规范、约束国际行为体的行为，争取做到有法可依、有法必依、违法必究、执法必严；建立平等对话的机制，达成对公平正义的共识；进行合理的制度

----

① 俞正梁：《全球化背景下全球秩序的重构》，《立信会计高等专科学校学报》2003 年第 1 期。

安排。

构建国际政治经济新秩序是"中级全球化"过渡到"高级全球化"向人类提出的总要求。

二　加强制度建设

当前全球化能否顺利发展，尽快达到"高级全球化"的标准，有许多前提条件，而运转良好的国际制度无疑是最为重要的前提条件之一。

首先，加强制度建设是规范市场运作的需要。市场（或市场经济）是全球化的本质，因此，全球化健康发展的标志是市场运转良好。然而，由于市场经济从来就带有盲目性和无政府的缺陷，如果没有国际制度的协调与约束，市场经济不可能有序运转。全球化越发展，越需要加强国际制度建设，以减少市场的盲目性和破坏性。

其次，加强制度建设是防止权力滥用的需要。国际舞台是大国政治的舞台，突出表现为大国维护、彰显和扩展自己的权力。一旦权力不受限制便被滥加使用，法国资产阶级启蒙思想家孟德斯鸠在《论法的精神》一书中精辟地指出："一切有权利的人都容易滥用权力，这是万古不易的一条经验。"[1] 而且权力越大，滥用起来就越危险。防止权力滥用的最好办法之一是加强制度建设，通过制度限制权力。

再次，加强制度建设是提供全球公共物品的需要。全球化的健康运转需要国际公共物品的有效提供，包括自由的国际贸易体系、稳定的国际货币金融体系以及有保障的国际安全等。由谁来提供国际公共物品呢？在霸权稳定论看来，当然是由霸权国（美国）来提供国际公共物品。但是，美国毕竟是一个具有自己的经济利益和政治利益的国家，它不可能作为全球各民族和国家公共利益的代理人。有时美国在全球公共产品供应上做得越多，其所招致的其他国家和民族的反对越多。[2] 由此看来，霸权国固然可以在某一特定历史时期提供国际公共物品，但是却无法总能有效提供。既然如此，有效提供国际公共物品

---

① ［法］孟德斯鸠：《论法的精神》，张雁深译，商务印书馆1961年版，第154页。
② 袁志刚、邵挺：《全球化进程中的基本矛盾与协调机制》，《学术月刊》2007年第11期。

的重任自然就落在国际组织肩上，如联合国、国际货币基金组织、世界贸易组织等。

上述几点表明全球化背景下加强国际制度建设的必要性，除此之外，全球化的良性发展对国际制度本身也提出了很高的要求，只有自身运转良好的国际制度，才能真正发挥其应有的作用：降低交易成本、提供完善信息等。而国际制度能否发挥最大限度的作用，则取决于它的透明度和开放性。为此，需要增加国际制度的透明度以及给予参与国际制度的各国在决策过程中享有应有的发言权。

三 强化"类"意识（或全球意识）

（一）"类"意识（或全球意识）正在形成

简言之，所谓"类"意识（或全球意识），是指这样一种意识，即意识到全人类是一个相互联系、相互依存的整体，从而每个人、每个国家都以全球的、全人类的视野来看待和处理问题。"类"意识包括：第一，类主体意识，要求每个人都从人类的角度去认识自身，自觉地把自己作为"类"的一员；第二，类关系意识，要求人们从"类"的角度去认识关系对象；第三，类思维方式意识，要求人们树立从"类"的角度去思考问题的意识。[①]

关于"类"意识（或全球意识）存在与否？有悲观派与乐观派之分，在前者看来，"类"意识永远不会出现，除非建立一个世界政府；在后者看来，人的"类"意识正在形成和被广泛接受。本书持后一种看法。

随着全球化的发展，尽管国家与国家之间、文化与文化之间的矛盾、冲突仍然十分激烈，但世界各国相互依赖日益紧密，全球问题开始凸显，人的"类"意识（或全球意识）也开始觉醒。苏联著名科学家维尔纳茨基（Vernadski）很早就意识到人是地球的居民，需要从地球的角度出发去思考和行动，他写道："人第一次真正明白，他是地球的居民，他可以，也应该，从新的角度出发去思考和行动，不仅从个人、家庭、种族、国家或国家联盟出发，而且从地球的角度出发，从他与之牢不可破地联系在一起并不可能脱离的那一部分地壳出

---

① 赵士发：《全球化问题与类意识的觉醒》，《宁夏社会科学》1999 年第 2 期。

发。"①在此认识基础上，许多学者认为"类"意识（或全球意识）正在形成。英国学者马丁·肖（Martin Shaw）指出："今天，我们已经生活在了一个由国家、地区、社会、民族、国民等多种因素相互联系且趋向一体的全球社会关系所构成的全球社会中。在这一全球社会中，权力正在全球范围内重新分配，全球规模人类社会的共同意识也正在形成。"②

为什么会产生"类"意识（或全球意识）？第一，是畏惧心理的产物。以全球气候变化为例，人类面对气候异常所表现出来的脆弱性以及主宰自然的倾向性，促使人们形成了"人与自然平等"的意识。第二，是理性的深思熟虑的结果。即人们已经开始意识到追求低碳生活不仅对个人、国家有益，而且对世界、后人有益。③

（二）"类"意识（或全球意识）有待进一步加强

"类"意识已经形成并初见成效：某国发生重大自然灾害，其他国家纷纷解囊相助；国际经济危机爆发，国际社会共克时艰；某国出现内乱无法自治，联合国派出维和部队协助治理。但是，"类"意识还仅仅是处于初级阶段，远未达到广泛认知的程度。

之所以说"类"意识处于初级阶段，原因之一就是当前的"类"意识还处于被动阶段而没有上升到主动阶段。辩证唯物主义告诉我们，意识源于实践，相应地，意识反作用于实践。对于"意识"而言，"意识源于实践"属于第一阶段，即被动阶段，"意识反作用于实践"属于第二阶段，即主动阶段。同此道理，当前"类"意识的形成主要源于对当今国际社会实践的被动反映，如果再没有"类"意识并付诸实践，整个人类社会的发展将处于举步维艰的地步。正如有学者警告的那样，没有了地球，这个星球上的一切都会归于毁灭。为了整个地球的生存和发展，所有的地球人都必须树立"类"意识。④

---

① ［俄］阿·恩·丘马科夫：《全球性问题哲学》，姚洪芳等译，中国人民大学出版社1996年版，第116页。

② Martin Shaw, Theory of the Global State：Globality as an Unfinished Revolution, Cambridge：Cambridge University Press, 2000. 转引自［日］星野昭吉《全球社会和平学》，梁云祥等译，北京师范大学出版社2007年版，第1页。

③ 此观点受到赫德利·布尔关于"共同利益观念的产生"的启发。参见［英］赫德利·布尔《无政府社会：世界政治秩序研究》，张小明译，世界知识出版社2003年版，第43页。

④ 谭君久：《关于全球化的思考与讨论》，《马克思主义与现实》1998年第5期。

然而，当前"类"意识及其在国际社会各领域的表现差强人意，除了在人道主义援助方面表现可圈可点之外，其他领域的表现基本上属于临时应付：出现问题，意识形成；问题解决，意识消失。① 由此可见，"类"意识离全球化的高标准要求还差很远，亟须进一步增强"类"意识，使之成为人类社会的习惯性意识，而不是问题应付型意识。

在中国政法大学蔡拓教授看来，要强化"类"意识，就必须破除国际与国内分隔的意识，破除"非敌即友"的阶级性意识，破除片面的国家主义意识。② 除此之外，这里还有一个更为重要的因素是必须要考虑的，即"类"意识的应用与实践，这也是"意识"第二阶段的应有之意。如果仅有意识而不付诸实践，意识再强化也没有多大价值。

四 坚持可持续发展战略③

（一）全球化凸显可持续发展的重要性

自工业革命以后，人与自然的关系发生了巨大的变化，由原先的依赖关系转变为征服关系。在"人定胜天"口号的激励与鼓动下，人类开始大肆地向自然索取，妄图征服自然。到了 20 世纪，人类似乎已经征服了自然，按照勒内·马耶的话说："自然已被驾驭，人类有史以来第一次面临自己，除了人类本身，人类已无别的敌人。"④ 在某种程度上，的确是这样：人类可以自由地上天入地，不再受时空所限；人类可以轻易地捕获海、陆、空中的猛兽与野禽，不再害怕它们；人类住进了冬暖夏凉的房子，不再担心风吹日晒。然而，就在人类高呼"做自然界的主人"的时候，遭到人类蹂躏的自然开始向人类展开了一波强似一波

---

① 举个简单例子。"非典"时期，"戴口罩、勤洗手、常通风"成为人们的普遍意识。然而"非典"过后，上述好不容易培养起来的良好意识又被相当一部分人抛到脑后了。

② 蔡拓：《全球化观念与中国对外战略的转型——改革开放 30 年的外交哲学审视》，《世界经济与政治》2008 年第 11 期。

③ "可持续发展"有广义和狭义之分，广义上的"可持续发展"包括人类的一切（人与自然、人与人、人与社会）活动；狭义上的"可持续发展"仅指人与自然的关系，它要求必须处理好对自然界的适应和改造之间的关系，把改造活动限制在对生态环境危害最小的合理范围内；必须处理好利用和保护自然、索取和补偿自然的关系；必须处理好一代人的利益和子孙后代的长远利益的关系。本书使用的是狭义的"可持续发展"。

④ ［法］勒内·马耶：《世界的文明》，巴黎 1966 年版，转引自［阿尔及利亚］穆罕默德·贝贾维《争取建立国际经济新秩序》，欣华、任达译，中国对外翻译出版公司 1982 年版，第 4 页。

的报复行动：森林破坏导致沙漠蔓延；水土流失造成洪水泛滥；能源滥用引起温室效应；环境污染引发瘟疫流行。值得庆幸的是，面对自然环境的日益恶化尤其是自然环境恶化给人类带来的极大的破坏性，人类已开始觉醒，不再把自己看作是自然的对立面，而是自然的一部分，人类与所有地球上的其他物种一样是同样的永恒生态规律的对象。因此，为维护整个世界社会的顺利运转，人类与自然的关系"不得不"进入了一个新阶段：可持续发展阶段，即人类与自然的和谐发展阶段。

（二）可持续发展的要求

如果说人类社会是在经历了很长时间后才认识到可持续发展的重要性的话，那么人类社会最终将可持续发展战略付诸实践的过程必定更加漫长。当前应该从以下几个方面着手：

第一，彻底放弃"人类中心主义"的价值观念，真正将自然放在与人类平等的地位上，尊重自然，爱护自然，平等对待自然，顺应自然规律。

第二，争取做到保持经济与生态环境的协调发展。首先，经济发达国家要率先做到经济与生态环境的协调发展，为其他国家树立一个良好的榜样，因为它们是当前最有能力做到这一点的国家。其次，新兴市场国家要努力朝这一目标迈进，尽快转变经济增长方式，调整经济结构，强化节能降耗措施，追求绿色 GDP，走节约型发展道路。最后，发达国家有责任帮助欠发达国家实现经济与生态环境的协调发展。但是从目前来看，发达国家不但不帮助欠发达国家，反而有落井下石之嫌。表现一，发达国家将高能耗、高污染的产业转移到欠发达国家，自己实现了经济与生态环境的协调发展，然而却给欠发达国家实现这一目标增添了更多的困难；表现二，发达国家拒不接受"共同但有区别的责任"原则，对发展中国家提出过分的减排任务；表现三，发达国家做出的"向发展中国家提供资金和技术支持、帮助它们减少温室气体排放和适应气候变化"的承诺，远不能满足发展中国家的需求。

第三，发达国家与发展中国家的通力合作。随着经济全球化的加深，无论是发达国家抑或是发展中国家，在面对全球问题上都不能以一种旁观者的身份处之，因为我们都生活在同一个地球和同一个世界。可持续发展是国际社会的共同利益，在这一共同利益的基础上各国应求同存异，通力合作，担负起共同的责任，形成一种世界性合作机制，只有这样才有可能实现国际社会的可持续发展。

五　修正、制定及实施国际规则

《孟子·离娄上》有言："不以规矩，不能成方圆"，意思是没有规和矩，做不出方和圆形的东西，强调做任何事情都要有一定的规矩和规则，否则无法成功。由此可见，规则在人类社会交往实践中是何等的重要。甚至有学者指出："没有规则的进步，就不会有物质和精神生产的持久繁荣。"[1] 规则有硬规则（或明规则，如制度和法律）和软规则（或潜规则，如伦理道德和价值体系）之分，其中，软规则是以硬规则为基础的。本节及以下如无特殊说明，规则指的就是硬规则，即制度和法律。[2]

"不以规矩，不能成方圆"，同样地，没有国际规则，就没有全球化的良性发展。

第一，全球化的良性发展需要参与全球化的所有国家都能从中受益，而这需要国际规则的保驾护航，只有真正体现各国利益的国际规则，才能保障所有国家都能从全球化中获得利益。

第二，全球化的稳步推进需要公平公正的国际规则。不时爆发的地区和全球经济危机会严重破坏全球化的稳步推进，为了防止或减少地区和全球经济危机的爆发，以及为了将地区和全球经济危机爆发后的损失控制在最低程度，全球化需要制定相应的国际规则。

第三，处理南北关系的矛盾与冲突需要公平合理的国际规则。当前南北国家之所以在政治、经济以及文化交往中存在众多的不和谐状况，其中最为重要的一个原因是国际规则的不合理。现存的国际规则基本上都是以发达国家为主导制定的并主要体现发达国家利益的。[3] 为了化解南北国家之间的矛盾与冲突，需要各国共同参与将现存的不合理的国际规则修正为能够照顾到大多数发展中国家利益的、公正合理的国际规则。

---

① 赵诚：《全球化和规则文明》，《中共中央党校学报》2007年第5期。

② 有学者将国际规则理解为国际干预，本书作者认为是欠妥的。参见柯居韩《中国国际经济关系学会"经济全球化与国际规则"》，《外向经济》1999年第1期。

③ 任何国家制定国际规则都会考虑自身的国家利益，这本身没有错，关键是不能把自己利益的获取建立在其他国家利益受损的前提下。

第四，随着全球化的不断发展，国际交往必将日益频繁，国际新问题定会层出不穷。而新问题的出现需要新的国际规则，或者修正旧的国际规则，或者制定新的国际规则。

第五，也是最重要的，全球化的良性发展需要国际规则的真正实施。没有规和矩，画不出方和圆，但是如果没有人的操作，规和矩自身也画不出方和圆。同理，国际规则再完善、再公平合理，如果得不到真正地贯彻实施，对于全球化也没有任何的价值。

六　重视全球正义

正义是人类社会普遍认为的崇高的价值，是指具有公正性、合理性的观点、行为、活动、思想和制度等。衡量正义的客观标准是这种正义的观点、行为、思想是否能够促进社会进步，是否符合社会发展的规律，是否能满足社会中绝大多数人最大利益的需要。人类社会发展到今天，恐怕再没有人怀疑一国内部存在正义问题，但是对于是否存在全球正义却分歧很大。有人认为大家不属于同一个政治共同体，一国的富人没有必要为他国的饥民感到良心不安，因此不存在全球正义问题。但在其他人（包括本书作者）看来，全球正义不但存在，而且随着全球化的发展，其重要性越来越凸显。

全球正义是正义在全球范围内的扩展，包括两个维度：以国家为关注中心的维度和以人为关注中心的维度。在前一维度上，全球正义与国际正义具有相通性；在后一维度上，全球正义意味着所有国家的人民都应享有平等和共同的权利；或者说，他们都有权利在经济、政治、文化等领域中被公正、平等地加以对待。[1] 由此可见，全球正义强调的是发展中国家与发达国家、穷人与富人享有平等的生存权和发展权。

全球正义是构建新的国际政治经济新秩序的必要条件。如果没有全球正义，即如果无法做到使发展中国家与发达国家、穷人与富人享有平等的生存权和发展权，那么构建新的国际政治经济新秩序则变成了空中楼阁，根本只是个摆设或者一纸空文。

全球正义规定了制度建设的方向。只有建立在全球正义的基础之上，才有可能防止国际制度沦为某些发达国家谋取特权和不正当利益的

---

① 参见杨国荣《全球正义：意义与限度》，《哲学动态》2004年第3期。

工具。

强化"类"意识（或全球意识）需要弘扬全球正义。如前所述，"类"意识（或全球意识）还处于初级阶段，有待于进一步强化，逐步向高级阶段（由被动转为主动）过渡。在这一过渡期内，需要弘扬全球正义，以保障"类"意识（或全球意识）沿着正确的方向发展。

坚持可持续发展战略必须坚持全球正义。要使全球经济保持健康和可持续发展，必须坚持全球正义，以切实保障世界各国的均衡发展与共同繁荣。

修正、制定及实施国际规则必须考虑全球正义。只有充分考虑全球正义，才能使修正和制定的国际规则照顾到绝大多数国家的利益；只有充分考虑全球正义，才能保障国际规则的实施惠及世界各国及人民。

承认存在全球正义是一回事，而如何解决全球正义问题则又是一回事，毕竟由于缺乏全人类共同的价值标准和对正义的共识，"解决全球正义问题面临着解决国内正义问题所不存在的新课题"[1]。这的确是一个新课题，需要引起国际社会的高度重视。值得高兴的是，适用罗尔斯正义理论的"国际社会"已有长足进步，尽管还不甚成熟。[2]

七　改善南北关系

（一）全球化要求改善南北关系

随着经济全球化的发展，南方国家无论是在政治领域还是经济领域都取得了长足的进步。但是南北关系并没有根本改善，反而呈现南北差距继续拉大、南北矛盾更加尖锐的态势。

如果南北国家在全球化过程中的利益和立场不能协调，如果国际贸易的不等价交换和生产中的不合理分工继续存在，如果国际资本流动和技术转让中的剥削和被剥削关系不能扭转，总而言之，如果不公正、不合理、不平等的南北关系得不到根本改善，由南北差距继续扩大而引发的一些全球问题，将极大地影响到全球化的良性发展，严重的话，全球化很有可能因此而中断。

---

① 何建华：《全球化时代正义问题的实质及其困境》，《浙江社会科学》2008 年第 10 期。

② 刘志云：《全球化背景下"国际分配正义"在国家间的适用》，《国际观察》2006 年第 6 期；刘志云：《全球化背景下罗尔斯正义理论在国际社会的适用》，《吉林大学社会科学学报》2006 年第 1 期。

为了全球化的良性发展，或者更准确地说，为了全人类的共同福祉，需要改善南北关系。

（二）改善南北关系的具体途径

在经济全球化背景下，南北关系的改善不是南方或北方单方面能够解决的，它需要南北双方的共同努力。

1. 北方国家

第一，向发展中国家提供更多的参与国际事务的机遇：在解决事关世界各国福祉的国际问题时，允许发展中国家的共同参与，让更多的发展中国家代表发言，认真听取他们的建议和想法。按照阿尔及利亚民主人民共和国国务部部长兼外交部部长穆罕默德·贝贾维（Mohammed Bedjaoui）的说法是允许发展中国家"参与研究问题"、"参与作出决定"、"参与检查决定的执行"[①]。马来西亚副总理艾哈迈德·巴达维（Ahmad Badawi）认为，要使全球化取得成效，发展中国家必须享有与发达国家同等的地位，平等地参与重要的全球经济进程。我们必须摒弃双重标准。不能一方面宣讲民主、透明度和责任，另一方面又拒绝在全球舞台上奉行这些原则。争取建立弱小国家平等地参与全球经济的机制，包括平等地参与制定游戏规则，制定共同的标准等。[②]

第二，承担起帮助贫困国家减贫的责任与义务。

2. 南方国家

第一，强化内功。弱势一方在改善与强势一方的关系时最有效的办法是增强自身实力，转变强势一方对弱势一方的看法（或怜悯或蔑视），从而使双边关系建立在平等的基础上。因此，为了改善南北关系，南方国家应该继续强化内功，通过政治经济体制改革，不断使自身发展壮大。

第二，积极参与国际事务，努力争取更多的发言权。南方国家应该积极地融入全球化，广泛地参与国际事务，努力争取更多的发言机会，或表达自己的见解，或寻求他国的支持。从 2009 年召开的 G20 会议，到 2010 年的达沃斯论坛年会，不难发现一个引人注目的变化轨迹，即在国际金融危机爆发后，在不少原本由西方发达国家主导的国际会议

---

① ［阿尔及利亚］穆罕默德·贝贾维：《争取建立国际经济新秩序》，欣华、任达译，中国对外翻译出版公司 1982 年版，第 185 页。

② 转引自黄焕山《经济全球化悖论之对策研究》，《北京市计划劳动管理干部学院学报》2002 年第 2 期。

上，发展中国家不再是点缀，而是和发达国家平起平坐，甚至后者视前者为危机的"救星"。

第三，加强南南合作。"位卑言轻"，任何单一南方国家若想在国际事务中有所作为是很难的。但"团结就是力量"，只要南方国家加强精诚合作，在国际舞台上用一个声音说话，就能够在事关自身利益的国际事务上有所作为。

八　大国承担全球减贫责任和义务

（一）大国应该承担全球减贫责任和义务

如前所述，全球化的发展带来了许多全球问题，其中最严峻的问题之一就是加剧了全球性的不平等及发展中国家的贫困。减贫成为 21 世纪面临的最紧迫的挑战之一。2000 年 9 月，在联合国千年首脑会议上，189 个国家的领导人签署《联合国千年宣言》，承诺将全球贫困水平在 2015 年之前降低一半（以 1990 年的水平为标准）。

那么怎样才能减贫成功？贫困国家自身要"自强"，树立战胜贫困的必胜信心，通过政治经济改革，努力在国内实现和平、民主以及良好的管理，从而为成功减贫打下坚实基础。除了发展中国家的"自助"外，发达国家也有责任和义务去帮助贫困国家减贫。原因如下：

第一，造成贫困国家贫困的原因与发达国家有一定的关联。目前大多数发达国家在历史上都曾经是殖民国家，而大多数最贫困的国家在历史上都曾经是被殖民国家。这是偶然现象吗？显然不是，马克思说过，"资本主义来到人世间，从头到脚，每个毛孔都滴着血和肮脏的东西"；依附论也指出，发达国家的发达是建立在发展中国家欠发达的基础之上的。由此可见，发达国家的富裕与贫困国家的贫困有莫大的关联，要说发达国家从来不欠贫困国家什么，恐怕有些说不过去。发达国家如果良心有知，作为还"债"，应该向贫困国家提供"援助"（也许称"义务"更合适）。

第二，贫困不单单是一个贫困国家自身的问题，它还是一个关系到整个世界和平与安全的大问题。如果说发达国家对前一个问题还可以置之不理的话，那么对后一个问题却不可能放手不管。维持世界基本的和平与安全符合发达国家的利益，然而，贫困却是和平与安全的最大威胁。如果任由贫困状况继续恶化下去，由贫困根源导致的局部战争和恐怖主义活动对世界和平与安全的威胁将越来越大，而这是发达国家所不愿意乐见的。因此，发达国家为了维持世界的和平与安全，也必须要帮助贫困国家减贫。可见，发达国家帮助贫困国家减贫不完全是一种"利他"行为，在某种程度上，也是一种"利己"行为。

（二）大国应该具体承担的责任与义务

发达国家应该采取具体行动以支持贫困国家的减贫。具体而言，包括：

第一，开放市场，确保贫困国家获得进入发达国家市场的权利，并逐步取消对农业、加工食品、纺织品和服装以及轻工业制成品等领域的补贴，从而给予发展中国家的产品更好的市场准入。真正让贫困国家通过国际贸易获得经济的快速发展，这是贫困国家摆脱贫困最为根本的途径之一。

第二，提供灵活多样的发展援助。从理论上讲，贸易自由有益于经济发展，但是如果认为最贫穷国家在没有借助外援的前提下也能够从贸易自由中获益，那就大错特错了。道理很简单，这些国家缺乏经济发展所必需的基础设施、资金、技术、经济管理以及海外市场的开发经验。因此，除了自由贸易，发达国家还应该向贫困国家提供包括资金、技术、管理经验在内的灵活多样的发展援助，从而帮助它们摆脱贫困。这是欧盟接纳新成员时帮助其摆脱贫困的成功经验。①

第三，减免贫困国家的部分债务。为早日实现联合国千年发展目标，发达国家应该减免贫困国家的部分债务，就算从与穷国的贸易中的获益，发达国家拿出部分作为回报，这也是全球正义的题中应有之义。在这一点，发达国家不妨向中国学习。自 2000 年以来，中国多次宣布减免非洲及最不发达国家的债务。② 这是中国为全人类早日实现联合国

---

① ［比利时］伏思达：《致全球化拥护者们的公开信》，法国《解放报》2002 年 10 月 18 日，转引自《参考消息》2002 年 10 月 26 日。

② 2000 年 10 月，在中非合作论坛首届部长级会议上，中国政府首次宣布在两年内减免 32 个非洲国家总额达 100 亿元人民币的债务；2006 年 11 月，在中非合作论坛北京峰会上，中国政府再次宣布将免除与中国有外交关系的 33 个非洲重债穷国及最不发达国家截至 2005 年年底的对华到期政府无息贷款债务；2009 年 3 月，外交部副部长宋涛在上海合作组织阿富汗问题特别国际会议上发表讲话，宣布中国政府将承诺向阿富汗提供的 7500 万美元优惠贷款全部转为无偿援助；2010 年 2 月，中国国务院批准了减免伊拉克欠华债务的 80%；2010 年 9 月，在纽约联合国总部举行的联合国千年发展目标高级别会议上，温家宝总理宣布将进一步免除 50 个重债穷国和最不发达国家 2010 年到期未还的政府无息贷款，并将向巴基斯坦灾区再提供 2 亿美元无偿援助。

千年发展目标所作的贡献，受到了国际社会的广泛好评。

纳尔逊·曼德拉（Nelson Rolihlahla Mandela）曾经说过这样一句话："就像奴隶制和种族隔离，贫穷不是理所当然的——它是人为造成的也因此可以在人类的努力下克服和消除的……克服贫穷不是假惺惺的施舍，它是正义的行动。"①

俞可平教授指出：第一，全球化正在改变我们赖以参照的坐标系，要求我们同时具有民族性的和全球性的思维；第二，全球化正在改变我们的视角，要求我们不断地从背逆性的思维转为前瞻性的思维；第三，全球化要求我们不断从纵向思维转为横向思维；第四，全球化正在打破非此即彼的简单两分法思维，要求我们更加综合性地思考问题；第五，全球化正在摧毁目的论和宿命论的现实基础，要求我们进行过程性的思维。② 这对于我们认识国际合作与"和谐世界"有着重要的指导意义。

① 《曼德拉的心愿：脱离贫穷的束缚》，载《澳大利亚周报》，2005 年 2 月第 5—6 号，第 13 页。转引自陈建福《全球化、世界性贫困以及全球性公正》，《太平洋学报》2007 年第 3 期。

② 俞可平：《全球化与政治发展》，社会科学文献出版社 2003 年版，第 207—210 页；俞可平：《全球化与新的思维向度和观察角度》，《史学理论研究》2005 年第 1 期。

第二章　全球化背景下的国际合作

全球性挑战需要全球共同应对。一段时间以来，世界多国领导人越来越经常地聚集在一起，探讨解决全球性问题之道。这说明，国际社会已经认识到，随着经济全球化深入发展，和衷共济、合作共赢是我们的必然选择。

——胡锦涛《在亚太经合组织第十七次
领导人非正式会议上的讲话》

第一节　国际合作概述

一　国际合作的定义[①]

人是社会的人，人类在社会实践中总是相互作用的。不同主体（包括个体、群体）之间进行合作是人类实践活动中相互作用的一种基本形式。"合作"（cooperation）一词何时产生并被广泛运用无从考证，但无法否认"合作"作为一种现象早已存在。在当今社会，"合作"一词无论是在政治、经济、军事领域，还是在文化、教育等领域被使用的频率都非常高。但是何谓"合作"？别说在不同的学科、领域，就是在同一学科和领域中也是见仁见智，没有一个普遍认可的定义。拿国际关系（政治）领域来说，对于（国际）合作的理解就有许多不同的版本，概

---

① 本部分主要参考赵长峰《国际金融合作：一种权力与利益的分析》，世界知识出版社2006年版，第28—34页。

括起来，主要有以下几种看法：

第一种看法：国际合作指在一定领域内利益和目标基本一致或部分一致的各国际关系行为体所进行的不同程度的协调和联合。①

第二种看法：国际合作是指国际关系行为主体全面或局部的协调、联合等协力行为，是一种相互适应，它是基于各行为主体在一定领域和范围内利益或目标的基本一致或部分一致。利益一致的范围和程度决定了可能合作的范围和水平。一般来说，国际合作建立在自愿、互利的基础之上。②

第三种看法：合作"需要通过谈判的过程将各个独立的个体或组织的行动变得互相一致起来"③，即国际合作是一个过程，在这一过程中，因为政策协调的结果，各国政府实际奉行的政策，被其他政府视为能够促进自己目标的实现。

第四种看法：（国际）合作被定义为一组关系，这组关系不是建立在压制或强迫之上的，而是以成员的共同意志为合法基础。联合国、欧盟这样的国际组织便是如此。国家成为国际组织或国际机制的成员后，它们可能会发展合作关系。④

上述各位学者对于国际合作的不同认识，在一定程度上均有其可取之处，这些观点对于相关的研究可以提供一定的借鉴。但是，也还存在一定的片面性和局限性：其一，将国际合作看作是建立在自愿、互利的基础上，而不是建立在压制或强迫之上，实际上，国际合作有主动与被动之分，并不完全是自愿性的行为；其二，没有将"合作"与"协调"区分开来，而是将"合作"定义为是一种"协调"行为，其实，"合作"与"协调"还是有些细微区别的，应该给予适当地区分。因此，为了更加全面、准确地理解"国际合作"，有必要弄清与"国际合作"相关（如国际竞争）、相似（如国际协调）、相左（如国际冲突）等概念的区别。

---

① 张季良主编：《国际关系学概论》，世界知识出版社1989年版，第111页。
② 俞正梁：《当代国际关系学导论》，复旦大学出版社1996年版，第117页。
③ ［美］罗伯特·基欧汉：《霸权之后——世界政治经济中的合作与纷争》，苏长和等译，上海人民出版社2001年版，第62页。
④ ［美］詹姆斯·多尔蒂、小罗伯特·普法尔茨格拉夫：《争论中的国际关系理论》，阎学通等译，世界知识出版社2003年版，第543页。

第一，国际竞争与国际合作。

合作与竞争是人类实践活动中相互联系的两种基本形式。同样地，在国际关系领域，国际竞争与国际合作的矛盾既是国际关系中的一对重大矛盾，也是国际关系发展过程中体现出的一种规律和特点。在当今国际社会，无论是发达国家之间，还是发展中国家之间，以及发达国家与发展中国家之间，都不同程度地存在着竞争与合作的矛盾，并且，国际竞争与国际合作的关系普遍地存在于相关国家之间，成为国际关系的内在实质。

所谓"国际竞争"是指国际关系行为主体为了达到自己的目标，实现自己的利益与价值，在国际领域相互攀比、相互争胜、相互追赶、相互超越的状态。① 国际竞争与国际合作体现了相关国家之间在国家利益上既相互冲突或斗争又相互依存或协调的特点。两者之间的关系：首先，国际竞争有时是相互合作或基本上合作的各方之间的竞争；其次，国际竞争是一种默契；再次，国际竞争与合作是相互转化的。② 由此可见，国际合作与国际竞争是同一事物的不同方面，二者的协同，才能使国际社会保持正常运转并得以顺利发展。很明显，那种简单地赞扬国际合作而贬低国际竞争的立场是不可取的。

第二，国际协调与国际合作。

"协调"（Coordination）意味着通过相互的政策调整，减少（或增加）一国政策对他国带来的负面（或正面）效应。"协调"与"合作"两个词的含义如此相近，以至于不少学者认为两者可以互换，③ 有些学者更是干脆将两者并称为"协调与合作"。举例来说，伴随着经济金融化和世界经济相互依存的发展，世界各国尤其是发达国家之间在经济金融政策方面经常采取共同步骤和措施，协同干预，管理国际经济金融的运行。对于这一现象，有的将其称为"国际金融合作"，有的将其称为"国际金融协调"，而个别学者则以"国际金融的协调与合作"来表述。

笔者认为，"合作"与"协调"虽有相似之处，但毕竟还是有区别的：一是，从广泛意义上讲，合作的范围要大于协调，协调是合作的一

---

① 俞正梁：《当代国际关系学导论》，复旦大学出版社1996年版，第115页。
② 张季良主编：《国际关系学概论》，世界知识出版社1989年版，第110—111页。
③ Feldstein Martin, Distinguished Lecture on Economics in Government: *Thinking about International Economic Coordination*, *Journal of Economic Perspectives* 2, Spring, 1988.

种形式，只不过属于较高层次的合作。英国学者迈克尔·阿特斯和加拿大学者西尔维姬·奥斯特里在他们合著的《国际经济政策协调》一书中对"合作"、"协调"和"磋商"等词作了区分。在他们看来，"合作"一词本身既可以被用作一般的词描述所有的合作形式，即从最低级的形式（磋商）到最高级的形式（协调），也可以描述介于上述两级之间的具有特殊意义的形式。上述范围的最低级——磋商，其起点是信息交流；该范围的较高一级是协调，这是一种由于认识到世界经济相互依存的现实，而改变单个国家的经济政策从而使各国的有关政策趋于一致的合作。① 二是，合作有时需要协调来解决。当今国际社会，各国或集团、企业之间的相互依赖往往处于竞争、矛盾、合作等错综复杂的混合状态中。因为任何一种行为（尤其是经济行为）都反映了该行为主体所要追求的特定价值、利益和目标，在实现这些价值、利益和目标的活动过程中，该行为主体将会遇到其他行为主体的支持和反对，他们之间就难免发生矛盾或冲突。发生了矛盾或冲突，就需要通过协调方式来解决。只有这样，才能消除活动中的矛盾或冲突，推动合作的发展。

第三，国际冲突与国际合作。

国际冲突是指各国际关系行为主体由于所追求的利益、目标和价值的不同或相悖，或者由于国际社会结构性差异所引发的矛盾，而处于自觉的抵触、摩擦、对立或对抗的状态，这是国际冲突产生的原因。② 在现实主义看来，"冲突"是国际政治的本质。客观事实表明，不仅在社会制度不同的国家之间会产生冲突，而且在社会制度相同的国家之间也会产生冲突。即使如此，也不能说明"合作"就不重要。按照辩证法的理解，"合作"与"冲突"并不是截然相反的，而是一个硬币的两面，谁也离不开谁。对于两者之间的关系我们可以做这样的理解：一方面，没有冲突，就没有合作，冲突是合作的必要条件之一；另一方面，合作也会带来冲突，正如罗伯特·基欧汉所说："合作并不意味着没有冲突，相反，它显然是与冲突混合在一起的，并部分说明要采取成功的努力去克服潜在或现实的冲突的必要性。合作只会在行为者认

---

① 转引自朱孟楠《金融监管的国际协调与合作》，中国金融出版社 2003 年版，第 68—69 页。

② 俞正梁：《当代国际关系学导论》，复旦大学出版社 1996 年版，第 122 页。

为它们的政策处于实际或潜在冲突的情况下而不是和谐的情况下才会发生。合作不应该被视为没有冲突的状态，而应该被视为对冲突或潜在冲突的反应，没有冲突的凶兆，也就没有必要进行合作了。"① 中国著名经济学家王世浚教授也指出，一方面，国家之间的冲突虽是客观存在，但并不排除双方的合作。两国之间在某些利益和目标上是冲突的，而在另外一些利益与目标上却有可能达成合作。另一方面，合作与冲突也不是一成不变的，合作可能转化为冲突，冲突也可能导致新的合作。如某些国家之间的矛盾激化，在具体条件下，可能导致其他国家的接近，甚至结盟或密切合作。② 秦亚青教授指出："合作情形的基本特征是利益冲突和利益趋同并存。国家之间有着利益冲突，但调整各自政策之后，相互的实际或预期效用相吻合，从而克服利益冲突，达到实现共同利益的结果。"③ 因此，强调"冲突"并不能否定"合作"的可能性，而是相反。

综上所述，笔者认为，应从以下几个方面综合把握"国际合作"：（1）国际合作必须有两个或两个以上的行为主体参与，并且各行为主体要有一定的实力，或者拥有特殊专用性的资产，要能够在一段时间内维持自身的生存。（2）国际合作带来的不仅仅是收益，它也会产生成本。收益包括：资源与信息共享、增强自身的竞争实力等；成本包括签约成本、监督成本和沉淀成本。（3）国际合作是分层次的，按其程度高低，可分为：信息交流、磋商和协调。（4）将国际合作与单纯的共同利益事实区别开来，即从政策相互调整的意义上来定义国际合作，而不是把国际合作仅仅看作是反映共同利益压倒冲突利益的状态。之所以如此，因为有时即使在共同利益存在的情况下，合作也常常会失败。共同利益有时与合作联系在一起，有时与纷争纠缠在一起，合作显然不是简单的一个利益起作用的问题。特别在不确定性很强时，以及行为者接触信息的能力存在差别时，集体行动和战略估测的障碍，也会阻止它们认识到彼此之间存在的共同利益。因此，仅仅存在共同利益还是

---

① ［美］罗伯特·基欧汉：《霸权之后——世界政治经济中的合作与纷争》，苏长和等译，上海人民出版社 2001 年版，第 64—65 页。

② 王世浚主编：《国际经济合作概论》，中国对外经济贸易出版社 1991 年版，第 46 页。

③ 秦亚青：《国际制度与国际合作——反思新自由制度主义》，《外交学院学报》1998 年第 1 期。

不够的。①

二 国际合作的形式

随着国际关系的发展，国际合作的内容日益丰富，其表现形式亦呈现出多样化趋势。按照不同标准，国际合作的形式主要包括：

（一）根据参与者数量多少，分为双边合作与多边合作

1. 双边合作

指两个国际关系行为主体之间进行的合作，这是国际合作中最为普遍的一种形式。举例来说，中国分别与 171 个建交国家和地区（截至 2010 年 6 月 12 日）② 所进行的政治、经济、军事、安全、文化、体育、环境等方面的合作，均属于双边合作。

2. 多边合作

指三个或三个以上国际行为主体之间进行的合作，或者一国政府与国际组织之间进行的合作。③ 随着国际行为主体间的交往日益密切，多边合作增长迅速。中、日、韩三国就东亚政治经济一体化所开展的一系列外交活动属于前者；中国与世界银行、国际货币基金组织和世界贸易组织的关系属于后者。

（二）根据合作内容，分为国际安全合作、国际经济合作与国际文化合作

1. 国际安全合作

国际安全合作是指国际社会里两个及两个以上的行为体，为维护自身的安全利益，实现共同的安全目标，缓解彼此之间的矛盾和冲突，通过联合或协调等途径和方式，在特定的安全领域所进行的正式的或非正式的安全安排以及所采取的行动。④ 按照传统国际关系理论和眼光，各国在安全领域是"零和"的，但是，随着安全内涵的不断扩大，传统安全威胁和非传统安全威胁相互交织，安全不再是孤立的、零和的、绝

---

① ［美］罗伯特·基欧汉：《霸权之后——世界政治经济中的合作与纷争》，苏长和等译，上海人民出版社 2001 年版，第 12—13 页。

② 参见中华人民共和国外交部网站：http://www.frmprc.gov.cn/chn/pds/ziliao/2193。

③ 如果把国际组织视为一个独立的国际关系行为体，那么一国政府与国际组织的合作属于双边合作。但由于国际组织是各国开展国际合作的一个平台，一国与国际组织的合作在某种程度上就是与国际组织的成员国合作，算做多边合作。

④ 李学保：《当代国际安全合作的探索与争鸣》，世界知识出版社 2006 年版，第 68 页。

对的，而是相对的、非零和的、紧密相连的，这需要采取联合行动共同应对。因此，国际安全合作在当今国际社会的重要性日益凸显。中美安全对话、10＋3 东盟地区安全论坛属于国际安全合作；各国在全面禁止和彻底销毁核武器、消除核武器扩散风险、促进核能和平利用等方面所进行的努力亦属于国际安全合作。

2. 国际经济合作

国际经济合作是指超越国界的经济主体（各主权国家、国际经济组织），为了共同的利益，根据协商确定的方式，在生产或流通领域中以生产要素的移动或重新组合配置为主要内容的较长期的经济合作行动和政策协调活动。随着经济全球化的快速发展，已经形成了包括国际投资合作、国际科技合作、国际服务合作、国际劳务合作、国际工程建筑合作、国际土地合作、国际信息与管理合作、国际发展援助与国际经济政策协调合作等各种形式在内的国际经济合作，且不断推陈出新。国际经济合作已经成为国际交往中不可抗拒的历史潮流，开展国际经济合作对各国和世界经济都具有重大意义。

3. 国际文化合作

简言之，国际行为主体（尤其指主权国家和国际组织）之间在宗教、艺术、风俗、知识等方面开展的交流与合作均可称之为国际文化合作。冷战结束后，随着文化在国际政治经济领域中的地位的上升，国际文化合作的重要性日益突出，国际文化合作的数量与日俱增，国际文化合作的范围日益扩大。这样的例子随处可见，仅以中国为例，截至目前，中国几乎与所有建交国家都签订了文化合作协定，签署了文化交流执行计划。"中法文化年"、"中华文化非洲行"、"中国文化澳洲行"、"俄罗斯年"等活动越来越多。

（三）根据合作主体类型，分为国家间合作、国家与非国家行为体间合作及非国家行为体间合作

1. 国家间合作

顾名思义，所谓国家间合作，就是国家与国家之间进行的合作。国家间合作是自有国际合作以来至今最为重要的合作形式，在可以想见的未来（国家退出历史舞台之前），它仍将是国际社会最为常见的合作形式，尽管会受到其他合作形式的挑战。国家间合作在国际合作中的重要地位是由主权国家在国际关系中的重要地位所决定的。

2. 国家与非国家行为体间合作

当合作满足以下条件，其中一方为国家且另外一方为非国家行为体时，这种合作即为国家与非国家行为体间合作。进入 20 世纪以后，随着非国家行为主体（政府间组织、非政府间组织、跨国公司等）的种类增多，数量增长，范围扩大，非国家行为主体在国际舞台日益发挥出不可忽视的作用。再考虑到国家无力单独处理日益增多的全球问题这一事实，国家与非国家行为体间合作成为化解全球问题不可或缺的合作形式之一。事实上，在国际合作方面最近一些成功的努力都少不了企业、地方当局和非政府组织的关键性参与。2004 年亚洲海啸后的善后工作就是政府、非政府组织和国际社会。联合国负责通信的副秘书长沙希·塔鲁尔（Shashi Tharoor）说："这是无政府状态吗？不是。这也是全球管理方式发展的一部分。"①

3. 非国家行为体间合作

当参与国际合作的各方均是非国家行为体时便称为非国家行为体间合作。从目前发展情况来看，非国家行为体间合作发挥作用的空间只是局限于非国家利益攸关的领域，但是并不能据此推断非国家行为体间合作在国际合作中是无关紧要的。事实上，非国家行为体间合作已成为国际舞台上重要的合作形式之一，在众多领域发挥着至关重要的作用。

（四）根据合作主体发展程度，分为北北合作、南南合作与南北合作

1. 北北合作

即发达国家之间的合作。由于国际舞台是大国的舞台，国际政治是大国的政治，因此，尽管发达国家占世界所有国家的比例不大，北北合作数量相比较而言较少，但是它们之间合作的重要性无疑是其他合作形式无法比拟的。正是北北合作，制定影响全球的政策；正是北北合作，决定国际局势的发展。北方国家间的每一次合作（例如八国集团首脑峰会）均会受到举世的关注便是明证。

2. 南南合作

即发展中国家之间的合作。由于历史的原因，相较于北北合作，南南

① ［美］卡特琳·本霍尔德：《世界经济论坛审视力量平衡变化带来的危险》，美国《国际先驱论坛报》2007 年 1 月 23 日，转引自《参考消息》2007 年 1 月 25 日。

合作起步较晚，其在国际合作中的地位无法与北北合作相比。在某些人看来，南南合作充其量只能算是国际舞台上的配角而已。正如一个舞台剧本既要包括主角也要包括配角一样，真实的国际关系除了北北合作这一主角外，同样也离不开南南合作这一配角。历史事实表明，自 1955 年第一次亚非会议召开以来，南南合作的大手笔已经让世人刮目相看了。

3. 南北合作

即发达国家与发展中国家之间的合作。20 世纪 60 年代以来，随着发展中国家的相继独立并逐渐壮大，发达国家逐步改变了对待发展中国家的态度。发展中国家不再是发达国家"剥削"和"掠夺"的对象，而是需要与之合作的对象。① 20 世纪 90 年代以来，尤其是进入 21 世纪，随着北方国家的相对式微，而以中国、印度、巴西和俄罗斯为代表的新兴国家的相对走强，北方国家在解决全球问题时似乎更加离不开南方国家。全球各国在应对爆发于 2008 年的国际金融危机时的表现充分证明了这一点。不管 G20 最终能否取代 G8，这种呼声至少表明南北合作已上升到一个新台阶。

（五）根据合作范围，分为区域合作、洲际合作与全球合作

1. 区域合作

即隶属于同一区域的国家或地区所进行的合作，既可以是双边合作，也可以是多边合作。由于具有地缘优势，任何国家都重视此类合作。目前，存在众多的区域合作，例如，欧盟、非盟、东盟、北美自由贸易区、中国—东盟自由贸易区等等。

2. 洲际合作

即隶属于不同大洲的国家或地区所进行的合作，既可以是双边合作，也可以是多边合作。亚欧合作、亚非合作、欧非合作等均属于此类合作。

3. 全球合作

即合作主体遍及各大洲（或全球）的国家或地区所进行的合作，通常指多边合作。类似联合国、世界银行、国际货币基金组织、世界贸易组织这样的全球性组织，在某种程度上可以说是世界各国在政治、经济

---

① 当然，发达国家改变对发展中国家的态度，并不是出于良心发现，而是发展中国家自身通过斗争逐步得来的。

等具体领域所实施合作的结果和场所。随着全球化的深入发展，全球问题的与日俱增，全球合作的必要性日益突出。

此外，按照有无契约合同，国际合作可分为非正式合作与正式合作；按照合作是否有规律性，国际合作可分为临时合作与制度化合作。

三 国际合作的历史发展及其特点

如果从行为学的视角去观察和分析，国际关系就是一部冲突与合作相互交织、相互联系、相互转化而又相互促进的历史连续剧，只是各个不同的历史阶段呈现出不同的特点而已。

（一）第一阶段（1648—1945 年）① 的国际合作及其特点

1. 第一时期（17 世纪中叶至 18 世纪初期）

这一时期主导国际合作的主权国家主要有西班牙、葡萄牙、英国、法国、荷兰、瑞典、俄国等。合作的区域主要局限在欧洲，而合作的目的主要包括：争夺商业霸权、航海霸权与扩大自身疆土。

17 世纪中叶，随着英国资产阶级革命的胜利，执政的克伦威尔采取了积极的对外政策。此时，英国在海外威胁最大的国家是荷兰，鉴于荷兰同丹麦、瑞士、汉撒同盟各城市以及德意志某些新教诸侯结成了同盟，英国遂同瑞典合作，结成共同对抗荷兰同盟。这就是 1652 年至 1654 年的第一次英荷战争。战争的结局以英国的胜利而告终，缔结《威斯敏斯特和约》，荷兰被迫承认了英国的《航海条例》，从此，英国的海外贸易与航海事业迅速发展。

1657 年，英法合作，签订《贸易协定与同盟条约》，共同反对西班牙。英国的目的：一是为了争夺海上霸权；二是为了干预欧陆政治。法国的目的：趁西班牙 30 年战争失败，继续打压，向西班牙拓展疆土。

---

① 世界近代国际关系始于何时，国内史学界众说不一。著名历史学家王绳祖先生把近代国际关系史的上限定在 17 世纪中叶（参见王绳祖《国际关系史》上册，第一章，武汉大学出版社 1983 年版）；中共中央党校李元明教授认为是法国大革命揭开了近代国际关系（李元明：《世界近代国际关系史》，中共中央党校出版社 1998 年版，第 2、3 页）；中国当代著名国际法学家王铁崖教授则认为，"开始的时间可以向前推，推到文艺复兴。也可以往后移，移到法国大革命，1815 年维也纳会议或 1870 年普法战争，甚至移到 1878 年柏林会议。"（王铁崖、李元明：《世界近代国际史（序）》，中共中央党校出版社 1998 年版，第 2—3 页）；还有学者认为，近代国际关系始于尼德兰革命（王雪琴：《世界近代国际关系开端之管见》，《贵州师范大学学报》1999 年第 4 期）。

最终，英法的图谋得逞。

1700 年，围绕西班牙王位继承，欧洲各国展开争夺，为反对法国独吞这份丰厚遗产，英国、荷兰、丹麦以及瑞典等国合作，结成反法同盟，并最终签订《乌得勒支和约》。英国在和约中获益最大，确保了海上和殖民地的优势；法国虽然保住了欧洲大陆的强国地位，但却丢失了大量的海上殖民地，海上势力大大削弱。

1700 年，强大起来的沙俄，为争取波罗的海的出海口，向瑞典宣战，从而拉开了历时 21 年史称"北方大战"的序幕。起始阶段，沙俄、丹麦、荷兰与波兰等国合作共同反瑞，后来，规模越来越大，欧洲国家几乎全部卷入，由于战争中交战国双方互有胜负，所以同盟的组合与分化也曾多次发生变化，这是国际战争史上所罕见的。① 战争的结果是：俄国在波罗的海获得了出海口，为不断发展的海上力量奠定了基础。

2. 第二时期（18 世纪中期至 19 世纪初）

这一时期主导国际合作的主权国家主要有英国、法国、俄国等。合作的区域已扩展至美洲，但仍主要在欧洲，而合作的主要目的是争夺欧洲霸权和殖民地霸权。

1756—1763 年，围绕争夺德意志领导权，普（鲁士）奥（地利）爆发了七年战争。欧洲几个大国的敌友关系发生了相反的变化。原来是敌对关系的法奥，转化为合作者，原来与法国是合作关系的普鲁士，转而与法国为敌。这场战争的实质，一是普奥争夺德意志的领导权；二是英法争夺殖民地与海上霸权。俄国参战，主要是想把势力扩大到中欧，但是俄国的立场并不始终如一，时而助奥，时而助普。战争以《巴黎和约》和《胡贝尔图斯堡和约》的签订而告终。法国丧失了大量海外属地，英国则扩张了自己的海上霸权；普鲁士和俄国的地位上升，奥地利的地位下降。②

俄国、普鲁士与奥地利为了扩大自己领土以及防止彼此带来的威胁，分别于 1772、1793、1795 年三次瓜分波兰，以牺牲弱国利益为前提，求得列强间的力量平衡。

---

① 王绳祖主编：《国际关系史（十七世纪中叶——一九四五年）》，法律出版社 2001 年版，第 19 页。

② 同上书，第 22—23 页。

围绕美国独立战争（1776 年至 1789 年），法国与美国合作，联手对抗英国。有学者称法美同盟的意义在于双方的缔约是站在平等的立场上，在国际条约史上开创了强国与弱国平等缔约的范例。[①] 本书认为，这只是表面现象，实质上，法国完全是为了维护自己的海外殖民地利益不得已而为之的。战争的结果是英国与法国均有所失，只有美国是最大的赢家。

1789 年，法国资产阶级革命爆发，不但封建君主专制的国家，如奥地利、俄国、普鲁士、西班牙、葡萄牙以及北欧国家合作，结成反法同盟，就是已是资产阶级国家的英国与荷兰也联合起来反对法国。但是它们却各怀鬼胎：英国力图阻止法国称霸欧洲；沙皇俄国向西欧扩张；奥地利、普鲁士保持各自独立。

3. 第三时期（19 世纪初至第一次世界大战结束）

这一时期主导国际合作的主权国家主要有英国、法国、俄国、德国、美国、意大利等。合作的区域遍及全球，但仍然主要在欧洲，而合作的主要目的是争夺地区霸权与重新瓜分世界。

1814 年至 1815 年，号称"重建社会秩序"、"建立持久和平"的"维也纳和会"召开，实质上，大会的真正目的在于俄国、英国、普鲁士以及奥地利等战胜者瓜分战败者的遗产，重新划分四强在欧洲和殖民地的领土。

1815 年，在俄国和普鲁士的倡导下组建了几乎囊括整个欧洲国家的"神圣同盟"，其宗旨是各国结成巩固的友谊关系，无论何时都要相互援助，以维护宗教、和平与正义。随后，"神圣同盟"中的四个强国俄、普、奥、英成立"四国同盟"，商定：缔约国定期举行会议，以维持欧洲的和平。所谓"维持欧洲和平"，也就是保持维也纳会议所建立的欧洲均势。为了镇压欧陆各国的资产阶级民主革命，"神圣同盟"或"四国同盟"先后举行了亚琛会议（1818 年）、特洛波—莱巴赫会议（1820—1821 年）以及维罗纳会议（1822 年）等。最终由于内部矛盾重重，"神圣同盟"到 19 世纪中叶解体。

1853 年至 1856 年，为了在近东争霸，尤其是夺取君士坦丁堡和黑

---

① 参考王绳祖主编《国际关系史（十七世纪中叶——九四五年）》，法律出版社 2001 年版，第 29 页。

海两海峡的控制权，英国与法国合作，联手对抗沙俄，爆发了著名的克里米亚战争，最终沙俄失败，签署《巴黎和约》。克里米亚战争的失败，最终导致了俄国农奴制的废除。

通过三次王朝战争，即普丹战争（1864年）、普奥战争（1866年）和普法战争（1870年），德意志完成了自上而下的统一。俾斯麦一手策划了这三次战争。普丹战争中，普鲁士与奥地利合作；普奥战争中，普鲁士与意大利合作，并争取到法国中立；普法战争中，争取到俄国中立。德意志的统一，使争霸欧洲的大国行列中又多了一个更具有侵略性的国家，欧洲局势更加复杂。

普法战争后，为了孤立法国，德国建立了一个以柏林为中心的联盟体系，这个体系的主要组成部分是三个三国同盟：俄德奥三皇同盟（1873年）、德奥意三国同盟（1882年）和德奥罗三国同盟（1883年）。德国的行动直接促成了法国与俄国的合作，结成法俄同盟。英国起初采取"光荣孤立"的政策，但是后来随着国际形势的变化，分别于1904年和1907年签订英法协定与英俄协定，三国协定宣告成立，而这也标志着"同盟国"与"协约国"对立局面的形成。随着两大集团各国重新瓜分世界政策的展开，最终导致第一次世界大战的爆发。

19世纪末期，国力有了迅速提升的美国，为了将整个西半球作为自己的势力范围，于1889年发起召开了18个国家出席的美洲国家会议，成立了"美洲共和国国家联盟"，这是国际关系史上成立的第一个国际性组织，也可以看做是有史以来为数不多的发达国家与发展中国家之间订立的协议。尽管打出了"美洲人民利益一致"、"巩固南北美洲各国经济文化的联系"等标语，但是仍然难掩其实质：美国要独占整个美洲。

在争夺海外殖民地方面，西方列强时而直接或间接冲突（争夺同一地区），时而直接或间接合作（打击殖民地当局）。如1856年英法合作发动第二次鸦片战争；1860年英法合作攻占北京；1900年八国联军合力入侵中国。

这一时期，国际合作由实力最强的英国主导，① 它的合作意向直接

---

① 尽管1870年，尤其是到了19世纪末期，美、日、德、俄等国实力上升，英国实力相对减弱。但是，主导国际合作的仍是英国。原因有三：第一，虽然德、日、俄实力上升，但综合实力仍逊于英国；第二，经济实力超过英国的美国还没有做好作世界领袖的准备，仍然实行孤立主义政策；第三，英国仍然具有充当世界霸主的野心，不甘就此衰弱下去。

影响到欧洲乃至整个世界格局的走向。

4. 第四时期（1918 年至 1945 年）

这一时期主导国际合作的主权国家主要有英国、法国、美国、苏联等。合作的区域仍主要在欧洲，但是随着社会主义国家苏联的出现，国际合作呈现出一些新特点。

首先，资本主义国家有了进行国际合作的新的共同点：扼杀社会主义国家。

面对新生的苏维埃政权，资本主义国家必欲扼杀之而后快。第一次世界大战结束后，协约国（英、法、美）加强了对苏联的武装干涉，于 1918 年至 1920 年间先后组织了三次大规模的武装进攻。由于苏联人民的顽强抵抗，三次武装干涉均以失败告终。

其次，首次出现不同制度国家之间的合作。

苏维埃第七次代表大会（1919 年 12 月召开）后，苏联采取各种措施，争取改变同资本主义国家的关系。经过努力，于 1921 年 3 月 16 日签订《英苏贸易协定》，主要内容：双方恢复贸易关系，并互设商务代表处以办理两国间的贸易业务。双方相互保证放弃反对另一方的敌对行动和宣传。这是社会主义国家苏联与资本主义大国签订的第一个贸易协定，它对苏联恢复经济，改善国际关系都是有利的。这一年总计有 14 个国家同苏联恢复了贸易关系。1922 年 4 月 10 日，苏联出席了由 29 个国家参加的热那亚会议，这是第一次有不同社会制度的国家参加的国际会议。1922 年 4 月 16 日，苏德签订了《拉巴洛条约》，条约规定立即恢复两国的外交关系并按最惠国待遇原则发展两国的经济关系；双方放弃对战争费用以及因战争损失而要求的赔偿。《拉巴洛条约》是第一个在事实上肯定不同社会制度的国家和平共处的国际条约，它是西方资本主义大国第一次在法律上承认了苏维埃俄国，并在完全平等与和平共处的基础上同苏维埃俄国建立正常的外交关系的条约。[①] 另外，为了迅速恢复和发展生产力，增强苏维埃政权的经济实力，苏联实行"租让制"，即把暂时无力经营或开发的企业、矿山、林区等租给外国资本家经营开发，以换取资本主义国家的资金、先进技术设备和管理经验。第

---

① 王绳祖主编：《国际关系史（十七世纪中叶——一九四五年）》，法律出版社 2001 年版，第 312—317 页。

二次世界大战期间，以英、法、美、苏为代表的同盟国之间的合作，更是不同制度国家间合作的典范。

再次，正义合作开始出现。

苏维埃国家与被压迫民族解放斗争的相互支持，形成了世界人民反帝统一战线，开辟了被压迫民族和人民革命的新时代。

总而言之，尽管在这一阶段的不同时期，国际合作的特点各不相同，但仍具有一些共同点：第一，合作大多数是权宜之计，而不是长期的外交政策。不管是双边合作，还是多边合作，由于都是权宜之计，因而合作的时间都比较短暂。例如梅特涅的策略手段就极尽其反复无常之能事。第二，合作对象瞬息万变。例如，始于1665年的第二次英荷战争，起初，法荷合作协同应对英国，到1667年，由于法国出兵西属尼德兰，法荷关系破裂，考虑单独抗法实力不及，荷兰转而与之前的夙敌英国及瑞典合作，联合干涉法国行动。1672年，英法转而联手合作攻打荷兰，1688年，由于英国迎立荷兰执政威廉与信奉新教的詹姆斯二世的女儿玛丽为国王与女王，英法关系再次由合作转为敌对关系。第三，大国间的合作（包括政治、经济、军事合作）基本上没有正义可言。[①] 帝国主义国家之间进行的合作，基本上是为各自扩大势力范围、对付殖民地人民的民族解放运动、维持殖民主义统治以及夺取世界霸权的战略目标服务的。第四，严格意义上的国际经济合作[②]很少。18世纪以来，世界先后发生了两次科技革命，[③] 社会生产力得到极大提高，为国际经济合作的发展创造了条件。帝国主义国家之间也建立过一定的对它们相互有利的合作关系，例如签订国际公约、对外私人直接投资以及缔结国际垄断协定等，但这种合作关系并不经常和普遍。唯一的社会主义国家苏联虽然与资本主义国家有过一定程度的经济合作，但也是极其有限的。而经常和普遍的是帝国主义国家和殖民地国家之间的经济关系，而这种关系要么表现为宗主国对殖民地国家的经济掠夺与剥削，要

---

① 当然，也有极少数的例外，如第二次世界大战期间同盟国（英、法、美、苏）合作反对轴心国（德、日、意）属于正义的合作。

② 严格意义上的国际经济合作，必须是建立在平等互利原则基础之上，即不论国家大小强弱，企业规模如何，它们的地位是平等的，都有权利享有合作的权益。

③ 第一次科技革命是以蒸汽机和纺织机器的发明为标志；第二次科技革命是由于电动机和电力的发明、使用而发生的。

么表现为不平等条约下国与国之间的经济活动，显然算不上严格意义上的国际经济合作。第五，大国掌握着国际合作的主导权。国际关系的焦点始终围绕着大国关系的演变而变化，而大国关系时而对抗，时而合作，时而阵垒分明，时而错综复杂，这一切都是以大国国家利益为转移。第六，合作不是为了世界和平，而是为了谋求霸权。国家间合作总是为大国强权政治服务，企图削弱对方，增强自己，造成有利于己的国际力量对比，以实现其霸权地位。① 第七，合作的手段通常是动用武力，发动战争。可以毫不夸张地说，武力与战争是这一时期解决国家间矛盾不是唯一也是最重要的手段。第八，牺牲小国利益。总是把小国和弱国作为大国搞平衡的筹码，任意宰割、瓜分小国和弱国的领土。维也纳会议上，波兰和萨克森成了大国补偿原则的牺牲品；君士坦丁堡成了恢复"三皇同盟"的诱饵，摩洛哥和波斯成了英法协商和英俄协商的献祭品，等等。② 在 1919 年的巴黎和会上，帝国主义列强完全不顾中国政府的强烈反对，同意将德国在中国山东的所有权益转让给日本。

（二）第二阶段（冷战期间）的国际合作及其特点

第二次世界大战结束前夕，在罗斯福描绘的联合国蓝图中，大国合作是保证新的全球性国际组织在战后发挥权威效能的重要前提。他所设想的大国合作主要是美、英、苏三国合作，其关键是美、苏两国合作。蓝图总归是蓝图，联合国如期成立了，但是所期望的"大国合作"不但没有出现，反而是持续长达近半个世纪的、以美苏对抗和两大集团对峙为特征的冷战时期。尽管如此，"两大阵营并没有涵盖整个国际关系体系"③，如前所述，冲突与合作历来是矛盾的统一体，有冲突，必有合作。因此，冷战时期仍有国际合作，只是其特点与其他阶段不同而已。

1. 1945 年至 1970 年的国际合作及特点

（1）资本主义阵营的合作

第二次世界大战结束后，美国经济在世界上处于独一无二的地

---

① 张之毅、鲁毅：《均势外交在近代国际关系史上的地位和作用》，《世界历史》1982 年第 3 期。

② 同上。

③ 方连庆、刘金质、王炳元主编：《战后国际关系史（1945—1995）》，北京大学出版社1999 年版，序言，第 2 页。

位。出于冷战的考虑，美国加强并主导了同资本主义其他国家的合作，比较典型的有马歇尔计划和北大西洋公约组织。战后的西欧各国为了尽快从战争废墟中恢复过来，也加强了彼此之间的合作，成立了欧洲共同体。

马歇尔计划。为帮助遭受战争重创的欧洲国家恢复经济发展，同时抗衡苏联和共产主义势力在欧洲的渗透和扩张，美国提出了著名的"欧洲复兴计划"，即"马歇尔计划"。该计划于 1947 年 7 月正式启动，到 1951 年结束，总计提供了价值约 130 亿美元包括金融、技术、设备等各种形式的援助。总体而言，"马歇尔计划"的实施，收到了一举多得的效果：其一，推动了西欧国家的经济恢复；其二，美国进一步打开了西欧市场的大门，巩固了在欧洲的地位；其三，有效地遏制了苏联在西欧的渗透和扩张。

北大西洋公约组织。为与苏联为首的东欧集团国成员相抗衡，在推行马歇尔计划的同时，美国、加拿大与西欧 10 国①于 1949 年 4 月 4 日在华盛顿签订《北大西洋公约》，该公约于同年 8 月 24 日起生效。公约包括序言和 14 条条款，最主要的内容包括：集体武装防卫、协商共同行动和协助受攻击缔约国等。9 月 17 日，签署公约的 12 国外长在华盛顿举行会议，决定设立以下机构：理事会、防务委员会、军事委员会、小组委员会和地区性军事计划小组。这标志着北大西洋公约组织的正式成立。北大西洋公约组织是一个服务于西方大国的国际军事集团组织，其最高司令长官历来由美国将军担任。北大西洋公约组织的成立，在战后国际关系史上具有重要影响。首先，它标志着西方集团核心的形成，加深了东西方之间的对立，加剧了美苏之间的冷战；其次，它为美国提供了遏制苏联的重要工具；第三，奠定了战后美欧关系的基础。②

欧洲共同体。1950 年 5 月，法国外长舒曼（Robert Schuman）提出欧洲煤钢共同体计划（即舒曼计划），一方面旨在约束德国，另一方面主要是为了加强欧洲国家在钢铁、煤炭、石油、电力和交通运输等方面的合作。1951 年 4 月 18 日，法国、意大利、联邦德国、荷兰、比利

---

① 西欧 10 国分别是英国、法国、比利时、荷兰、卢森堡、丹麦、挪威、冰岛、葡萄牙和意大利。

② 参考袁明主编：《国际关系史》，北京大学出版社 1994 年版，第 324 页。

时、卢森堡6国签订了《关于建立欧洲煤钢共同体的条约》（又称《巴黎条约》）。1952年7月25日，欧洲煤钢共同体正式成立。1957年3月25日，6国外长在罗马签订了建立欧洲经济共同体与欧洲原子能共同体两个条约，即《罗马条约》，1958年1月1日，欧洲经济共同体和欧洲原子能共同体正式组建。1965年4月8日，6国签订《布鲁塞尔条约》，决定将欧洲煤钢共同体、欧洲经济共同体和欧洲原子能共同体合并，统称"欧洲共同体"。《布鲁塞尔条约》于1967年7月1日生效，欧洲共同体正式诞生。欧洲共同体是参与国家出于经济层面考虑的结果，但其影响却远远地超越了经济层面。

（2）社会主义阵营的合作

面对美国的遏制、封锁和包围，苏联采取了针锋相对的措施，加强了同东欧及其他地区走社会主义道路国家的合作，成立"经济互助委员会"（简称"经互会"）和华沙条约组织（简称华约）。

经互会。美国提出马歇尔计划后，苏联领导人认为该计划会严重威胁到苏联对东欧的控制。不久，苏联出炉了著名的"莫洛托夫计划"（Molotov Plan），主要包括苏联对东欧社会主义国家的经济援助以及发展东欧国家对苏联的贸易。该计划就是后来经互会的雏形。1949年1月5日至8日，苏联、保加利亚、匈牙利、波兰、罗马尼亚、捷克斯洛伐克6国政府代表在莫斯科召开会议，宣布成立经济互助委员会。后来，阿尔巴尼亚和民主德国等国相继加入。经互会的目的是在社会主义国家之间发展全面的经济合作。经互会的成立，确实对各成员国的经济发展起到了一定的推动作用，但是由于经互会主要机构的负责人均由苏联人来担任，并要求其他成员国的经济计划必须同苏联的计划"相协调"，导致苏联与其他成员国的矛盾不断加深。

华约。1955年5月14日，苏联、捷克斯洛伐克、保加利亚、匈牙利、民主德国、波兰、罗马尼亚、阿尔巴尼亚8国针对美、英、法决定吸收联邦德国加入北约一事，在华沙签订了《友好互助合作条约》，同年6月条约生效，正式成立了军事政治同盟——华沙条约组织。总部设在莫斯科。条约规定："如果在欧洲发生了任何国家或国家集团对一个或几个缔约国的武装进攻，每一缔约国应……个别地或通过同其他缔约国的协议，以一切它认为必要的方式，包括使用武装部队，立即对遭受这种进攻的某一个国家或几个国家给予援助。"由于一开始就建立在以苏联为"大哥"的不平等的基础上，华约不仅是苏联对外对抗北约的工具，更是对内干涉社会主义国家事务的挡箭牌。1968 年 8 月，华约组织大规模武装入侵捷克斯洛伐克便是明证。

（3）发展中国家间的合作

第二次世界大战后，一些取得政治独立的发展中国家，为了在美、苏激烈对峙的两极格局中求得生存，开展了富有成效的彼此之间的合作。万隆会议、不结盟运动以及 77 国集团的成立，成为这一时期国际舞台上的亮点。

万隆会议。1955 年 4 月，来自亚洲、非洲总计 29 个国家和地区在印度尼西亚的万隆召开了人类有史以来第一次没有西方国家出席的洲际会议，史称"万隆会议"（又称第一次亚非会议）。会议广泛讨论了民族主权和反对殖民主义、保卫世界和平及与各国经济文化合作等问题。会议一致通过了包括经济合作、文化合作、人权和自决、附属地问题、其他问题、促进世界和平与合作以及关于促进世界和平与合作的宣言等部分的《亚非会议最后公报》，确定了指导国际关系的十项原则。万隆会议的召开，极大地提高了亚非人民的民族觉悟，增加了亚非各国和人民的相互了解，推动了亚非国家间的相互合作，是被压迫民族反帝反殖斗争史上的一座不朽的里程碑。

不结盟运动。不结盟运动是由南斯拉夫总统铁托、埃及总统纳赛尔和印度总理尼赫鲁等于 1956 年 7 月首先倡议成立的。1961 年 9 月，首届不结盟国家和政府首脑会议在南斯拉夫首都贝尔格莱德召开。25 个发展中国家作为正式成员参加了会议，有 3 个拉美国家作为观察员列席了会议。会议通过的一项宣言表示：与会国全力支持为争取和维护民族独立而斗争的各国人民，要求撤除一切设在别国领土上的军事基地，消除一切形式的殖民主义。不结盟运动的创立与第一次不结盟国家会议的召开，标志着第三世界的兴起。此后，越来越多的发展中国家加入其中。到 1964 年第二届不结盟国家会议举行时，正式代表已扩大至 47 个，另有 10 个国家和两个国际组织作为观察员列席了会议。

77 国集团。1964 年 6 月 15 日在日内瓦召开的第一届联合国贸易和发展会议上，77 个发展中国家和地区为了能用"同一个声音"讲话，组成了"77 国集团"，并发表了《77 国联合宣言》，它谴责了发达国家在国际贸易中掠夺和剥削发展中国家的行为，表示了建立新的、公正的国际经济秩序的愿望。77 国集团的形成表明南北关系进入了一个新阶段，为以后的南南合作和南北对话作出了重要贡献。

（4）发达国家与发展中国家之间的合作

第二次世界大战后，美国和苏联为扩张其势力范围不遗余力地展开争夺，纷纷将触角伸向发展中国家，寻求与他们的合作，以最大限度地增强自身的力量。这其中以美国实施的"第四点计划"最为著名和成功。

第四点计划。1949 年 1 月 20 日，美国总统杜鲁门在就职演说中，提出了美国全球战略的四点行动计划，并着重阐述了第四点，即对亚、非、拉美不发达地区实行经济技术援助，以达到在政治上控制这些地区的目的，这就是"第四点计划"。根据"第四点计划"，美国国会于 1950 年 6 月通过了"援助不发达国家"的法案。到 1951 年年底"第四点计划"已扩展到 33 个国家。在"第四点计划"下，美国打着援助不发达地区的旗号，以抵制共产主义扩张为名，行蚕食老殖民帝国势力范围之实。"第四点计划"也给美国带来了长远的、巨大的经济利益，强化了美国在资本主义世界的领导地位。

总体而言，这一时期的国际合作主要表现为两大集团内部的合作，特点是严重的不对称性，美国和苏联分别在各自阵营中占据绝对主导地位。

2. 1970 年至 1990 年的国际合作及特点

（1）发展中国家间的合作

1971 年 10 月，在第 26 届联合国大会上，由于广大中小国家的团结斗争，以 76 票的压倒性多数通过了恢复中华人民共和国在联合国合法权利的方案，显示了第三世界在国际事务中日益增强的巨大力量。1973 年，阿拉伯国家以石油为武器，团结协作，展开了一场震惊世界的石油斗争，给资本主义世界以沉重打击。1974 年 4 月举行的联大第六届特别会议，通过了发展中国家提出的《关于建立国际经济新秩序宣言》和《关于建立国际经济新秩序的行动纲领》。同年，联合国第 29 届大会又通过了发展中国家起草的《各国经济权利与义务宪章》，反映了第三世界国家要求改变不合理、不公正的旧的国际经济秩序的强烈愿望。1973 年，拉美国家发起维护 200 海里的海洋权益行动，得到全体发展中国家的支持，并于 1982 年通过了《海洋法公约》草案，并获得世界上大多数国家的批准。1976 年的第五次不结盟国家和政府首脑会议主张，不结盟国家和其他第三世界国家应一道走"集体自力更生"的道路。80 年代，南方发展中国家为了克服经济困难，协调在同北方发达国家对话中的立场，把重点转向加强集体自力更生，实现南南合作方面。1982 年 2 月，在印度新德里举行了首次"南南会议"；1986 年 5月，在吉隆坡召开了第二次"南南会议"；1987 年 6 月，在朝鲜平壤举行了南南合作部长级特别会议。这些会议讨论了加强和促进南南合作的战略设想，阐明了合作的原则和指导方针，协调了立场和行动，对于减少和摆脱对北方国家的依赖和控制，起到了明显的作用。

（2）发达国家间的合作

进入 20 世纪 70 年代，国际经济格局发生了较大的变化，与第二次世界大战结束时的情形正好相反，美国的经济实力相对衰落（表现为美元危机，布雷顿森林体系解体），而以联邦德国和日本为代表的其他发达国家的经济实力却有了极大的提高，与美国的差距逐步缩小。这种经济实力的变化反映在发达国家之间的合作上便是各合作主体地位的逐步平等，而不再是美国独自高高在上。这一点在七国集团中体现的较为明显。

20 世纪 70 年代，资本主义国家进入了周期性的经济危机，为共同解决世界经济和货币危机，重振西方经济，1975 年 7 月初，法国首先倡议①召开由法国、美国、日本、英国和西德 5 国参加的最高级首脑会议。随后，5 国代表经过协商，同意召开西方主要工业国最高级会议。9 月底，5 国最高级首脑会议筹备小组成立。10 月初，在纽约举行的筹备小组会议决定邀请意大利参加。同年 11 月中旬，第一次会议在法国的朗布依埃举行。1976 年的第二次会议在波多黎各首府圣胡安召开，并邀请加拿大与会。会议还确定了每年一次的首脑会议轮流在各参加国召开。此后由法、美、日、英、西德、意、加主要西方工业国参加的最高级首脑会议通称为西方七国集团首脑会议。

（3）中国与发达国家间的合作

在国际舞台上，国与国之间的关系会无形之中遵循如下原则："没

---

① 这一点非同寻常，因为之前发达国家间的重要合作基本上都是由美国提议，并最终由美国占据绝对主导地位。

有永远的朋友，没有永远的敌人，只有永远的利益。"中美关系的建立及中日关系正常化均是此至理名言的具体体现。

中美关系的建立。自新中国成立以来，中国与美国曾经是何等的敌视对方，但是当历史跨进 20 世纪 70 年代的门槛，出于共同利益的考虑，中美之间的坚冰开始融化。先是中国向美国伸出橄榄枝，于 1971 年 4 月邀请美国乒乓球队访华（此即有名的"乒乓外交"），率先打开了中美两国人民友好往来的大门。随后美国做出了积极回应，1971 年 7 月，时任美国国务卿的基辛格秘密访华。1972 年 2 月，美国总统尼克松访华，签订了《上海公报》，奠定了两国关系正常化的基础。1978 年 12 月，中美两国发布《建交公报》，1979 年 1 月 1 日《建交公报》正式生效，中美正式建交。中美建交无论是对中美两国，还是对整个国际战略格局，都产生了深远的影响。

中日关系正常化。新中国成立后，中国试图建立和发展中日友好关系，但由于日本政府屈服于美国的压力，使中日关系一直处于不常状态，直到田中角荣首相上台。1972 年 9 月 25 日至 30 日，田中角荣访问中国，访问期间，两国政府发表了《联合声明》，宣布："自本声明公布之日起，中华人民共和国和日本国之间迄今为止的不正常状态宣布结束。""日本方面痛感日本过去由于战争给中国人民造成重大损害的责任，表示深刻的反省。""中华人民共和国政府宣布：为了中日两国人民的友好，放弃对日本国的战争赔偿要求。"在《声明》中，日本政府承认中华人民共和国政府是中国的唯一合法政府；中国政府重申："台湾是中华人民共和国领土不可分割的一部分。"《声明》宣布：双方决定从 1972 年 9 月 29 日起建立外交关系并尽快互换大使；同意进行以缔结和平友好条约以及政府间的贸易、航海、航空、渔业等协定为目的的谈判；决定在和平共处五项原则的基础上，建立两国持久的和平友好关系。中日邦交正常化的实现，对于发展中日关系、缓和亚洲紧张局势以及维护世界和平具有重要意义。

这一阶段国际合作的特点是：第一，国际合作形式日趋多样化。随着一系列社会主义国家的诞生和殖民地国家的独立，国际合作的形式较之战前更加多样化。既有北北合作，也有南南合作与南北合作；既有西西合作，也有东东合作与东西合作。第二，国际经济合作获得了快速发展，但是，国际政治合作仍是主导形式。第三，北北合作趋于对称性。

第四，南北合作不平等现象没有得到根本性改观。第五，南南合作进行得如火如荼，国际影响力得到进一步提升。

（三）第三阶段（冷战之后）的国际合作及其特点

第三阶段的国际合作，无论是从形式上还是从内容上，无论是从范围上还是从广度上，均是前两个阶段所无法比拟的。第三阶段的国际合作，有两个显著的特点：一是经济合作成果显著；二是全球性合作逐步加强。

1. 经济合作成果显著

冷战结束后，军事因素下降，经济因素上升，经济实力成为决定一国在国际舞台上地位和作用的重要因素。

首先，经济外交已成为各国外交工作的重中之重。与之前将政治、军事、安全等高级政治作为工作重点的外交不同，冷战后各国普遍把经济作为外交工作的优先和重点任务。无论在双边外交还是多边外交中，经济和贸易的地位越来越重要。这一点可以从各国领导人出访随行所带人员看出端倪。现在国家领导人出访国外，往往有大批财政、贸易高官随行，其目的是与所访问国家相关部门商谈经贸往来事宜。在外界看来，在某种程度上，双方是否签署贸易协定以及贸易额度成为判断两国关系是否良好的晴雨表。

其次，经济区域化、集团化的进程加速发展。第一，欧洲联盟进一步扩展。进入 20 世纪 90 年代之后，经过 1995、2004 年和 2007 年的三次扩大，欧盟成员国扩大为 27 个。与此同时，欧盟各国在经济上合作的愿望也越来越强烈，迫切要求实行统一货币，以达到提升欧洲国家政治和经济地位的目的。这一目标在 1999 年取得了突破性进展。欧元 1999 年 1 月 1 日起在法国、德国和意大利等 11 个国家开始正式使用，截至目前，27 个欧盟成员国中已有 16 个国家使用欧元，这些国家合称为欧元区。第二，北美自由贸易区形成。为共同对付外部经济力量的竞争，美国、加拿大和墨西哥于 1992 年签署《北美自由贸易协定》，该协定于 1994 年 1 月 1 日正式生效，北美自由贸易区宣布成立。与战后出现的关税同盟、自由贸易区等形式的区域经济组织（其成员国一般是经济水平相近的国家）不同，北美自由贸易区是发达国家和发展中国家在区域内组成自由贸易区的第一次尝试。这也由此决定了该自由贸易区的特征：南北合作和大国主导。北美自由贸易区成立近 20 年的实践表明，这是一次成功的尝试：发达国家（美国和加拿大）保持了经济强势地位，而发展中国家（墨西哥）也受益匪浅。第三，世界贸易组织成立。冷战结束后，为了适应经济全球化的快速发展，迫切需要建立一个永久性的国际经济组织，以负责管理世界经济和贸易秩序。鉴于此，1994年4月15日在摩洛哥的马拉喀什市举行的关贸总协定乌拉圭回合部长会议决定成立更具全球性的世界贸易组织，以取代成立于1947年的关贸总协定，并于1995年1月1日正式开始运作。自此，世界贸易组织与国际货币基金组织和世界银行并称为世界经济发展的三大支柱。第四，中国—东盟自由贸易区。经济全球化和区域经济一体化是冷战后世界经济发展的两大显著特点。为了应对经济全球化中的负面影响和应对区域经济一体化的快速发展，经过近十年的充分酝酿和准备，中国—东盟自由贸易区于2010年1月1日应运而生。中国—东盟自由贸易区的成立，是中国和东盟合作历程中历史性的一步，它充分反映了双方加强睦邻友好关系的良好愿望，也体现了双方不断加强的经济联系。

2. 全球性合作逐步加强

冷战结束后，世界经济迅速走向全球化，国与国相互依存日益紧密，形成"你中有我，我中有你"的复杂局面。与此同时，恐怖主义、环境污染、金融危机、自然资源匮乏、毒品交易、贫困加剧、气候恶化等一系列全球问题日益突出。尽管各国之间仍存在着利益的分歧乃至冲突，但是全球问题的日益严峻迫切需要各国加强合作，因为任何一个国家，无论其实力多么强大，都无法单独解决全球问题。而全球问题的解决与否，则关系到每个国家的切身利益。近年来，各国就气候变化和金融危机所进行的国际气候合作和国际金融合作备受瞩目。具体阐述详见本章第四节。

第二节　国际合作理论

一　三大主流理论的国际合作观

（一）新现实主义的国际合作观

相对获益阻止国际合作是新现实主义的总体观点，其逻辑线索是：

1. 新现实主义关注相对获益

新现实主义在提出国际合作命题时，接受的是古典重商主义的基本假定，即世界政治经济中的个体是以扩大相对获益为依据的。新现实主义之所以如此强调相对获益源自对国际社会的无政府假设：与国内社会相比，国际社会处于一种无政府状态，即没有一个更高级别的中央权威（或世界政府）来强制执行法律及规则。在无政府的国际社会中，国家之间的关系更多的表现为"零和"状态，即一方所得是另一方所失。面对国际社会里充满着的种种难以预测的不确定性以及相互信任的缺乏，自私自利成为各国的理性选择，而自私自利和无政府的互动使追求权力与安全成为所有政治生活的首要任务。① 因此，理性国家为了自身的权力与安全，不仅要考虑绝对的实力与获益的扩大，更要关注体系内自身的相对实力与相对获益。罗伯特·杰维斯（Robert Jervis）指出，在无政府状态下，当存在使用武力的可能性时，国家不仅关注相对获益，还关注相对损失。②

2. 相对获益阻止国际合作

新现实主义的中心命题是：即使面临着共同利益，国家宁可选择非合作也不做单方面的让步，因为"在任何关系中，国家的基本目标都是阻止其他国家获得相对优势"③。在这种情况下，国家更多地关注自己在体系中的相对位置。国家对位置性的关注所带来的直接后果是对合作过程中相对获益的关注，进而限制了国家间合作的意愿。国家对相对获益越关注，合作越不可能出现。④ 在此基础上，新现实主义者辩称，纵使国家间合作已经达成也很难长期维持下去，因为在合作中感到不安全的国家并不注重双方是否都能获益，而是只关心谁获益更多。正如新现实主义的代表人物肯尼思·华尔兹（Kenneth Waltz）所指出的那样：当面对为共同获益而开展合作的可能性时，感到不安全的国家一定会问收

---

① Robert Gilpin, "The Richness of Tradition of Political Realism", in Robert Keohane, ed., *Neorealism and Its Critics*, New York: Columbia University Press, 1986, p. 305.

② Robert Jervis, "Cooperation under the Security Dilemma", *World Politics*, Vol. 30, No. 2 (January 1978), pp. 167—214.

③ Joseph Grieco, "Anarchy and the Limits of Cooperation: A Realist Critique of Newest Liberal Institutionalism", *International Organization*, Vol. 42, No. 3 (August 1988): pp. 485—507.

④ Robert Powell, "Absolute and Relative Gains in International Relations Theory", *American Political Science Review*, Vol. 85, No. 4 (December 1991), pp. 1303—1320.

益将如何分配。它们要问的不是"我们都能获益吗？"而是"谁将获益更多？"如果一个预期的收益按照 2:1 的比例进行分配，一国有可能利用其不均衡的获益去执行一项意在破坏或摧毁他国的政策。只要双方都担心对方将利用它增加的力量，那么即便在双方都能获得大量绝对收益时，这一前景也不会引发合作。① 国家对相对获益的过分关注和追求，会从两个方面阻碍国际合作。首先，一国不愿意接受有利于他国的不均衡的利益分布，从而限制合作的范围；其次，对相对获益的关注大大降低了国际合作的动因。"一旦相对获益变得更重要，两个行为体之间完全和谐的绝对获益，也会变成接近零和博弈式的冲突竞争。……在无政府状态下，相对获益减少国家合作的兴趣和维持协定的能力。"② 所以，当两个国家同时关注相对获益的时候，它们的关系模式很可能是没有合作余地的"零和博弈"。

3. 博弈论证明

20 世纪 80 年代以后，盛行于经济学界的博弈论方法被引入国际关系领域，用来研究国际社会中广泛存在着的合作与冲突问题。有学者惊奇地发现，新现实主义关于无政府的假设以及对相对获益的关注，这种情况与"囚徒困境"极为相近，因为"囚徒困境"中的各个行为者都是自我中心主义者，试图将本身的效用最大化，这符合新现实主义对主权国家在国际政治中行为的假设。③ 正是基于这样的认识，罗伯特·杰维斯指出，博弈论可以被用来检验新现实主义的基本命题，以便弄清楚在无政府状态下，彼此之间存在利益冲突的国家如何才能进行合作。④ "囚徒困境"是一种无论对方选择合作（C）还是背叛（D），双方都决定选择背叛的博弈（见图 2—1）。如果行为体 A 选择合作，行为体 B 选择背叛，那么 DC > CC，即 T = 4 > R = 3。如果双方均选择背叛，那么 DD > CD，即 P = 2 > S = 1。这种困境在于，如果双方都选择背叛，那

① Kenneth Waltz, Theory of International Politics, Reading, Mass: Addison – Wesley, 1979, p. 105.

② Duncan Snidal, "Relative gains and the pattern of international cooperation", *American Political Science Review*, Vol. 85, No. 3 (September 1991), pp. 701—726.

③ Charles Lipson, "International Cooperation in Economic and Security Affairs", *World Politics*, Vol. 37, No. 1 (October 1984), pp. 1—23.

④ Robert Jervis, "Realism, Game Theory, and Cooperation", *World Politics*, Vol. 40 (April 1988), pp. 317—349.

么双方都比选择合作处境更糟：CC > DD，即 R = 3 > P = 2。因此，"囚徒困境"对行为体双方来说，偏好的次序都是：DC > CC > DD > CD，最终导致的纳什均衡是 DD，但是这个纳什均衡不是帕累托最优境界。正是在这个意义上，我们把"囚徒困境"称为一种非合作性的博弈。同样地，新现实主义假设行为体选择背叛而不是合作，因为行为体希望通过背叛获得相对获益，即使暂时的能够提供非均衡获益的合作，结果也不能维持，因为国家可以通过背叛协议从中获得相对获益。

		行为体 A	
		合作（C）	背叛（D）
行为体 B	合作（C）	R=3，R=3	S=1，T=4
	背叛（D）	T=4，S=1	P=2，P=2

图 2—1　"囚徒困境"模型

（二）新自由制度主义的国际合作观

绝对获益可以促使国际合作是新自由制度主义的总体观点，其逻辑线索是：

1. 新自由制度主义关注绝对获益

新自由制度主义同意新现实主义关于国际社会无政府状态以及国家是理性行为体的观点。但是与新现实主义不同，新自由制度主义在提出国际合作命题时，接受的是商业自由主义的基本假定，即世界政治经济中的个体以绝对获益的提高为依据。新自由制度主义认为，作为理性行为体的国家，拥有持续且稳定的偏好，依据这些偏好计算每次交易活动中的成本与收益，以实现自我效用的最大化。所以，它们更关注的是本身的获益，而不是其他伙伴是否获益，获益多少，或者伙伴获益与本国相比是多还是少。[①]

新自由制度主义把对国际合作的研究从传统的"高级政治"领域（如安全、军事）转移到"低级政治"领域（如经济）。如果说相对获益在"高级政治"领域比较突出的话，那么国家在"低级政治"领域

---

① Joseph Grieco, "Anarchy and the Limits of Cooperation: A Realist Critique of Newest Liberal Institutionalism", *International Organization*, Vol. 42, No. 3 (August 1988), pp. 485—507.

中对绝对获益的追求则表现得更为明显，因为经济领域中的相对获益对安全的影响相对较弱，故可考虑绝对获益。①

2. 绝对获益促使国际合作

按照建立在相对获益基础之上的新现实主义的观点，国家交往过程中存在着信息不对称，信息不对称为欺诈的产生创造了必要条件，而欺诈必然大大增加交易的成本。这些因素导致国家间的关系陷入"囚徒困境"。而建立在绝对获益基础之上的新自由制度主义虽然承认在无政府的国际社会中，国家间的合作会受到信息不对称、欺诈及交易成本等因素的限制，但是，无政府状态仅仅意味着国际社会中缺乏共同的政府，国际关系照样可以继续，照样可以产生对行动的稳定预期。② 缺乏等级秩序并不一定导致霍布斯恐惧，理由是通过国家间的互动，国际共同体秩序的建立可以是横向的而不是纵向的。③ 事实上，联盟、和平条约、关税同盟、联合国安理会等就是维持国际秩序的典型例子。新自由制度主义认为，"囚徒困境"是可以解决的，关键在于信息沟通与防止欺诈。研究表明：如果博弈只进行一次，合作的确很难实现。但是如果"囚徒困境"能够重复，有条件的合作就会实现。其一，通过重复博弈，参与者彼此可以了解更丰富、更高质量的信息：关于情势的信息、关于他方的行为以及做出这种行为原因的信息、关于他方未来可能行为的信息。④ 从而增加了国家间关系由"非合作博弈"向"合作博弈"转变的可能性。其二，通过重复博弈，将参与者的短期获益与长远获益联系起来，可以避免一次博弈中为了短期获益而可能采取的背叛行为。未来报偿与当前获益相比越多，当前背叛的动机越少，因为背叛不仅得不偿失，还可能引发对方的报复。⑤ 总之，出于绝对获益的考虑，"即使在完全理性的、从狭隘的自身利益出发的政府之间，合作也是可以获

---

① Robert Jevis, "Realism, Neoliberalism, and Cooperation: Understanding the Debate", *International Security*, Vol. 24, No. 1 (Summer 1999), pp. 42—63.

② Robert Axelrod and Robert Keohane, "Achieving Cooperation under Anarchy: Strategies and Institutions", *World Politics*, Vol. 38, No. 1 (October 1985), pp. 226—254.

③ Jack Donnelly, *Realism and International Relations*, Cambridge University Press, 2000, p. 81.

④ Robert Jevis, "Realism, Neoliberalism, and Cooperation: Understanding the Debate", *International Security*, Vol. 24, No. 1 (Summer 1999), pp. 42—63.

⑤ Robert Axelrod, *The Evolution of Cooperation*, New York: Basic Books, 1984.

得的"①。

3. 博弈论证明

为了验证重复博弈对国家间合作的影响，罗伯特·鲍威尔（Robert Powell）提供了一个重复的、3×3的"囚徒困境"模型，它是在传统的、2×2的"囚徒困境"模型的基础上调整而来的，该模型假定：博弈进行两次，参与者都试图将第一次和第二次的获益最大化；第二次博弈施加了对第一次博弈的未来影响；由于第二次博弈对第一次博弈有影响，第一次博弈中合作的可能性增大。假设，有两个国家 S1 和 S2，每个国家都有三种策略：F（自由贸易政策），T（实施关税），以及 C（经济封锁）。该博弈模型见图2—2所示。

S2

S1	F	T	C
F	3，3	1，4	–1，0
T	4，1	2，2	1/2，0
C	0，–1	0，1/2	0，0

图2—2　3×3的"囚徒困境"模型

如图2—2所示，最左上角2×2矩形方阵构成一个简单的"囚徒困境"模型，其中，不管 S2（或 S1）选择 T 或 F，S1（或 S2）都会选择 T 而不是 F。在这种状况下，两国都实施关税的获益（T，T）明显的不如它们都实施自由贸易政策所带来的获益（F，F）。在3×3的博弈中，如果采取第三种策略（C，C），将会导致零获益，（T，T）的结果好于（C，C）。

罗伯特·鲍威尔认为双方均实施自由贸易政策的结果（F，F）和一方实施关税政策而另一方实施自由贸易政策的结果（T，F）和（F，T）一样都有可能在3×3博弈模型中的第一次博弈中出现。他在分析这一均衡战略时指出，国家选择 T 和 C 的原因是可以展示的。如图2—2所示，假设 S1 在第一次博弈中采用 F，如果（F，F）是均衡战略，那

① ［美］罗伯特·基欧汉：《霸权之后——世界政治经济中的合作与纷争》，苏长和等译，上海人民出版社2002年版，第94—95页。

么，第二次博弈 S1 会采用 T，如果（F，F）不是均衡战略，它就采用 C，对于 S2 也是同样的结果。均衡战略的关键点是在第一次博弈中采用 F，仍然忠诚于自由贸易政策的国家在第二次博弈中因为惩罚背叛者而采用 C。罗伯特·鲍威尔认为，如果没有哪个国家试图通过改变先前的策略来提高报偿，那么其他国家也会遵循这样的战略。如果 S1 和 S2 都遵循这样的策略，双方都将在第一次博弈中获得 3，第二次博弈中获得 2，总数为 5。如果一个国家放弃 F 而选择 T，它在第一次博弈中的获益是 4＞3。但是，另一国家会在第二次博弈中采用 C，这样，背叛者在第二次博弈中的获益将是 0。最终的结果是 4＜5。这一结果表明，背叛的未来成本，即第二次博弈中的 0 而不是 2，超出了它背叛的即得获益。因此，在这一模型中，国家威胁进行惩罚（选择 C）将导致国家维持合作而带来的均衡结果（F，F）。①

（三）建构主义的国际合作观

建构主义兴起于 20 世纪 80 年代中期，发展于 20 世纪 90 年代，它使用"规范"、"身份"、"认同"和"文化"等一组具有社会学意义的概念去理解和解释世界政治。它的出现是对理性主义（新现实主义和新自由制度主义）的反思与批判，为国际关系理论输入了新鲜血液。建构主义在国际合作问题上也提出了不同于传统理论的看法。它把国家和国际体系的互动结合起来，从国际、国内的集体身份和规范的角度去审视国际合作。这种新的视角无疑为我们打开了一扇认识国际合作的新窗口。

在建构主义看来，国家行为取决于国家利益，而国家利益由国家的身份决定。亚历山大·温特（Alexander Wendt）在《国际政治的社会理论》一书中讨论了四种身份：个人或团体身份、类属身份、角色身份和集体身份，其中集体身份对于国际合作能否达成至关重要。而集体身份的形成取决于四个主变量：相互依存、共同命运、同质性和自我约束。第一，相互依存。如果互动对一方产生的结果取决于其他各方的选择，行为体就会处于相互依存状态。要成为集体身份形成的原因，相互依存必须是客观的，而不是主观的，因为一旦集体身份存在，行为体就会把

---

① Robert Powell, "Absolute and Relative Gains in International Relations Theory", *American Political Science Review*, Vol. 85, No. 4（December 1991），pp. 1303—1320.

对方的得失作为自己的得失。第二，共同命运。行为体具有共同命运是指它们的个体状况取决于整个群体的状况。像相互依存一样，只有当共同命运是客观条件的时候，才能够成为集体身份形成的原因。第三，同质性。同质性是集体身份能否形成的一个比较重要的因素，它包括"客观"同质性和"主观"同质性。从"客观"同质性来讲，它取决于团体身份和类别身份是否相似。从"主观"同质性来讲，它虽然与"客观"同质性之间存有因果关系，即"客观"同质性影响着"主观"同质性，但两者之间并非完全对等。尤其是随着国际社会由霍布斯文化向洛克文化的发展，国与国之间的关系不再是"一切人反对一切人的自然状态"，大多数国家都试图通过积极地亲社会行为，希望得到他国的认可，这种努力有利于创造一种"群我"意识，进而形成一种"主观"上的同质性。第四，自我约束。相互依存、共同命运、同质性都是集体身份形成的基础，但不是集体身份形成的充分条件，它能否最终形成还要取决于各行为体是否能够形成自我约束。[①]如果集体身份能够形成，则国际合作的可能性很大（但不必然），如果集体身份不能形成，则国际合作的可能性很小（但不必然）。

二　新现实主义与新自由制度主义国际合作观的争论

（一）争论的开始

新现实主义认为新自由制度主义的结论过于乐观。约瑟夫·格里科（Joseph Grieco）认为，新自由制度主义错误地理解了新现实主义者对国际无政府状态的分析。新现实主义认为，国际无政府状态不仅意味着欺诈的可能性，而且意味着存在威胁使用武力的可能性，也就是说，除了关注欺诈之外，合作的国家也担心其伙伴国是否从合作中获得比自己更多的收益，结果是国家不仅要关注绝对获益，同时更要关注相对获益。约瑟夫·格里科认为，只有预期的获益分配不破坏现有权力均衡结构的合作安排才有可能达成，因此，对相对获益的极大关注限制了可能协议的数量。而新自由制度主义只是排除了对欺诈的关注，却没有发现、分

---

① ［美］亚历山大·温特：《国际政治的社会理论》，秦亚青译，上海人民出版社2000年版，第430—452页。

析或考虑相对获益。① 因此，新自由制度主义对新现实主义的批评不是充分的。

针对新现实主义的批评，新自由制度主义也进行了有利的回击。首先，新自由制度主义认为中央权威的缺失并不一定意味着如新现实主义所宣称的那样，国家必定会关注相对获益。罗伯特·鲍威尔认为新现实主义错误地将两个分离的假设联系在一起。使用武力的国际环境并不一定出于无政府的假设。相反，一国必须同时假设在这样的环境下使用武力的成本较低以及害怕被奴役。在无政府的环境下，使用武力的成本或高或低，如果使用武力的成本较低，对相对获益的考虑将阻止合作。然而，如果使用武力的成本较高，尽管缺乏中央权威，合作也是可能的。② 其次，新自由制度主义认为，即使国家关注相对获益，合作也是可能的。当肯·斯奈德（Ducan Snidal）认为，相对获益阻碍国际合作是有条件限制的，仅仅适用于特殊的国家关注相对获益的严密的两极体系。一旦出现下面三种情况：国家不是完全的关注相对获益，国家之间最初的绝对获益关系不是"囚徒困境"，国家数目有三个或更多，那么相对获益阻碍国际合作观点的准确性就会大大地减弱。因为上述一个或几个条件是大多数国际政治现象的特征，所以总体上说，相对获益并不阻止国际合作。③

总结起来，新现实主义与新自由制度主义的争论主要是围绕国际互动在多大程度上关注相对获益展开的。两学派在什么情况下、与哪些国家以及在什么时间将会考虑相对获益问题上存在争论。尽管两者在多大程度上关注相对获益存在分歧，但是，双方都没有指出对方关于国家间关系的期望是错误的，不管安全关注存在与否。如果国际体系是无政府状态，使用武力的成本较低以及非对称获益将在未来的互动中提供优势，新现实主义和新自由制度主义均认为安全担忧将占主导地位，由此

---

① Joseph Grieco, "Anarchy and the Limits of Cooperation： A Realist Critique of Newest Liberal Institutionalism", *International Organization*, Vol. 42, No. 3 （August 1988）, pp. 485—507.

② Robert Powell, "Absolute and Relative Gains in International Relations Theory", *American Political Science Review*, Vol. 85, No. 4 （December 1991）, pp. 1303—1320.

③ Duncan Snidal, "Relative gains and the pattern of international cooperation", *American Political Science Review*, Vol. 85, No. 3 （September 1991）, pp. 701—726.

导致的相对获益关注将阻止（如果不是排除）合作。①

（二）争论的演进

在国际交往中，只考虑绝对获益和只考虑相对获益的国家少之又少，大多数国家在对外交往中既要考虑绝对获益，也要考虑相对获益，只是会根据当时的政策需要和形势的发展来做出是偏向绝对获益还是偏向相对获益的选择。随着新现实主义与新自由制度主义争论的演进，两派学者认识到再像原先那样只关注相对获益和绝对获益已不合时宜，因此，分别对各自观点做出部分修改：新现实主义关注相对获益但不忽视绝对获益，新自由制度主义关注绝对获益但不排斥相对获益。为迎合这一变化与趋势，一些学者开始尝试将两种观点融合为单一的框架，假设国家的对外政策既考虑相对获益也考虑绝对获益。

1. 约瑟夫·格里科的效用函数

约瑟夫·格里科指出，国家的效用函数不仅包括绝对获益，也包括相对获益。他给出的国家的效用函数是：$U = V - k (W - V)$，其中 U 代表效用，V 代表自己的获益，W 代表伙伴国家的获益，k 是衡量"相对获益"敏感度的系数，k 的大小将直接决定 U 的大小。约瑟夫·格里科提出了 k 的六种变化因素，分析了这些变化对合作的影响，探讨了获益差距大小对不同合作的影响。具体而言，第一，随着国家从多伊奇界定的多边安全共同体到近似于战争状态时，k 值会增大。第二，如果一国的伙伴国家是长期的对手而非长期的盟友，k 值会增大。第三，合作的范围影响 k 值，安全领域要比经济领域的 k 值大。第四，一国权势的变化影响 k 值，一国权势下降时的 k 值大于权势上升时的 k 值。第五，获益差距转换为影响力的能力和在各个领域间的可替换性决定着 k 值，随着转换性或者可替换性的增强，k 值将增大。第六，国家当前权势地位影响着 k 值，一般情况下中等国家要比非常小或者非常大的国家的 k 值大。②

由此可见，敏感系数 k 值的变化影响着国家之间的合作，k 值大，可以阻止任何类型的长期合作，哪怕是与盟国的交往，因为国家担心

---

① Suzanne Werner, "In Search of Security: Relative Gains and Losses in Dyadic Relations", *Journal of Peace Research*, Vol. 34, No. 3 (August 1997), pp. 289—302.

② Joseph Grieco, "Anarchy and the Limits of Cooperation: A Realist Critique of Newest Liberal Institutionalism", *International Organization*, Vol. 42, No. 3 (August 1988), pp. 485—507.

"今天的朋友会变成明天的敌人"。反之，敏感系数 k 值小，且绝对收益足够大，国家间的合作有可能达成并持续下去。

2. 当肯·斯奈德的混合绝对相对获益模型

当肯·斯奈德指出，只有在最极端的事例中，才能希望各个国家仅仅关注相对获益或完全忽视绝对获益。一个更新的现实主义的推断是，国家把相对获益的追求与绝对获益结合起来，纯粹的绝对获益模式（图2—3）和相对获益模型（图2—4），在现实中的情况极其少见。因此，把相对获益与绝对获益结合进行考虑的博弈模型（图2—5）是可取的。[①]

	C	D
C	R, R	S, T
D	T, S	P, P

	C	D
C	R–R, R–R	S–T, T–S
D	T–S, S–T	P–P, P–P

R 表示相互合作时的报酬；T 表示当事方背叛另一方合作时的报酬

P 表示相互背叛时的报酬；S 表示当事方合作另一方背叛时的报酬

图2—3 绝对获益模型　　　　**图2—4 相对获益模型**

	C	D
C	$R^*=R(1-r)$, $R^*=R(1-r)$	$S^*=S-rT$, $T^*=T-rS$
D	$T^*=T-rS$, $S^*=S-rT$	$P^*=P(1-r)$, $P^*=P(1-r)$

图2—5 混合绝对相对获益模型

其中：r 表示相对获益系数；1 – r 表示绝对获益系数，且 0≤r≤1。

当肯·斯奈德认为，当 R、P、T、S 比值关系不同时，就会产生六种不同的博弈模型，即当 R > T > S > P 时是和谐博弈模型；当 R > T > P > S 时是保证博弈模型；当 R > P > T > S 时是猎鹿博弈模型；当 T > S > R > P 时是协调博弈模型；当 T > R > S > P 时是小鸡博弈模型；当 T > R > P > S 时是"囚徒困境"模型（图2—6）。由此可见，"囚徒困

① Duncan Snidal, "Relative gains and the pattern of international cooperation", *American Political Science Review*, Vol. 85, No. 3（September 1991）, pp. 701—726.

境"虽是合作理论中最为基础的模型，但绝不是唯一的模型，还存在其他一些博弈模型（这些模型表明存在不同的合作潜能，各图中的黑色方框代表着纳什均衡），这些模型有助于研究合作基本问题的各方各面，而这些是标准的"囚徒困境"模型所不具备的。[①] 因此，即使考虑相对获益，也需要满足一定的条件，上述博弈模型才有可能转换为"囚徒困境"模型，从而背叛取代合作。当考虑相对获益时，如混合绝对相对获益模型显示，其他博弈模型转换为"囚徒困境"模型必须满足 $T* > R* > P* > S*$，即 $T - rS > R (1 - r) > P (1 - r) > S - rT$。因此，要使和谐博弈模型转换为"囚徒困境"模型应满足 $3 - r2 > 4 (1 - r)$，即 $r > 1/2$；保证博弈模型转换为"囚徒困境"模型应满足 $3 - r1 > 4 (1 - r)$，即 $r > 1/3$；猎鹿博弈模型转换为"囚徒困境"模型应满足 $2 - r > 4 (1 - r)$，即 $r > 2/3$；协调博弈模型转换为"囚徒困境"模型应满足 $2 - 2r > 3 - 4r$，即 $r > 1/2$；小鸡博弈模型转换为"囚徒困境"模型应满足 $4 - 2r > 3 (1 - r)$，即 $r > 1/3$。

获益排序	博弈模型		博弈名称
R>T>S>P	4, 4	2, 3	和谐博弈模型
	3, 2	1, 1	
R>T>P>S	4, 4	1, 3	保证博弈模型
	3, 1	2, 2	
R>P>T>S	4, 4	1, 2	猎鹿博弈模型
	2, 1	3, 3	
T>S>R>P	2, 2	3, 4	协调博弈模型
	4, 3	1, 1	
T>R>S>P	3, 3	2, 4	小鸡博弈模型
	4, 2	1, 1	

图2—6　六种博弈模型

---

① Robert Axelrod, "On Six Advances in Cooperation Theory", Prepared for a Special Issue of *Analyse & Kritik on The Evolution of Cooperation*, January 2000.

通过上述分析，当肯·斯奈德认为相对获益阻碍国际合作是有一定条件的，随着相对获益重要性的增加（即 r 值的增大），相对容易的合作型博弈将变成冲突型的博弈；当已构成"囚徒困境"博弈时，相对获益重要性的增加会使"囚徒困境"变得更为紧张；当完全考虑相对获益的重要性时（即 r = 1），所有博弈将变为纯粹的零和博弈。[1]

（三）争论的继续演进

1. 安全问题与国际合作

有学者指出，尽管新自由制度主义对新现实主义关于国际合作的解释提出了挑战，但是，当涉及安全问题时，新现实主义仍然是理解国家间关系的主要范式。新自由制度主义只是认为安全问题没有新现实主义所说的那样广泛，并指出当使用武力的成本很高或将不均衡获益转换为优势的能力很低时，国家关心的是它们自己的获益，从而通过重复互动达成合作协议。[2] 但是，新自由制度主义同样认为，当非对称获益有可能转化为未来的优势以及使用武力是一种有效且成本低的政策工具时，合作也将很难达成和维持。苏珊娜·沃纳（Suzanne Werner）承认，在某种情况下，安全问题会占据国家间关系的主导地位，但是，对安全的关注并不一定阻止合作，事实上，它可以为国家间的合作提供基础。[3]苏珊娜·沃纳的论证过程如下：

新现实主义的效用函数是：$U_i = R_i - R_j$。如果武力是一种有效工具时，这个效用函数表明国家试图限制相对损失，并试图实现相对获益。如果在自助体系下，国家力争相对获益最大化，那么，这种情况下的合作的确很渺茫。然而，苏珊娜·沃纳认为，新现实主义的断言并不能从其假设中推出。这一论断存在两个弱点：第一，如果国家 i 能够利用它与国家 j 合作中的获益去影响它与体系中其他国家关系的话，那么，国家 i 将会提高其在体系中的地位，即使其获益小于国家 j 的获益。至少，国家 i 要比那些没有参与其中合作的国家获得了更多的好处。因此，尽管国家 j 获得了更多的收益，国家 i 仍然增加了在其他关系中的安全。

---

① Duncan Snidal, "Relative gains and the pattern of international cooperation", *American Political Science Review*, Vol. 85, No. 3 (September 1991), pp. 701—726.

② kenneth Oye, *Cooperation Under Anarchy*, Princeton: Princeton University Press, 1986.

③ Suzanne Werner, "In Search of Security: Relative Gains and Losses in Dyadic Relations", *Journal of Peace Research*, Vol. 34, No. 3 (August 1997), pp. 289—302.

新现实主义之所以得出悲观结论的原因是它们假设在一组关系中的获益仅仅适用于这一组关系。其实，相对获益不仅要考虑时间性，还要考虑空间性。例如，欧盟的统一，各国之间肯定会有相对损失，但是它们各自巨大的绝对获益明显地提高了它们与体系外国家的地位。这些外部的相对获益可以弥补内部的相对损失，从而进一步推动着一体化的进程。第二，如果国家 i 预计国家 j 将来有可能在国家 i 与其他国家关系中发挥积极（或消极）作用时，那么国家 i 将愿意（或不愿意）看到国家 j 获得更多的收益，因此，国家 i 对于国家 j 在未来谈判中的角色和身份的预期将决定着双方之间的关系。

通过上述分析，苏珊娜·沃纳认为新现实主义的效用函数是错误的，如果国家 i 要想维持它在体系中的地位，或将其面临他国的威胁最小化，它的效用函数最好的表达是：$U_i = R_i + \delta R_j$，此处 $-1 < \delta < 1$。假设关注安全，国家 i 的效用不仅依靠自己的预期效用，而且要依靠国家 j 的预期效用。然而，这一依靠可能是正的也可能是负的，它取决于国家 i 对于国家 j 在将来的竞争中的角色的预期。这一效用函数可分三种情况：

第一种情况是，一国的安全只取决于它相对于对方的位置，或者一国预测对方将在今后它所面对的竞争中支持另一方。此处，$\delta = -1$，国家的效用函数与新现实主义的公式一样，国家 i 和 j 的效用函数分别是：$U_i = R_i - R_j$ 和 $U_j = R_j - R_i$，如图 2—7 所示，根本没有合作的可能。

第二种情况，比第一种情况能更好的代表国家间的关系。其条件是：（1）国家 i（j）预计国家 j（i）将不会以第三方参与其他竞争；（2）有时会作为对手，但不是全部；（3）它的确是更多的反对而不是支持。在这种情况下，国家的效用与其对手的获益是负向的，但是它更多的是受到自己获益的影响而不是对手。如果双方都有同样的预期，它们的效用函数分别是，$U_i = R_i + \Delta r_j$ 以及 $U_j = R_j + \delta R_i$，此处，$-1 < \delta < 0$，如图 2—8 所示，有一定的合作空间。

第三种情况，双方都预期对方将在以后所有的竞争中提供支持而不是反对。这种情况下，国家的效用与对方的获益是正相关的关系，两国的效用函数分别是：$U_i = R_i + \delta R_j$ 以及 $U_j = R_j + \delta R_i$，此处，$0 < \delta < 1$，如图 2—9 所示，合作的空间相当广泛。

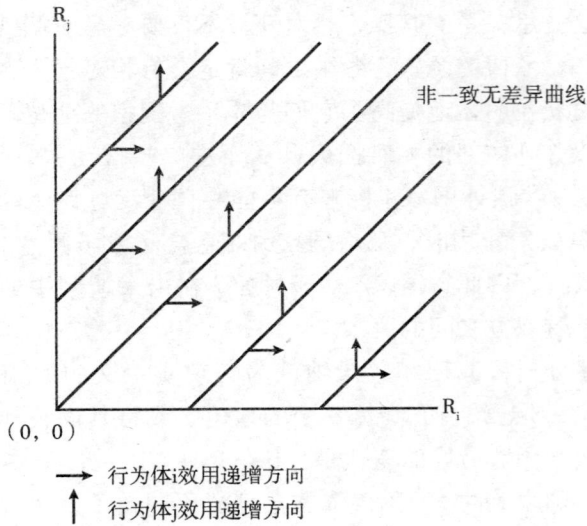

图 2 - 7　负收益依赖与等边际效应的无差异曲线

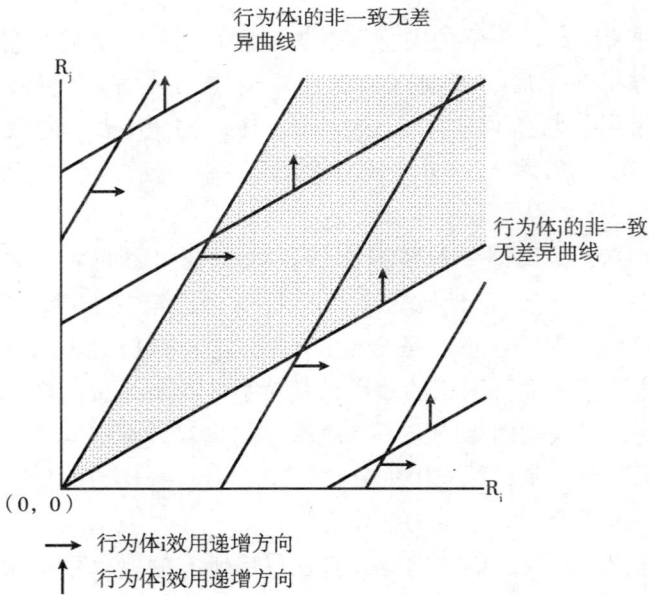

图 2 - 8　负收益依赖与非等边际效应的无差异曲线

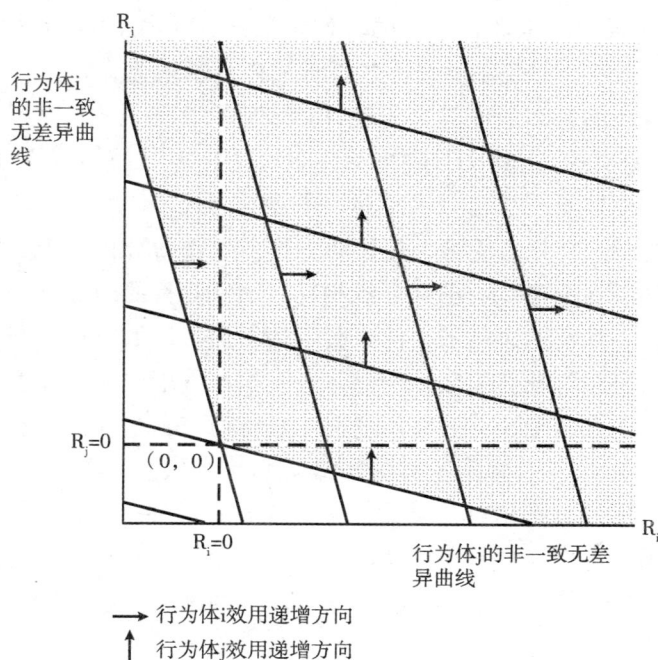

图 2 - 9　正收益依赖的无差异曲线

上述三种情况表明：即使在中央权威缺失的环境中，使用武力是有效的政策工具的情况下，合作的可能性将取决于国家对对方在将来竞争中所扮演角色的预期。

2. 国家数目与国际合作

同许多新现实主义者一样，约瑟夫·格里科指出，国际体系的无政府状态导致国家担心它的独立性，这种担心需要国家关心其他国家的相对权势，因此，对相对权势的关注使国家间的合作变得非常困难。作为对约瑟夫·格里科的回应，当肯·斯奈德认为，当体系中的国家超过两个时，相对获益阻止国际合作的负面影响将会大大减弱。[1] 詹姆斯·莫舍尔（James Mosher）在《国际体系中国家数目增加时的相对获益关注》一文中指出，由于两个不明确和不完善的假设，当前关于体系中国家数目增多时对相对获益影响的分析是不完整的，这两个假设

---

[1]　Duncan Snidal, "Relative gains and the pattern of international cooperation", *American Political Science Review*, Vol. 85, No. 3 (September 1991), pp. 701—726.

是：（1）体系中国家数目增加的具体含义；（2）关注相对"绝对"获益（relative "absolute" gains）。詹姆斯·莫舍尔认为，首先，当今导致国家数目变化的机制既可以是分裂（例如苏联的解体），也可以是合并（例如欧盟的出现）；其次，应当关注相对"比率"获益（relative "percentage" gains）而不是相对"绝对"获益。

运用这两个变化的假设，詹姆斯·莫舍尔重新分析了国家数目的增加对合作的潜在影响。与已有分析相反，国家数目的增加不一定减弱相对获益关注。在某些条件下，国家数目的增加可以如当肯·斯奈德所宣称的那样减弱相对获益关注，但是，在其他条件下，相对获益对合作的负面影响仍不会改变，甚至有所增强。具体而言，当一国分裂为多个国家（如苏联）时，这些国家虽然与未分裂大国（如美国）的讨价还价的能力在减弱，但是相对获益的影响也会减少，从而增加合作的意愿；而当多个国家重新组成一个"大国集团"（如欧盟）时，新出现的大国集团的讨价还价能力在增强，但是相对获益的影响也在增加，从而减弱了合作的意愿。①

3. 非纯粹的公共物品与国际合作

新现实主义和新自由制度主义在分析国际合作时有一个共同的前提假设，即国际合作是一个公共物品。尽管这一前提假设受到许多学者的严厉挑战，但却没有一位学者给出关于国际合作的新的假设。马修·科斯特洛（Matthew Costello）在《非纯粹的公共物品、相对获益与国际合作》一文中对此进行了专门研究，他构建了一个新的国际合作模型，假设国际合作是一个俱乐部物品（a club good），而不是一个纯公共物品（a pure public good），与纯公共物品所具有的特性——非竞争性与非排他性相反，俱乐部物品的特性是：既具有竞争性，又具有排他性。马修·科斯特洛认为，通过把国际合作看作是一个俱乐部物品，有助于人们在一个寻求相对获益的世界中去探析国际合作的结构而不仅仅是国际合作的可能性。马修·科斯特洛认为约瑟夫·格里科的国家效用函数 $v(x_i) = b_i - k(b_j - b_i)$（这与前面提到的效用函数 $U = V - k(W - V)$

---

① James S. Mosher, "Relative Gains Concerns When the Number of States in the International System Increases", *The Journal of Conflict Resolution*, Vol. 47, No. 5 (October 2003), pp. 642—668.

是一样的）过高地估计了国家对相对获益的关注，国家获得的并非是一个零报偿，即使当它被排除在一个机制之外时，因为它本身就存在一个绝对报偿，而且它可以参加另外一个联盟。因此，即使国家不情愿合作，它可能也不介意其竞争对手获益。

在此认识基础上，马修·科斯特洛假设，一国可以获得绝对报偿（a），这被看作是相对于竞争对手的净获益的底线报偿（baseline payoff），这将改变原有的报偿，因此，约瑟夫·格里科的效用函数改为：$v(x_i) = (b_i - a_i) - k[(b_j - a_j) - (b_i - a_i)]$。与此相反，也可以给出它的成本函数，其中，孤立竞争对手的成本既要与底线报偿相比，也要与排外的相对成本相比。这样，一个歧视性联盟（d）将既与绝对报偿相比（a），也要与非歧视性联盟相比（b），因此，我们可以将排外的成本模式定义为，被排除在行为体 j 之外强加于行为体 i 的成本必须等于或大于行为体 i 从没有行为体 j 参加的联盟中的获益。因此，可以将成本函数定义为：$v(x_i) = (d_i - a_i) - k[(b_i - d_i) - (b_i - d_i)] \geq 0$，此处，$b_i$ 是行为体 x_i 从不对行为体 x_j 实施歧视政策的联盟中的获益；b_j 是行为体 x_j 的获益，以给定的 x_i 的联盟选择（x_j 可以是联盟成员，也可能被联盟排除在外，如果是后者，它将与其他行为者形成一个将 x_i 排除在外的联盟）；d 是从对 x_j 实施歧视的联盟中的获益，绝对获益和相对获益都给予了考虑。然而，绝对获益（d-a）是相对于被排除在外的净成本（b-d）来说的，它减去了强加于竞争者身上的成本。这一模型表明从歧视中的获益必须至少等于孤立竞争者的成本。经过调整的效用函数是对当肯·斯奈德观点的一大挑战。当肯·斯奈德认为，国家越小，越害怕大国的获益，因为此种情况下相对获益的差距最大。①

与此相反，在相对净获益模型中，如果非对称足够大，小国不可能阻止大国的获益，也不可能去关心大国的相对获益。事实上，这一模型更主要的是表明，只有实力相当的国家才会关注相对获益，因为小国不可能承担被排除在大国之外的成本，而大国却可能剥削小国。在只有几个大国组成的世界中，大国之间可能会比较关注它们之间的相对获益，而小国将仅仅关注绝对获益。为了寻求结盟，大国努力争取小国的忠诚

---

① Duncan Snidal, "Relative gains and the pattern of international cooperation", *American Political Science Review*, Vol. 85, No. 3（September 1991）, pp. 701—726.

以孤立竞争者，同时抬高小联盟的成本。这一模型强调国家对于相对获益或绝对获益的偏好取决于体系中权力的分析。也就是，它既考虑了现实主义的结构元素，同时又假设国家关注绝对获益，这无疑为现实主义与自由主义之间架起了一座桥梁，从而避免了约瑟夫·格里科效用函数中的僵硬分析。马修·科斯特洛运用这两个经过修改过的效用函数进行了个案分析，得出的结论是：第一，当国家相对权势能力大大转变支持合作者时，其竞争者的相对净获益的重要性大大减弱；第二，能力的转换将导致更大的均衡，这将为创造范围更广的联盟提供机会；第三，如果国家考虑相对获益，国际合作将采取歧视竞争者的俱乐部的形式，该俱乐部在一段时期内是稳定的，但不是长久的；第四，在某种程度上，某种领域内对权力的考虑有可能破坏这一模式，合作的结构有可能在近期采取歧视性的集团形式，但它们恰是长期全球合作的垫脚石。①

4. 相对获益的特点

新自由制度主义虽然认为新现实主义关于相对获益的结论有失偏颇，但也指出如果担心伙伴国的获益能够在未来转换成各种类型的优势，国家也将考虑相对获益，而且也承认对相对获益的考虑将阻止合作。相对获益如此重要，学术界对相对获益的特点却鲜有问津，这不能不说是国际关系研究中的一大缺憾。美国学者戴维·罗西瑙（David Rousseau）在一定程度上弥补了这一缺憾，他在《动机选择：国际政治中相对获益的特点》一文中，对相对获益的特点进行了深入研究。第一，相对获益的重要性因参与者不同而有很大不同。那些持有强烈新现实主义信念的行为者要比那些持有强烈理想主义信念的行为者更加喜欢强调相对获益的重要性。第二，对方的性质强烈影响的着相对获益的特性。被认为是军事或经济威胁的国家要比那些不是威胁的国家会更关注相对获益。第三，外部环境强烈影响的着相对获益的重要性。相对获益的重要性在安全问题要比在非安全领域的问题更重要，因为安全领域的威胁大于非安全领域的威胁。第四，行为体通常会实施选择型策略或混合型策略（如，收益中的相对获益和损失中的绝对获益）来代替纯粹的相对获益或纯粹的绝对获益策略。戴维·罗西瑙的分析对于当今的国

① Matthew J. Costello, "Impure Public Goods, Relative Gains, and International Cooperation", *Policy Studies Journal*, Vol. 24, No. 4, 1996, pp. 578—594.

际关系研究有四大重要贡献：第一，这一发现支持了新现实主义与自由主义的综合。第二，理论探讨与实践发现为建构主义与新现实主义和自由主义联系起来提供了一个机制。第三，这一分析将社会化问题与学习提到一个突出的地位。第四，这一发现指出了将情境结构与个人层次的信念结合在一起的价值。①

（四）有待进一步深入研究的问题

1. 关于谁更关注相对获益，小国还是大国

有学者指出，在国际合作中，小国更加关心相对获益，因为它们担心被大国欺负。因此，为了消除小国合作的疑虑，大国可能给小国提供超过平均值的获益。② 本书认为，首先，小国"关心相对获益"与"担心被欺负"没有直接的因果联系。如果小国真的"担心被大国欺负"，即使大国做出让步，小国可能也不情愿与大国进行合作，因为小国从合作中的获益不足以弥补它与大国之间的巨大差距。况且，如果大国有欺负小国意愿的话，大国根本无需与小国合作就可以直接利用其优势"欺负"小国。其次，小国在与大国合作时，如果考虑相对获益，必须满足一个条件，即此小国将彼大国视为竞争对手（甚至敌人），只有在这种情况下，它才会担心被此大国欺负，国际社会不乏这样的例子（美朝关系）。再次，在大多数情况下，小国之所以"关注"相对获益只不过是小国与大国讨价还价时所使用的一种手段而已。另外，在国际合作中，只有小国更加关注相对获益吗？恐怕未必，尤其是对于正处于国际体系顶端的霸权国而言，为了维持其霸主地位，它更加关注其竞争对手的一举一动，唯恐其竞争对手在合作中获得相对优势，从而威胁到其霸主的地位。因此，是小国还是大国更加关注相对获益没有定论，这要视具体情况和具体问题才能做出具体判断。

2. 关于事务之间的联系

有些学者，例如查尔斯·利普森（Charles Lipson），倾向于认为国际事务之间是分开的，而不是联系的，在经济事务领域，国家间关注的主要是绝对获益问题，所以合作容易产生；而在军事安全领域，国家间

① David L. Rousseau, "Motivations for Choice: The Salience of Relative Gains in International Politics", *The Journal of Conflict Resolution*, Vol. 46, No. 3 (June 2002), pp. 394—426.

② Duncan Snidal, "Relative gains and the pattern of international cooperation", *American Political Science Review*, Vol. 85, No. 3 (September 1991), pp. 701—726.

关注的主要是相对获益问题，所以合作很难达成。[①] 有些学者，主要是新自由制度主义者认为，各个事务之间的紧密联系强调持续，因此有助于合作，例如，美国通过向埃及提供经济援助来换取埃及对美国中东政策的支持。还有一些学者，主要是新现实主义者认为，相信两个事务相互联系的国家，就会相信在某一个事务领域中相对权势的变化会影响另一个领域的相对权势……所以，事务间的联系阻碍而非促进合作。[②] 本书认为，首先，事务之间是否存在联系不是既定的；其次，即使事务之间是联系的，事务之间的联系与国家关注相对获益还是绝对获益这一问题也没有直接的联系，就是说，事务之间的联系并不一定有助于国家之间合作的达成，也并非就增加国家之间合作的难度。事务之间的联系是阻碍还是促进合作取决于存在联系的事务之间所产生外部性是积极的还是消极的。如果产生的是积极的外部性效应，则有助于促进国家间的合作，反之，如果产生的是消极的外部性效应，则将阻碍国家间合作的产生。

3. 关于孰对孰错

新现实主义从相对获益出发，得出国际合作不易达成的结论，而新自由制度主义则从绝对获益出发，得出国际合作可以达成的结论。有学者据此而称在国际合作问题上，新现实主义是"悲观"的，新自由制度主义是"乐观"的。仅从结果来看，此判断无可厚非，但是如果进而得出结论："悲观派"是错误的，"乐观派"是正确的，那就大错特错了。如上所述，相对获益阻止国际合作具有一定的合理性与现实性，国际关系中存在的大量事实可以证明这一点。然而，国际关系中的许多事实，有时只用相对获益也解释不清。例如，20世纪五六十年代的美国对西欧和日本所采取的贸易政策，显然没有受到相对获益的太大影响，因为美国同意西欧和日本的商品自由进出美国市场而默许西欧和日本对美国商品关闭其国内市场，该政策显然不利于美国，但是，这一不均衡的贸易格局并没有使美国放弃美国与西欧和日本的合作。同样，国际社会中无处不在的合作，证明绝对获益促成国际合作的结论在一定程

---

① Charles Lipson，"International Cooperation in Economic and Security Affairs"，*World Politics*，Vol. 37，No. 1，（October 1984），pp. 1—23.

② Joseph Grieco，"Anarchy and the Limits of Cooperation：A Realist Critique of Newest Liberal Institutionalism"，*International Organization*，Vol. 42，No. 3（August 1988）：pp. 485—507.

度上是正确的，但是，并非出于绝对获益的考虑就肯定能促进国际合作，国际关系中不乏这样的案例，例如，世界和平是人人所向往的，但是各国并未因此而携手合作，反而更常见的是各国之间的冲突与纷争。因此，相对获益与绝对获益各有其适用的范围和条件，不能简单地说说谁对谁错，也不能无限夸大它们之间的差异，正如罗伯特·杰维斯曾明确指出的那样，"现实主义与新自由主义在相对获益与绝对获益问题上的差异不应被无限夸大"[①]。

综上所述，在国际合作中，我们不能简单地说是绝对获益重要还是相对获益更重要，也许两者都是，也许两者都不是。新自由制度主义者所说的绝对获益最重要可能是错误的，新现实主义者关于相对获益通常优先于绝对获益的假设也是有失偏颇的。应以变量而不是常量对待相对获益和绝对获益，这取决于具体的时间、具体的领域以及具体国家的观念。总之，绝对获益与相对获益如同一枚硬币的两面，不能简单地把两者决然割裂开来，也不能简单地把相对获益与国际冲突联系在一起，把绝对获益与国际合作联系在一起。我们既要区分相对获益与绝对获益的概念，又要综合考虑相对获益与绝对获益的因素，前者有助于我们理解国际冲突与合作关系的实质，而后者有助于我们做到对国际合作正确且全面的认识。

三　国内学界国际合作研究的新进展

自 20 世纪 90 年代尤其是进入新世纪以来，国内学界在引介、学习国外国际合作理论的基础上，亦有了一些自己的观点和看法。

（一）制度化与国际合作

惠耕田博士在《制度、制度化与国际合作的再解释》一文中探讨了制度、制度化与国际合作之间的关系。文章认为，制度性合作是制度化合作的起点，其条件是制度安排必须有助于行为体从长远角度考虑共同利益。但是只有在规范语用学的指导下，行为体的互动模式才有可能产生正向认同，共同利益才有可能出现更新和扩张的态势，制度化合作的现象才有可能持续。这种互动模式正是制度化导致合作深

---

① Robert Jevis, "Realism, Neoliberalism, and Cooperation: Understanding the Debate", *International Security*, Vol. 24, No. 1 (Summer 1999), pp. 42—63.

化的附加条件。①

（二）沟通与国际合作

惠耕田博士在《试论国家行为体的沟通能力》和《沟通理性与国际合作》论文中探讨了沟通与国际合作之间的关系。文章认为，在国际关系研究中国际合作是位于互动层次的现象。华尔兹的结构现实主义和温特的结构建构主义分别强调物质结构和理念结构的重要性，但二者都追求结构性解释，其解释力难以覆盖位于互动层次的国际合作。新自由制度主义理论立足互动层次，认识到了合作中对获益差距敏感系数（K）值的条件性问题，但由于坚持个体主义的本体论和方法论，只能解释 K > 0 而难以充分解释 K < 0 或 K = 0 的情况，借助行为体沟通理性的假定和建构主义互动论原理可以推论出沟通有助于社会信任的建立，从而有助于解决信息真实性问题以及相对获益对合作的干扰问题，进而推动国际合作的持续进行。因此，沟通能力回归研究视野将为国际合作研究开辟空间，也从普遍语用学的角度丰富了建构主义互动论。②

（三）国内观众成本与国际合作

林民旺博士在《国内观众成本理论与国际合作》论文中探讨了国内观众成本与国际合作之间的关系。文章认为，观众成本理论是理性主义国际关系理论的最新发展。这一理论指出，由于国际事件的公开性，使得领导人的行为越来越受到国内外政治观众的关注，因此在国际互动中存在着观众成本。由于观众成本是代价高昂的信号，因此可以传递国家的真实意图，增强承诺的可信性，以促成国家间的合作。③

（四）进程与国际合作

黄真博士在《国际合作：一种进程的视角》论文中，探讨了进程与国际合作之间的关系。文章认为，西方主流国际关系理论皆从体系的结构层次来理解合作的产生和维持，而作为体系重要组成部分的进程，却一直没有得到国际合作研究的重视。文章认为，进程即合作，都是社会化的互动过程。国家在进程中通过学习、内化和建构规范以及创建集体身份等方式，为合作形成关键的认同基础，合作得以依托进程演化而

---

① 惠耕田：《制度、制度化与国际合作的再解释》，《国际论坛》2009 年第 4 期。

② 惠耕田：《试论国家行为体的沟通能力》，《外交评论》2008 年第 4 期；惠耕田：《沟通理性与国际合作》，《世界经济与政治》2009 年第 2 期。

③ 林民旺：《国内观众成本理论与国际合作》，《教学与研究》2009 年第 2 期。

来，而合作的开展，又能进一步再造规范，深化共识，扩大共有利益，从而推动进程的延续。进程与合作构成共生共荣、相互维系、相互促进的关系，同时又互为因果，互为手段和目的，并表现为一个永恒动态、不断进化的过程。进程合作论的理论和伦理价值表现在：进程的社会化特征在某种程度上能够弱化权力色彩，突出国际合作的观念认同基础，重视进程、观念与合作的动态和建构特征；肯定国家的能动性、主动性和实践性能够使彼此成为"合作者"，从而超越冲突逻辑，实现国际社会的进化；进程合作论强调的平等、尊重、对话、学习等体现了国际关系基本原则，为国家政策制定提供指导意义。①

（五）国际关系学科史视域下的国际合作

石贤泽博士在《国际关系学科史视域下的国际合作研究：一种单向度的关联分析》论文中从国际关系学科史的视域探讨了国际合作研究。文章认为，时间上，国际合作研究主要兴起于 20 世纪 70 年代末；空间上，国际合作研究真正诞生于美国；理论载体上，国际合作研究主要存在于新自由主义理论中。国际合作研究的上述特征受到国际关系学科发展历史的深刻影响，国际关系学发展历史中的"国家知识霸权"的演变、"范式知识霸权"的更替、"大争论的学科发展模式"、"着重于行为研究和语言研究的重大知识革命"对国际合作研究具有重大影响，在一定程度上解释了国际合作研究为何呈现出这样的时空特征和理论特征。②

第三节　全球化与国际合作

阿尔及利亚总统阿卜杜勒 – 阿齐兹·布特弗利卡（Abdelaziz Bouteflika）曾经形象地指出："经济全球化的列车已经开动，不管你是否坐在车上。"③ 因此，当下我们要关注的不是要不要全球化，而是想要什

---

① 黄真：《国际合作：一种进程的视角》，《社会主义研究》2009 年第 1 期。

② 石贤泽：《国际关系学科史视域下的国际合作研究：一种单向度的关联分析》，《外交评论》2008 年第 4 期。

③ 转引自于培伟《经济全球化的"续"与"变"》，《经济研究参考》2007 年第 2 期。

么样的全球化。① 然而，"什么样的全球化"（或者高级全球化）不是自然而然产生，而是取决于每个国家的所作所为，如果各国无动于衷，任其发展，很有可能是"恶性的全球化"，如若期待"良性的全球化"（或者高级全球化），各国只有合作一条路可选。② 因为无论一个国家多么强大，都无法单枪匹马应对当前全球化的各种挑战。可以说，加强国际合作，共同应对全球化挑战，是建立"良性的全球化"（或者高级全球化）向人类社会提出的要求。

一　全球化背景下国际合作的必要性

（一）加强市场监督和宏观调控需要国际合作

经济全球化的实质是市场经济的全球化，因而它可以通过市场机制的作用极大地促进世界经济总体的效率。但是，由于市场自身存在失灵现象，在全球化的推动下，市场失灵更因"传染机制"和"蝴蝶效应"而进一步扩散或放大，增加了世界经济运行的整体风险。因此，全球化不能一切都听从市场的安排，恰恰相反，全球化若要健康发展迫切需要建立更加有效的全球协调机制。正如德国著名学者乌尔里希·贝克所言："全球化的发展对与其息息相关的国际规则的要求、对跨边界互动行为的国际条例与制度的要求都提高了。"③ 所以，为了进行全球经济的调控，为了尽量规避市场失灵进而降低世界经济运行的风险，单凭任何一个国家的力量都是不足的，需要各自独立的主权国家相互合作，加强宏观经济调控的协调，尽量解决全球框架下的市场失灵。

（二）反对贸易保护主义需要国际合作

被誉为"市场之父"的亚当·斯密早在 300 多年前就说过，如果按照市场经济规律从事，所有国家完全都从自我利益出发而不考虑他国或国际社会的利益，也能够增进整个国际社会的福利。后来的大多数经济学家也都承认，实行自由贸易政策对任何国家都有好处。然而，任何时候都会有些国家在某些利益集团的促使下就某一方面采取贸易保护主义政策，事实上，在某一特定阶段，采取贸易保护主义政策可能会给某一

---

① 陈建福：《全球化、世界性贫困以及全球性公正》，《太平洋学报》2007 年第 3 期。
② 对全球化最好的管理或治理是建立一个"世界政府"，然而，在可见的将来，"世界政府"是不可能建立起来的。因此，应对全球化不能寄希望于"世界政府"。
③ ［德］乌尔里希·贝克：《应对全球化》，《马克思主义与现实》2008 年第 2 期。

利益集团带来好处，但对整个国家利益而言不一定有益，反而会有害。现在人们都已清楚，为什么 1929 年爆发的经济危机破坏性那么大（甚至有学者将之与第二次世界大战的发生联系起来）？主要原因在于危机发生后，世界各国尤其是各大国之间不仅没有采取任何合作措施，反而是各自为政，实施了臭名昭著的"以邻为壑"的政策，结果可想而知。也许是吸取了这次危机的沉痛教训，当 2008 年金融危机发生后，世界各大国纷纷表态要加强国际合作，严禁实施各种形式的贸易保护主义。正是在世界各国尤其是各大国的还算比较真诚的合作下，危害性、波及范围远甚于 1929 年金融危机的此次金融危机并没有人们想象的那样可怕。令人可喜的是，2009 年以来，世界经济已经出现缓慢复苏的迹象。当然，这场旷世金融危机能否最终消除，还有待于世界各国继续地合作下去。①

（三）国家自身问题的解决需要国际合作

在全球化深入发展的大背景下，任何国家的前途命运都日益紧密地同整个世界的前途命运联系在一起，任何国家国内的政治、经济、安全与文化等问题都受到国际社会相关问题的制约和影响。换句话说，任何国家想要完全凭自己的力量充分解决自己国内的任何问题已变得越来越困难，需要与其他国家展开合作。合作是任何国家在全球化背景下实现自我发展的最好选择。日本学者星野昭吉指出，在地区和全球性相互依存日益加深的过程中，国家如果不进行国际性协调，就不能为自己的国民提供财富与服务。②

（四）全球化规则的修正与制定需要国际合作

第一，全球化规则的修正需要国际合作。

众所周知，当下运行的全球化规则大多是第二次世界大战后由发达国家主导建立的，相应地，这些规则大多体现发达国家的根本利益，而无视或忽视了发展中国家的基本利益，尤其是在当今的全球化时代背景下，其不合理性、不平等性更加凸显。难怪有学者这样责难道："现有的三大国际经济组织无一能够真正承担起'全球政府'的角色，缺乏

① 需要引起极大关注的是：2010 年以来，一些国家和地区展开了汇率之战（竞争性货币贬值），如果任由其发展，很有可能导致贸易战争，世界经济将因此而陷入衰退与混乱之中。

② ［日］星野昭吉：《全球社会和平学》，梁云祥等译，北京师范大学出版社 2007 年版，第 69 页。

对全球经济的有效调控。"① 法国外长于贝尔·韦德里纳（Hubert Vedrine）更是直言不讳地说："目前国际组织很多，比如世界银行、国际货币基金组织、世贸组织，但是没有一个是运行良好的。我们要尽快地对这些多边机构进行改革。"② 联合国早在 1990 年的《人文发展报告》中便发出"全球化规则亟待改变"的倡议。近 20 年时间过去了，"全球化规则亟待改变"已成为各国共识，期间，关于全球化规则（包括如联合国之类的国际组织）改革的具体方案不少，但均收效甚微，原因何在？各国间缺乏真诚的合作是重要原因之一。

第二，全球化新规则的制定需要国际合作。

针对新出现的问题需要制定新的全球化规则。自 2008 年国际金融危机爆发以来，G20 的表现可圈可点，得到了国际社会的一致赞许。但是 G20 也有其脆弱性和不稳定性，其中最迫切的问题便是为 G20 建立具体的规章制度，以便在今后的国际事务当中发挥越来越有效和越来越重要的作用。借鉴以前的经验，全球化规则的制定一定要坚持平等原则，所有国家都有发言权，经过各国充分地协商，尽最大可能使制定的全球化规则符合大多数国家的利益。从而使大多数国家自愿地遵循全球化新规则。

（五）和平化解冲突需要国际合作

冲突是国际关系的常态，即使是在当今"和平与发展"时代主题的全球化背景下，冲突仍会不可避免地发生，关键是采取何种方式化解冲突。众所周知，自古以来，人类常常采取战争的方式来解决冲突，认为战争是国家的固有权利，但是结果怎样呢？此次战争的终结只是下次战争的开始。当这一"人为"现象一再重复出现时，一些现实主义人士得出了"国际政治的本质——冲突——永不变化"的悲观结论。但是人类社会毕竟是螺旋式向前发展的，以武力和战争来解决冲突的方式日益受到限制，这主要得益于国际法的发展和全球化的发展。第一，国际法的发展。随着国际法的发展，和平解决国际争端的思想得到普遍接受，国家的"诉诸战争权"逐渐受到了限制。首先是 1907 年海牙和会上通

---

① 杨丹辉：《全球化时代国际经济关系的矛盾与冲突》，《中共中央党校学报》2007 年第 1 期。

② ［法］于贝尔·韦德里纳：《对全球化的思考》，《外交评论》2007 年第 2 期。

过的《和平解决国际争端公约》，其次是 1928 年签订宣布全面禁止战争行为的《白里安—凯洛格公约》（又称《巴黎非战公约》），直至 1945 年签署《联合国宪章》，明文规定不得使用武力威胁或武力侵害任何国家。第二，全球化的发展。随着全球化的深入发展，世界政治经济发生了很大的变化，各国相互依赖日益紧密。这种状态导致武力在化解冲突问题中的作用在下降。由此，只能和平化解冲突，那么如何和平地化解冲突呢？国际合作是唯一的选择：或者冲突各方的合作；或者第三方（包括国家、国家集团和国际组织）的介入；或者通过国际仲裁。

（六）维护世界和平需要国际合作

冲突是国际关系的常态，但并不表明冲突时时存在。如果说和平地化解冲突需要国际合作的话，那么维护世界的和平更离不开国际合作，毕竟化解冲突只能保证一时的和平，而和平需要长久地维护。一国如何实现和平？除了自己渴望和平之外，还必须有一个前提条件，即无他国有意破坏。一国和平尚且如此，更何况世界和平的维护，除了各国的共同合作别无他途。美国著名国际关系学者约瑟夫·奈在《硬权力与软权力》中多处讲到了这一观点："没有任何一国可以单独构建一个更好、更安全的世界"、"全球化并未改变一个事实，那就是，世界上没有美国将一事无成；而新行为体的大量出现意味着，美国一意孤行将成效甚微"、"美国在 21 世纪面临的问题是，越来越多的事务超出即使世界上最强大的国家的控制之外。……在信息革命和全球化的影响之下，世界政治发生了巨大变化，这意味着美国不可能像过去那样依靠自己的力量实现其所有国际目标。举例来说，国际金融稳定对美国的繁荣至关重要，但美国只有与其他国家合作才能确保这一点"[1]。俄罗斯历史学博士叶夫根尼·巴扎诺夫也指出："美国将会意识到，在这个相互依存的世界里，许多复杂问题只能通过与其他国家建立密切的平等伙伴关系才能解决。尽管美国越来越想独霸世界，让其他国家成为按照美国旨意行事的'小伙伴'，但是当代世界的现实将促使美国更现实和更理智地奉行合作的政策。美国也越来越依靠其他国家。"[2] 当然，这种合作必须

①　[美] 约瑟夫·奈:《硬权力与软权力》，门洪华译，北京大学出版社 2005 年版，第 211、201、184 页。

②　[俄] 叶夫根尼·巴扎诺夫:《多极世界的必然性》，《国际生活》（俄罗斯）2003 年 8 月号，转引自《参考消息》2003 年 9 月 13 日。

是建立在相互尊重主权的基础上，正如哥伦比亚总统埃内斯托·桑佩尔·皮萨诺（Ernesto Samper Pizano）所说："为了预防因贫困、不发达、不公正和不平等而引起世界大战，我们应该要求所有国家进行国际合作。我们不乞求怜悯，我们要求的是公正、公正的贸易规则、获得技术、获得价格合理的资金来源和对我们主权的尊重。"①

（七）谋求共同发展需要国际合作

只有一国或几国发展，实现世界和平难于上青天；世界各国共同发展，实现世界和平指日可待。而谋求共同发展离不开国际合作，它要求：第一，一国在谋求自己国家利益时，即使不能同时促进国际社会的整体利益，至少也不能损害其他国家的正当利益。第二，当自身国家利益与他国国家利益发生矛盾时，要采取合作态度，通过协商或谈判的方式，尽可能争取双方利益的共赢。历史与实践反复证明，通过国家间合作可以实现单个国家难以实现的国家利益。正如胡锦涛在联合国成立60周年首脑会议的讲话中所强调指出："加强国际合作，促进共同发展，实现互利共赢，是联合国的重要宗旨，也越来越成为实现各国共同发展繁荣的重要途径。"②

（八）国际规则、规范、准则的真正实施需要国际合作

《战国策·楚策四》有言："见兔而顾犬，未为晚也；亡羊而补牢，未为迟也。"意思是说，"看见兔子才想起猎犬，这还不晚；羊跑掉了才补羊圈，也还不迟"。比喻出了问题以后想办法补救，可以防止继续受损失。然而，实际中真正能做到"亡羊补牢"的并不多见，往往是错误一犯再犯。日常生活如此，更何况处于无政府状态下的国际社会。以国际金融危机为例，每次金融危机发生后，受害国均深恶痛绝，下决心采取恰当措施，制定规则或准则以防止金融危机的再次爆发。然而，事实是残酷的，金融危机仍会不期而至。是国际社会没有制定规则、规范或准则吗？或者制定的规则、规范或准则不具有可操作性吗？都不是，例如，七国集团已经在财政透明度、货币和金融政策、银行监管、数据传播、公司治理和财务方面建立起了国际准则

① 《哥伦比亚总统桑佩尔认为：经济全球化使贫困国家吃亏》，埃菲社卡塔赫纳1996年5月15日电，转引自《参考消息》1996年5月20日。

② 胡锦涛：《努力建设持久和平、共同繁荣的和谐世界——在联合国成立60周年首脑会议上的讲话》，《人民日报》2005年9月16日。

和标准。① 准则可谓是清晰，具有一定的可操作性，但是，破坏性丝毫不在 1929 年世界经济危机之下的金融危机照样发生了。原因何在？是制定的国际规则、规范或准则得不到认真地贯彻执行。1994 年生效的《联合国气候变化框架公约》中，规定了发达国家有义务向发展中国家转让环保技术并提供资金支持。但由于缺乏相应的实施机制，十几年来发达国家在履行这些义务方面几乎没有什么进展。为什么不能贯彻执行？是缺乏各国之间真诚的合作。再举一例，关于南南合作，不仅许多发展中国家的区域性和全球性的组织制定了许多宣言和行动计划，如《不结盟和经济发展宣言》、《不结盟与其他发展中国家经济合作行动纲领》、《阿鲁沙集体自力更生纲领和谈判纲要》、《关于南南合作的平壤宣言和行动计划》等，而且联合国大会和各专门机构也通过了不少决议。发展中国家的代表为制定和争取通过这些宣言、纲领、行动计划和决议等，做了很大努力。然而实际上这些文件的内容，多未得到贯彻执行。因此，在有些人看来，"南南合作"只不过是为了表示发展中国家团结一致的一种政治口号而已。这种认识和判断固然有些武断，但是"文件的内容多未得到贯彻执行"毕竟是事实，为何？还是缺乏各国之间真诚的合作。因此，缺少良好的国际规则、规范或准则不可怕，这些规则、规范或准则早晚有一天会制定出来，可怕的是，良好的国际规则、规范或准则已存在却得不到贯彻执行。

总而言之，规则的修正与制定固然重要，但更重要的是规则的实施。与全球化规则的修正与制定需要国际合作一样，全球化规则的实施同样需要国际合作。由于全球化规则的非强制性，一些国家在全球化规则的实施过程中要么采取"搭便车"行为，要么干脆置之不理，致使全球化规则无法得以正常实施，自然达不到预期目的。为了防止全球化规则流于形式，相关国家应该加强合作，通过建立一定的监督或约束机制来保障全球化规则的顺利实施。

（九）人类社会的进步与发展需要国际合作

按照马克思主义的辩证法和唯物史观，人类社会终究会进步，由低

---

① ［美］D. 罗得里克：《全球化不是通向发展的捷径》，《国外社会科学》2002 年第 3 期。

级向高级发展，对此我们深信不疑。马克思同时还指出，人类社会的进步不会一帆风顺，肯定会遇到挫折，呈现出螺旋式的发展态势，对此我们更是深信不疑。因为世界上的国家，民族种族不同、社会发展模式不同、文化不同、社会制度不同，所有这些差异如果处理不好，便有可能激化矛盾，导致冲突。因此，为了使人类社会的进步与发展更顺利一些，更少走一些弯路（完全避免是不可能的），这需要所有国家增进信任，争取合作共赢，从而推动人类社会的发展与进步。

（十）全球问题和挑战需要国际合作

既然是全球问题和挑战，肯定是涉及所有国家（或大多数国家）的问题和挑战。那么，全球问题和挑战的解决至少需要两个条件："自扫门前雪"与"团结互助"①。首先是"自扫门前雪"，即一国尽最大努力解决国家范围内的问题，这是任何国家都应该持有的态度。但是仅此还不够，由于全球问题具有跨国性和不可分割性，这就需要"团结互助"，即世界各国共同行动以解决全球问题。这两个条件缺一不可。只有前者没有后者，试图从根本上解决全球问题只能是一句空话，例如沙尘暴，日本环保做得再好，只要中国沙漠化治理不力，大风一刮，东京照样会出现沙尘天气。只有后者没有前者，效果还不如"只有前者没有后者"好，因为所有国家都存有"搭便车"的想法，所谓的"团结互助"只能是形式上的，或者说"只唱高调不做事"。只有前者加后者，才有可能解决全球问题和挑战。下面我们要讲的国际合作（以及后面的两个案例），都是建立在这一基础之上的。

全球问题和挑战必须依靠国际社会的共同努力，必须依靠国家间的合作，因为没有一个国家有能力（无论它的实力有多么强大）能够单独地解决全球问题和挑战。任何一个国家如果仅限于在本国范围内采取一些措施以达到解决某一全球问题的目的，那么他的努力注定要以失败告终。例如美国反恐，不仅没有肃清恐怖分子，反而是恐怖分子越来越多。它从反面说明全球性的问题和挑战只有依靠世界各国的合作才有可能解决。当前，无论是政界还是学界，"国际合作解决全球问题和挑

---

① 按照肯尼思·华尔兹的说法，"震动世界的问题需要全球性的解决方案"，但是却没有"全球性的机构"来提出这样的方案。[美] 肯尼思·华尔兹：《国际政治理论》，信强译，上海人民出版社2003年版，第145页。

战”已经成为共识。胡锦涛主席郑重指出：“全球性挑战需要全球共同应对。一段时间以来，世界多国领导人越来越经常地聚集在一起，探讨解决全球性问题之道。这说明，国际社会已经认识到，随着经济全球化深入发展，和衷共济、合作共赢是我们的必然选择。”① 联合国教科文组织秘书长马依奥尔指出：“联合国教科文组织的各种国际性机构，正如催化剂一样推动着全球合作与世界性联系的发展，如果我们认识到处于国境线以外或地球另一面的‘他者’并非一定要成为敌人，而完全可能成为朋友时，那么这些全球合作和世界性联系现在就能变得更为紧密、更为有效。”② 戴维·赫尔德说：“环境污染、毒品、人权问题和恐怖活动是急剧增加的跨国政策问题关注的中心，而这类跨国政策的制定超越了领土管辖权和现存的全球政治同盟，并要求进行国际合作，以便有效地解决问题。”③ 美国著名学者凯利·科格莱昂斯（Cary Cogliance）指出：“随着全世界人们的福祉和命运越来越紧密地联系在一起，许多全球性问题都将需要继续采取国际行动来解决。”④

（十一）变幻莫测的全球化本身需要国际合作

针对已经存在的全球问题，需要国际合作。然而，仅此还不够，因为全球化本身是变幻莫测的，它会随时出现新的问题。针对还没有出现但是将来有可能出现的问题，同样需要做好国际合作准备，这有点类似“撒切尔定律”——“意想不到的情况总会发生，你最好做好准备”⑤。为了应对全球化带来的许多不可预测的问题，各国应充分做好合作的思想准备，问题一旦出现，立即着手进行必要的协调，争取将问题产生的不良后果降低到最低程度。这是人类社会进步与发展的应有表现。经济合作与发展组织秘书长安吉尔·葛利亚（Angel Gurría）曾经警示过我们，“全球化考验我们的集体智慧。其发展的速度之快，力度之强，都

---

① 胡锦涛：《合力应对挑战 推动持续发展——在亚太经合组织第十七次领导人非正式会议上的讲话》，2009 年 11 月 15 日，于新加坡。

② ［俄］阿·恩·丘马科夫：《全球性问题哲学》，姚洪芳等译，中国人民大学出版社 1996 年版，第 134—135 页。

③ ［英］戴维·赫尔德：《全球大变革：全球化时代的政治、经济与文化》，杨雪冬等译，社会科学文献出版社 2001 年版，第 70 页。

④ ［美］凯利·科格莱昂斯：《全球化与国际制度的设计》，转引自［美］约瑟夫·奈、约翰·唐纳胡主编《全球化世界的治理》，王勇译，世界知识出版社 2003 年版，第 247 页。

⑤ 徐仲华：《研究变灾为福规律 提高防灾救灾领导能力》，《领导科学》2009 年第 20 期。

要求有更好的政策和多边合作来应对。我们也要比以往任何一个时刻都强化合作，以共同改善经济、扩大发展的受益面并解决日益增长的全球挑战"①。

二 全球化背景下国际合作的艰辛性

罗伯特·基欧汉与约瑟夫·奈指出："除非全球化的一些方面能够得到有效的治理，否则当前的全球化发展是不可能持久的。"② 尽管如此，全球化背景下国际合作的达成并非轻而易举，有许多障碍需要克服，实现过程将是非常艰辛的。

（一）理论上的解读

"从逻辑上讲，全球公共问题只为国家之间的合作提供了必要性和迫切性，但它并非可以保证国家之间在这些问题上的合作就是顺利的和可能的。"③ 美国经济学家曼库尔·奥尔森（Mancur Olson）、英国生态学家加雷特·哈丁（Garrett Hardin）以及 2009 年诺贝尔经济学奖获得者埃莉诺·奥斯特罗姆（Elinor Ostrom）对类似问题都进行了深入的研究。

1. 集体行动的逻辑

曼库尔·奥尔森在 1965 年出版的《集体行动的逻辑》一书中对集体行动困境问题的根源从理论上进行了详细的阐释。奥尔森认为，从个人理性和自利的前提中推演不出人们会作出增进集体利益的行为。"除非一个集团中人数很少或者除非存在强制或其他某些特殊手段以使个人按照他们的共同利益行事，有理性的、寻求自我利益的个人不会采取行动以实现他们共同的和集团的利益。"④ 他的论证逻辑是这样的：集体利益是一种"公共物品"，这种物品的消费具有非排斥性和非竞争性的特点，即集团中任何一个成员对此类物品的消费都不会影响其他成员的消费。奥尔森认为，并非所有的集体行动都不可能达成，一个人是否会

---

① 古利亚：《将全球化转变成巨大的发展契机》，《中国发展观察》2008 年第 4 期。

② ［美］约瑟夫·奈、约翰·唐纳胡主编：《全球化世界的治理》，王勇译，世界知识出版社 2003 年版，第 1 页。

③ 苏长和：《全球公共问题与国际合作：一种制度的分析》，上海人民出版社 2000 年版，第 9 页。

④ ［美］曼瑟尔·奥尔森：《集体行动的逻辑》，陈郁等译，上海三联书店，上海人民出版社 1995 年版，第 2 页。

参与集体行动，是理性分析和选择的结果。这一理性体现在为产生集体利益所作的投入（成本）和集体利益能够给个人带来的效益的比较中。这种比较主要考虑三个方面：个人获益度、效益独占的可能性和组织成本，而这都和团体的规模、团体的异质性有关。那么如何实现大团体的集体行动呢？奥尔森认为要靠"选择性诱因"，所谓"选择性诱因"其实就是一种激励机制，可能是惩罚性的、强制性的，也可能是奖励性的；可能是经济的，也可能是社会性的，目的都在于激励成员为集体目标而贡献。奥尔森的集体行动的理论可化简为这样一个命题：个人的理性选择并不能自发地提升社会效用，公共物品的产生要靠强制性的或选择性的方式，即要么强制执行，要么以奖惩机制来使外部性内化。①

2. 公用地悲剧

1968 年，加雷特·哈丁在《科学》杂志上发表了著名的被后人广为引用的论文《公用地悲剧》。为了论证他的观点"公共资源的自由使用会毁灭所有的公共资源"，他举了牧羊人和牧场的例子，其中牧场是公用地（commons）。哈丁认为，每增加一头羊都会带来正负两方面的影响：正面影响是牧羊人可以从增加的羊群上获得所有的利润；负面影响是牧场的承载力因为额外增加的羊群有所耗损。这里的关键是，两者的代价并不平等：牧羊人获得所有的利益，而资源的损失却转嫁到所有牧羊人的身上。因此，从理性角度考虑，每个牧羊人都希望自己的收益最大化，即尽可能增加自己的羊群，但是当所有的牧羊人都如此考虑并且无限制地放牧时，牧场被过度使用将是必然的结果。由于这样的个体行为是可以预见的，并且将持续发生，因此哈丁称之为"悲剧"（trage-dy）。在文章中，哈丁还举出了其他一些公共资源的实例，如空气、海洋、河流、鱼群、国家公园等。文章指出了解决"公用地悲剧"的几种方式：私有化（privatization）、污染者付费（polluter pays）、管制（regulation）等。哈丁认为，应该将公用地加以分类与规范，反对以良心作为管理公用地的规范。②"公用地悲剧"现象说明了在追求最大化

---

① 参见王慧博《集体行动理论述评》，《理论界》2006 年第 4 期。

② Garrett Hardin, The tragedy of the commons, Science, New Series, Vol. 162, No. 3859（Dec. 13, 1968）, pp. 1243—1248.

利益的个体之间，为实现公共利益而采取合作的集体行动是如何的困难。

3. 囚徒困境

"囚徒困境"说的是个人最佳选择并非团体最佳选择。本章第二节已对此问题进行了阐述，此处不再赘述。

4. 自主治理理论

埃莉诺·奥斯特罗姆在 1990 年的《治理公共事务》和《公共服务的制度建构》等著作中系统地阐述了"自主治理理论"（Self – Governance Theory）。作者指出，传统分析公共事务的理论模型（奥尔森的集体行动逻辑、道斯等人的"囚徒困境"及哈丁的"公用地悲剧"），提出的解决方案不是市场的（私有化）就是政府的（通过外部强权的监督与控制），而且得出的结论往往是悲观的。她指出以政府途径为唯一或者以市场途径为唯一的途径是有问题的。在此基础上，她提出了通过自治组织管理公共物品的新途径——自主治理理论。自主治理理论的中心内容是研究"一群相互依赖的委托人如何才能把自己组织起来，进行自主治理，从而能够在所有人都面对搭便车、规避责任或其他机会主义行为形态的情况下，取得持久的共同收益"①。奥斯特罗姆认为，自主治理如若取得成功，需要具备八大制度要素：公共资源使用权的边界必须清晰、使用权的规则符合当地的情形、集体参与和集体决策、监督的规则明确、分级制裁原则、冲突解决机制、组织的自主权得到政府的认可甚至法律的保障、分层治理的制度化。

由此可见，尽管奥斯特罗姆对于如何解决公共事务给出了不同于其他学者的治理之道，给人以极大的鼓舞，但是，她所给出的药方条件之多，不是每一个组织都能轻而易举获得的，这本身也从反面说明了公共事务治理之艰难。

上述四种理论——集体行动的逻辑、"公用地悲剧"、"囚徒困境"及自主治理理论——基本上都是在国内层面而言的。我们此处探讨的是全球化条件下的国际合作问题，即全球公共事务的治理之问题。如果说在具有中央权威的国内社会处理公共事务都比较困难的话（四种理论证

---

① ［美］埃莉诺·奥斯特罗姆：《公共事物的治理之道——集体行动制度的演进》，余逊达、陈旭东译，上海三联书店 2000 年版，第 51 页。

明了这一点），那么在缺乏中央权威的国际社会处理公共事务的难度可想而知。

（二）现实中的困难

1. 意识形态、价值观念和生活方式的差异造成的困难

当今世界总计有 200 多个国家和地区，每个国家和地区在意识形态、价值观念和生活方式等方面总会有或大或小的差异，这就使得对待同一问题难免有不同的认知，从而为国际合作的达成带来障碍。

2. 政治、经济、军事、科技等领域发展的不平衡造成的困难

任何国家在任何时候都会面临各种各样的问题，既包括各种国内问题，如政治领域的问题、经济领域的问题、军事领域的问题以及科技领域的问题，也包括各种全球问题，如环境问题、粮食问题以及资源问题等。在面对上述各种国内问题和全球问题时，是优先解决国内问题，还是优先解决全球问题；是优先解决某一领域的问题，还是优先解决其他领域的问题；是优先解决某一领域某一行业的问题，还是优先解决某一领域其他行业的问题。由于在政治、经济、军事、科技等领域的不平衡发展以及不同问题对不同国家影响程度的不同，世界各国很有可能做出不同的选择。正如有学者指出的那样，全球问题并不是世界各国、各集团甚至每个人所面临的唯一问题，而只是它们所要解决的众多现实问题中的一小部分。对它们来说，全球问题的影响程度、作用方式是不完全相同的，它们在所面临的问题体系中所处的地位也不尽相同，因而要求解决的迫切程度及先后顺序也不一样，难以促成全球协调一致的实际行动。① 由此可见，尽管全球问题的解决需要国际合作，但国际合作的达成并非轻而易举。

3. 利益冲突造成的困难

国家利益是国家外交政策的出发点和归宿。不同国家之间既有利益一致的一面，也有利益对立的一面。对于后者，不难理解，利益一旦对立，国家间合作自然不易达成。对于前者，利益相同，国家间合作会自动出现吗？国际社会的现实早已给出了答案：不会。没有一个国家不热爱和平，但是各国家的表现如何呢？即使不是刀光剑影，也是摩拳擦掌。没有一个国家愿意地球上的生态环境急剧恶化，而各国的表现又如

_____

① 　王伯鲁：《全球问题的实质与解决困难》，《青海社会科学》1997 年第 5 期。

何呢？总是希望他国减排，而自己却不主动采取相关措施。所有这些，都是只从自身利益考虑带来的恶果。

4. 国家的短视行为造成的困难

通常情况下，国际合作确实能够给所有的参与者带来益处。但是，合作肯定也是要付出一定代价的。因此，总有一些"聪明"的国家力图尽量减少成本，要么采取"搭便车"行为，出工不出力，要么采取与合作相悖的行为，例如对抗，从而达到获得短期利益的目标。历史实践证明，短期利益终究是暂时的，必定导致长期的受损。然而，国家的这种短视行为毕竟在当下阻碍了国际合作的进行。

5. 国际分工不合理和国际竞争不公正造成的困难

国际分工不合理和国际竞争不公正，是历史原因造成的，极大地阻碍了国际合作的公平发展。国际分工不合理、国际竞争不公正尤其表现在经济领域，表现在发达国家与发展中国家之间。发展中国家生产力落后，经济技术不发达，它们的产品由于科技含量低而价格低廉，缺乏竞争力，不仅难以占领国际市场，而且难以占领日益开放的国内市场。它们只能靠廉价的劳动力和天然的原材料参与国际分工和国际竞争。其结果是它们成了发达国家的原材料基地和商品销售市场，经济技术的渗透不是双向的，而是单向的。这种国际分工和国际竞争不是在同一层次和水平上的，因而是不合理、不公平的。这种现实不仅妨碍了平等的国际合作，甚至还会影响到民族感情和国家尊严，导致发展中国家与发达国家的对立。① 然而，若要扭转国际分工不合理和国际竞争不公正的局面，显然是十分困难的。

三　全球化背景下国际合作的可行性

在全球化背景下，尽管国际合作的达成不会一帆风顺，但是经过世界各国的共同努力，国际合作的达成还是很有希望的，因为全球化也为国际合作创造了许多有利的前提条件。

（一）相互依赖有助于国际合作

全球化的发展使得国家间的相互依赖日趋紧密。"我们生活在一个相互依赖的时代"，这是罗伯特·基欧汉与约瑟夫·奈在其合著的《权

---

① 江畅：《全球一体与世界和谐》，《伦理学研究》2008 年第 3 期。

力与相互依赖》一书中的开篇语，早已为国际关系（或政治）学人所熟知。如果说它出自新自由主义集大成者之口还不足以让现实主义的信徒信服的话，那么，现实主义学派的典型代表人物基辛格在 1975 年亦曾说过，"我们正在进入一个新时代。旧有的国际模式处于崩溃之中。在经济、交流和人类理想等方面，世界已经变得相互依赖"①，则足以让现实主义的信徒们哑口无语。

有学者指出，相互依赖本身并不会自动导致合作的实现。理由是：第一，相互依赖的增强意味着有关国家间接触面的扩大。而接触越多，发生碰撞、摩擦的可能性就越大；第二，共同利益或公共利益的存在不会自动导致国际合作的实现。② 此处，我们必须承认学者的论点与论据是有道理的。但是，我们也必须看到，这不是全部。从另一方面来看，相互依赖也有助于国际合作。德国学者梅斯纳指出："全球化带来更多的相互依赖，而相互依赖需要合作。世界范围内的相互依赖有利于提高国际合作的规格。"③

相互依赖使国际关系呈现出一个鲜明的特点："双赢或多赢"关系取代"零和"关系。④ 在这种状态下，国际合作是达到自己目标和维护自己利益的重要手段之一。反之，如果各国我行我素，不仅无助于全球总体福利的提高，而且也无益于自身利益的维护。

约瑟夫·奈在《硬权力与软权力》一书中有这样一句耐人寻味的话："与其说冷战后美国权力面临的问题是新的霸权挑战者，不如说是跨国相互依赖的新挑战。"⑤ 后一句话的意思可以理解为跨国相互依赖要求国家间合作共同处理世界事务，而这与美国冷战后试图采取单边主义称霸世界的企图背道而驰。约瑟夫·奈准确地概括了冷战后美国对外

---

① ［美］约瑟夫·奈：《硬权力与软权力》，门洪华译，北京大学出版社 2005 年版，第100 页。

② 崔守军：《相互依赖与国际合作的相关性考察》，《国际关系学院学报》2002 年第5 期。

③ ［德］D. 梅斯纳：《全球化、全球化管理和发展政策》，《国外社会科学》2000 年第2 期。

④ 当然，这并不意味着"零和"关系就不存在，事实上，"零和"关系在任何时候都是存在的，只是表现程度有所不同而已。

⑤ ［美］约瑟夫·奈：《硬权力与软权力》，门洪华译，北京大学出版社 2005 年版，第110 页。

关系的现状。

（二）全人类共同利益有利于国际合作

在全球化条件下，国家之间利益的交叉越来越多，突出表现是全人类共同利益日益凸显，任何国家都不可能再按照传统交往模式行事，即完全考虑自己的国家利益，而不考虑其他国家的利益或全人类的共同利益。因为现在这个时代，国家利益与全人类利益有很大的重合部分，不顾他国利益或全人类利益，最终也将无法照顾自己的利益。这说明，各国的共同利益在扩大，携手合作的必要性越来越显现出来。

复旦大学国际关系与公共事务学院林尚立教授对于这一问题有着精辟的论述，他指出，国家间合作的关键是利益。互利互惠是国家间合作的基础，但在全球化时代的今天，国家间的合作，不能再局限于一国利益之得失，必须有全球利益和人类利益的概念、相关的价值认同和信仰。如果我们依然局限于一国利益，那么在这种合作中所获得的利益往往是局部的、短时间的利益，相应地，人类社会也难以从中获益。相反，如果我们有全球观念，有人类认同，那么这种合作所获得的往往是长远和全局的利益，不仅合作双方共赢，而且也使人类获益。①

（三）"类"意识促使国际合作

"类"意识的出现，无疑为国际合作的出现起到了催化剂的作用。正如夏建平教授所说："认同对于国际合作的意义就在于，行为体之间可以通过建构良性的认同来促进彼此的合作发展。因此，国际合作不仅与权力和利益有关，而且还受到认同的影响，行为体之间正向的积极的认同可以极大地促进他们之间的合作，负向的消极的认同是行为体合作关系的障碍，而合作的顺利进行反过来又能建构合作者之间积极的认同，良性认同与合作之间是一种螺旋上升的关系。"② 而"类"意识显然是"正向的积极的认同"，从而极大地促进国家间的合作。

---

① 陈心刚：《全球治理依托于人类秩序——访复旦大学国际关系与公共事务学院林尚立教授》，《理论参考》2007 年第 5 期。

② 夏建平：《认同与国际合作》，世界知识出版社 2006 年版，第 91 页。

（四）科学技术有助于国际合作

科学技术的发展促成并推动着可全球化，反过来，全球化为科学技术的不断发展提供了条件。二者是一种互利关系。

早在 19 世纪，恩格斯就意识到了科学技术对于人类活动的重要性，他写道："有了电报，世界性的经济危机被消灭了 90%，因为印度的商人再也不用担心生产的棉花在半年后送到英国时，突然发现市场已经过剩。"① 按照理论分析，国际合作的主要障碍有三个：信息不对称、交易成本过高以及缺少制度性框架。而科学技术在某种程度上能够降低交易成本、扩大信息的透明度及有益于制度化框架的达成。因此，科学技术有助于国际合作的达成。

第四节　国际合作案例分析

一　国际金融危机与国际合作

（一）金融危机的爆发与影响②

2008 年 9 月 15 日，有着 158 年历史的美国第四大投资银行雷曼兄弟公司宣布破产；同一天，美国银行以约 440 亿美元的价格收购了华尔街投资银行美林公司；9 月 16 日，美国联邦储备委员会授权纽约联邦储备银行向美国国际集团提供 850 亿美元紧急贷款。美国政府持有该集团近 80% 股份。美联储前主席艾伦·格林斯潘（Alan Greenspan）称，美国遭遇了"百年一遇"的金融危机。然而，在当今这个"一损俱损"（况且首损的不是一般的国家，而是世界上最大的经济体、最大的市场和对外投资最多的国家）的全球化时代，爆发于美国的金融危机，其影响范围不可能只"限于"美国，它必定同时"殃及"世界。

---

① 周庆安：《全球化，你是天使还是恶魔》，《新京报》2009 年 3 月 29 日。
② 关于"金融危机的影响"，此处强调两点：第一，国际金融危机对世界各国的影响并非全是消极的，也有积极的一面，本书只谈消极影响；第二，国际金融危机对世界各国的影响是全面的，既包括政治、经济，也包括社会、外交等，限于篇幅，本书只简单谈金融危机对国家经济某一方面的影响。

1. 金融危机对美国经济的影响[①]

首先，金融业元气大伤。金融危机爆发以来，美国已有100多家规模较大的金融机构宣布破产或被收购，包括华尔街最大的五家投资银行中的三家——美林、雷曼兄弟和贝尔斯登公司，最大的保险公司美国国际集团，规模最大的两家住房抵押贷款融资机构"房地美"和"房利美"。

其次，实体经济遭到重创。房地产、汽车、钢铁一向被视为美国经济的三大支柱产业。在房地产泡沫破裂后，汽车、钢铁业也相继陷入困境。通用汽车公司2009年6月正式申请破产保护，从而成为依据《破产法》申请破产保护的美国第一大制造业企业。钢铁产量大幅下降，危机期间美国钢铁业开工率不足生产能力的一半。

最后，对外贸易大幅度减少。美国2007年进出口总额为3.1万亿美元，逆差7910亿美元；2008年进出口总额为3.4万亿美元，逆差8000亿美元；2009年因为受金融危机的影响，进出口总额降为2.6万亿美元，逆差5010亿美元。[②]

2. 金融危机对世界经济的影响

美国国际集团前董事长莫利斯·格林伯格（Maurice R. Greenberg）在一次采访时指出："这次危机是国际性的，不仅仅是美国遭殃，每个国家和个人都遭受了不同程度的影响和损失。"[③] 此话不假，我们甚至可以打个比喻，如果说美国因寒潮来袭得了感冒的话，那么其他国家则得了远比感冒利害的多的疾病。[④]

对欧盟的影响。国际金融危机使欧洲深受其害，经济增长率从2007年的2.8%，下降至2008年的0.9%，2009年的经济增长率更是近乎于零。首先，金融业遭受重创。虽未遭受灭顶之灾（倒闭），但由

---

① 主要参考尚鸿《解析金融危机对美国的影响》，《和平与发展》2010年第2期。

② 从这些数据（主要是指逆差）中我们不难发现，金融危机对美国的对外贸易并非全是不利影响。金融危机一方面抑制了美国的进口（绝对的减少），另一方刺激了美国的出口（相对的增加），从而导致逆差减少的结果。具体原因可参见王晓雷《金融危机对美国对外贸易、贸易收支和经济增长的影响》，《国际贸易问题》2009年第1期。

③ 转引自高长武、杨明伟《一些国际人士对当前世界金融危机的评述》，《思想理论教育导刊》2009年第3期。

④ 在许多学者看来，尽管美国受金融危机影响较大，但是相较于其他主要大国，美国所受到的冲击相对较轻，美国在世界经济中的主导地位不会动摇。本书作者同意这种观点。参见宋伟《国际金融危机与美国的单极地位——当前美国的国家实力、国内制度和国际战略调整》，《世界经济与政治》2010年第5期。

于与美国金融业有着千丝万缕的联系,欧洲几乎所有主要银行和保险公司都受到危机的牵连,资产损失达数以万亿美元。其次,实体经济尤其是工业损失惨重。以汽车业为例。欧洲汽车制造商协会 2009 年 1 月发表报告,西欧发达国家市场 2008 年汽车新车销售比上年减少 8.4%,尤其是第四季度同比降幅达 19.3%。欧洲商业地产 2008 年全年的直接投资总额在 1050 亿—1100 亿欧元之间,比 2007 年下降了约 55%。国际金融危机把欧盟及其成员国推入经济衰退的困境。①

对俄罗斯的影响。第一,经济增速大幅下降。俄罗斯 2008 年 GDP 增长了 5.6%,比 2007 年的 8.1% 下降了 2 个多百分点。第二,外贸出口明显放缓。俄罗斯的贸易出口增速在 2008 年前半年大幅攀升。但在 2008 年年末,因受国际油价下跌的影响,俄罗斯资源品出口量和价格均在下降。第三,股市和外汇大幅缩水。2008 年第三季度末与去年同期相比,俄罗斯股市缩水达 70%;黄金外汇储备在 2008 年 12 月首次降至低点 4382 亿美元。第四,实体经济严重受损。工业生产急剧下降,企业利润大幅减少,农业产品出口量下降,农业贷款难度增大,建筑业和房地产业不景气。②

对日本对外贸易的影响。受全球金融危机影响,2008 年年底以来外部需求低迷,日本出口遭受重大打击。日本 2008 年经常项目顺差为 16.28 万亿日元,较 2007 年下降 34.3%,其中商品和服务贸易顺差为 1.8 万亿日元,较 2007 年骤降 81.7%。2008 年日本商品贸易出口额为 77 万亿日元,较前年减少 3%;进口额为 73 万亿日元,增长 8.8%;商品贸易顺差为 4 万亿日元,比 2007 年减少 67.3%。③

对中国对外贸易的影响。国际金融危机对中国对外贸易的冲击显而易见。如表 2—1 所示,从进出口总额来看,2008 年 5 月至 10 月,增速持续平缓。但是从 2008 年 11 月至 2009 年 6 月,进出口额出现明显下降。

---

① 参见裘元伦《金融危机冲击下的欧盟经济》,《求是》2009 年第 6 期。

② 参见田春生《国际金融危机影响比较:中国与俄罗斯》,《经济社会体制比较》2009 年第 3 期;李敏捷:《全球金融危机下的俄罗斯经济及其前景》,《国际问题研究》2009 年第 3 期。

③ 参见于卫红《试析美国金融危机对日本的影响》,《北方经济》2009 年第 5 期。

表 2—1　　　　2008 年 5 月到 2009 年 6 月我国进出口变化情况

年月	进出口总值当月（千美元）	进出口额当月同比增速(%)	出口总值当月（千美元）	出口总值当月同比增速(%)	进口总值当月（千美元）	进口总值当月同比增速(%)
2008 年 5 月	220782553.0	33.2	120496491.0	28.1	100286062.0	40.0
2008 年 6 月	221359490.0	23.1	121179554.0	17.2	100179936.0	31.0
2008 年 7 月	248072192.0	29.8	136675046.0	26.9	111397147.0	33.7
2008 年 8 月	241051168.0	22.0	134872675.0	21.1	106178493.0	23.1
2008 年 9 月	243497362.0	21.4	136432088.0	21.5	107065274.0	21.3
2008 年 10 月	221414714.0	17.6	128327028.0	19.2	93087686.0	15.6
2008 年 11 月	189884755.0	－9.0	114987285.0	－2.2	74897470.0	－17.9
2008 年 12 月	183334407.0	－11.1	111157222.0	－2.8	72177186.0	－21.3
2009 年 1 月	141797865.0	－29.0	90453600.0	－17.5	51344264.0	－43.1
2009 年 2 月	124948306.0	－24.9	64894649.0	－25.7	60053658.0	－24.1
2009 年 3 月	162019659.0	－20.9	90290547.0	－17.1	71729112.0	－25.1
2009 年 4 月	170734409.0	－22.8	91934722.0	－22.6	78799687.0	－23.0
2009 年 5 月	164127242.0	－25.9	88757886.0	－26.4	75369356.0	－25.2
2009 年 6 月	182570753.0	－17.7	95411208.0	－21.4	87159545.0	－13.2

资料来源：根据中经网统计数据库数据整理。[①]

（二）金融危机爆发后各国的反应——加强国际合作

国际金融危机爆发后，世界各国的第一反应便是加强国际合作。这是必需的，因为"在经济全球化条件下，世界各国的命运已紧紧联系在一起，没有一个国家可以在国际金融危机中独善其身，没有一个国家能够以一己之力战胜这场危机"，"合作应对是正确抉择"[②]。

1. 美国的反应

2008 年 11 月 8 日，美国当选总统奥巴马与中国国家主席胡锦涛

① 转引自王晓龙、姜妍《国际金融危机冲击及应对措施》，《兰州学刊》2010 年第 4 期。

② 分别参见温家宝《增强信心 深化合作 实现共赢——在博鳌亚洲论坛 2009 年年会开幕式上的演讲》，《人民日报》2009 年 4 月 19 日；胡锦涛：《携手合作 同舟共济——在二十国集团领导人第二次金融峰会上的讲话》，《人民日报》2009 年 4 月 3 日。

通电话，奥巴马表示，解决当前金融危机需要各国政府更加紧密合作，希望美中两国在即将召开的金融市场和世界经济峰会上加强合作。

2. 欧盟的反应

随着金融危机从美国蔓延到欧洲，如何应对这场全球性的金融危机已成为欧盟各国政府和欧盟相关机构最关心的问题。2008 年 10 月 4 日，欧盟四国小型峰会（法、德、意、英）在巴黎举行。四国领导人就应对当前的金融危机达成共识。他们表示，欧盟各国应协调合作，通过扶持金融机构、加强监管、惩罚问题企业领导人等方式，恢复欧盟金融秩序和市场信心。四国领导人还呼吁欧盟各国加强与国际伙伴的协作，在透明、可靠、负责、一体化和全球协作的原则上，对国际金融体系进行切实、彻底的改革。他们建议尽快召开一个应对金融危机的峰会，其范围不仅仅限于八国集团，也应当让印度、中国、巴西加入进来。[①]

3. 俄罗斯的反应

美国金融危机爆发后，俄罗斯政府表现出强烈的寻求国际合作的愿望，梅德维杰夫总统和普京总理以及联邦政府各相关部长在与中国、日本、韩国、印度等国家领导人会晤时都反复强调国际合作抗击金融风暴的重要性，并特别强调在上海合作组织框架内加强合作的必要性。

4. 日本的反应

2008 年 11 月 15 日，日本首相麻生太郎在二十国集团领导人金融市场和世界经济峰会上发表讲话，呼吁国际社会采取联合行动，共同应对当前的金融危机。

5. 中国的反应

针对严峻的国际金融危机形势，中国领导人在多种场合传递了世界各国应该密切合作、增强信心的信息。胡锦涛在 2008 年 10 月 24 日举行的第七届亚欧首脑会议开幕式上的讲话中指出："面对这一全球性挑战，世界各国需加强政策协调、密切合作、共同应对。在此关键时刻，坚定信心比什么都重要。只有坚定信心、携手努力，我们才能共同渡过

---

① 《法德英意呼吁欧盟各国协调合作共御金融危机》，《经济参考报》2008 年 10 月 6 日。

难关。"①在随后举行的亚太经合组织第十六次领导人非正式会议上，胡锦涛再次强调："在国与国相互依存日益紧密的今天，面对上述挑战，任何一个成员都很难置身事外。解决这些问题，有赖于所有成员共同努力。面对新的复杂局面，各方应该秉持开放合作的理念，化挑战为机遇，努力实现互利共赢。开放合作、互利共赢，不仅应该成为应对当前金融危机的指导思想，而且应该成为解决当前全球经济社会发展中突出问题的基本精神。"②

6. 国际货币基金组织的反应

在 2008 年 10 月 8 日发表的《全球金融稳定报告》中，国际货币基金组织指出，只有主要西方工业国家和主要门槛国家协调行动才能重新恢复金融市场的稳定，各国各自为政单独行动的时代已经过去了，各国必须在国际协调下采取行动。

（三）应对金融危机的国际合作

2008 年下半年以来，为应对国际金融危机冲击，各国先后出台了一系列的"救市"措施。除此之外，世界各国及国际组织还立即行动起来，或通过双方合作，或通过多边合作，共商应对之策，希望能够尽快结束此次金融危机。限于篇幅，本书只列举七国集团（或八国集团）、二十国集团、国际货币基金组织和世界银行为应对国际金融危机所采取的行动。

1. G7（或 G8）采取的行动

2008 年 10 月 10 日，G7 财政部长会议在华盛顿召开。其间，七国财长们签署了一项包含 5 个要点的计划，承诺用"一切可用手段"对抗当前的金融危机。

2009 年 2 月 14 日，G7 财长和央行行长在罗马举行会议。在一份声明草案中表示，在继续致力于稳定经济和金融形势的同时，强调要反对贸易保护主义。

2009 年 4 月 26 日，G7 财长和央行行长在华盛顿举行会议，提出两点措施：一是保持和扩大财政刺激措施。二是继续采取必要的行动来恢

---

① 胡锦涛：《亚欧携手合作共赢：在第七届亚欧首脑会议开幕式上的讲话》，《人民日报》2008 年 10 月 25 日。

② 胡锦涛：《坚持开放合作 寻求互利共赢——在亚太经合组织第十六次领导人非正式会议上的讲话》，《人民日报》2008 年 11 月 24 日。

复金融稳定，包括促进信贷发放，提供流动性支持，为金融机构注入资本，保护储蓄和存款，解决金融机构的问题资产等。

2009年6月13日，为期两天的G8财长会议闭幕。会议公报显示，G8财长一致同意创建"莱切框架"（Lecce Framework），以完善全球市场体系，发现并填补监管漏洞。这一框架将吸纳国际货币基金组织、世界银行、经合组织等国际组织，并集合八国集团和包括发展中国家在内的其他地区和国家一同推动。

2009年7月6日至8日，G8峰会在意大利拉奎拉举行，八国领导人在会后发表的一份声明中强调，在全球经济出现稳定复苏之前，目前已经采取的各种刺激措施不会停止。八国领导人在声明中承诺保持金融市场的中期持续稳定，防止当前金融危机重演。

2010年2月5日至6日，G7财长会议在加拿大北部城市伊卡卢伊特召开，面对因希腊债务缠身问题而引发的市场恐慌，与会者给予安抚。会议认为全球经济正在恢复之中，G7将尽力支持这种势头并将继续执行经济刺激计划。

2010年5月10日，G7财长和央行行长发表联合声明，称赞欧盟采取旨在恢复欧元区金融稳定的措施，并表示G7将继续支持全球经济稳定、复苏和增长。

2010年6月26日，G8首脑会议在加拿大的亨茨维尔小镇闭幕。G8领导人重申自由和开放市场是保持全球经济复苏的途径。

2. 20国集团（G20）采取的行动

2008年10月11日，G20财长和央行行长在国际货币基金组织总部就当前全球金融危机举行紧急会议。一致强调通过合作共同克服当前金融动荡，并寻求改进全球金融市场的监管和整体功能。

2008年11月8日，G20财长和央行行长2008年年会在巴西圣保罗开幕，与会代表纷纷呼吁国际社会协调一致，共同应对国际金融危机。

2008年11月15日，G20峰会在美国首都华盛顿召开，会议就国际社会加强协作、共同应对金融危机和支持经济增长达成一致，并呼吁改革世界金融体系，防止类似危机再次发生。

2009年3月14日，G20财长和央行行长会议正式开幕。在会后发表的联合公报中，G20财长和央行行长表达了四点主要共识。首先，G20将采取一切必要措施恢复经济增长，同意采取明确、协调和广泛的行动扩大需求和就业，并呼吁国际货币基金组织评估各国"已采取的行动和需要采取的行动"。第二，应改革国际货币基金组织等国际金融机构体制，使之符合世界经济发展现状。第三，G20 财长同意向国际货币基金组织增资，以扩大其在危机应对中的作用。但具体增资数额将由 G20 伦敦金融峰会决定。第四，公报承诺与任何形式的贸易保护主义作斗争、维护公平贸易与投资。

2009 年 4 月 2 日，G20 伦敦金融峰会落下帷幕，与会领导人就国际货币基金组织增资和加强金融监管等全球携手应对金融经济危机议题达成多项共识。G20 领导人同意为国际货币基金组织和世界银行等多边金融机构提供总额 1 万亿美元资金，其中国际货币基金组织资金规模将扩大至现在的 3 倍，由 2500 亿美元增加到 7500 亿美元，以帮助陷入困境的国家。在加强金融监管方面，G20 领导人认为有必要对所有具有系统性影响的金融机构、金融产品和金融市场实施监管和监督，并首次把对冲基金置于金融监管之下。G20 领导人同意，由国际货币基金组织增发 2500 亿美元特别提款权分配给各成员国，以增强流动性。

2009 年 9 月 5 日，G20 财长和央行行长会议在英国首都伦敦结束。财长们在会后公布的公报中表示："我们将继续坚决执行必需的金融支持措施和扩张性货币与财政政策，直到经济复苏实现。"

2009 年 9 月 25 日，G20 第三次金融峰会在匹兹堡闭幕，与会领导人就金融体系改革等一系列问题达成共识，发表《领导人声明》，承诺继续实施经济刺激计划，支持经济活动，直到经济复苏得到明显巩固。

2010 年 4 月 23 日，G20 财长和央行行长在华盛顿召开会议。主要有两大核心主题，一是促进全球经济可持续复苏，二是加强全球金融监管改革。

2010 年 6 月 5 日，为期两日的 G20 财长和央行行长会议圆满结束。会议发布公告称，同意合作防止金融市场动荡，维持世界经济良性复苏。G20 成员国在下列两个方面取得一致意见：第一，赞同对欧洲的救援政策；第二，各成员国需要通过促进内需及扩大和发展中国家之间的贸易以实现全球经济平衡增长。这份声明就金融改革的若干细节达成一致，呼吁加快金融监管改革，大幅度削减预算赤字。

2010 年 6 月 26 日至 27 日，第四次 G20 峰会在加拿大多伦多市举行，主题是"复苏和新开端"。《二十国集团多伦多峰会宣言》指出，当前首要任务是采取有效措施确保和强化经济复苏进程，为世界经济实现强劲、可持续和平衡增长奠定基础。在保持现有的经济刺激措施，推动个人需求强劲增长的同时，各国要根据自己的国情制定"合理的、分阶段的和有利于经济增长的计划"，确保财政稳定。与会的发达经济体领导人同意采取措施，在 2013 年年前将财政赤字至少降低一半，在 2016 年前"稳定或减少"政府债务占国内生产总值的比例。宣言对 G20 有关国家在调整财政政策、促进国内消费等领域采取的措施表示欢迎，认为这是"对共同繁荣的实质性贡献"。

3. 世界银行采取的行动

2008 年 11 月 12 日，世界银行宣布，将大幅增加对发展中国家的资金支持，并呼吁要对不断蔓延的全球金融危机作出迅速反应。世界银行旗下的国际金融公司也计划启动一个全球股本基金，对陷入困境的银行进行注资。

2008 年 11 月 15 日，世界银行行长罗伯特·佐利克（Robert B. Zoellick）发表声明，呼吁世界各国尤其是发达国家在应对金融危机的同时不要忘记救助贫穷的发展中国家。

2009 年 4 月 14 日，世界银行计划在贸易融资方面提供 500 亿美元流动资金，这项全球贸易流动性计划是 G20 提出的 2500 亿美元贸易融资计划的一部分，主要针对世界银行预计高达 3000 亿美元的全球贸易融资缺口。

2009 年 4 月 24 日，世界银行行长佐利克在世界银行和国际货币基金组织春季会议上表示，该行将在未来三年内把基础建设项目的投资增加到 450 亿美元来帮助世界经济尽快从危机中恢复。

2009 年 6 月 9 日，世界银行宣布，将在 2012 年年前向阿根廷提供 33 亿美元贷款，用于支持阿根廷的社会发展和环境保护项目。

2010 年 4 月 7 日，世界银行公布，自 2008 年 7 月以来，世界银行为帮助各国应对全球金融危机和促进经济复苏而提供的金融支持已达 1000 亿美元。

4. 国际货币基金组织采取的行动

2008 年 11 月 18 日，国际货币基金组织宣布，鉴于塞尔维亚拥有足够的外汇储备和稳定的国际融资链，该组织即将批准向塞尔维亚提供

5.18 亿美元的应急信贷计划。

2008 年 11 月 19 日，国际货币基金组织执行委员会批准向冰岛提供 21 亿美元贷款的计划。

2008 年 11 月 24 日，国际货币基金组织执行理事会批准向巴基斯坦提供 76 亿美元的急需贷款融资。

2009 年 4 月 21 日，国际货币基金组织发表《全球金融稳定报告》，呼吁受金融危机影响的国家以协调方式实施本国政策，避免以邻为壑、监管套利和扭曲竞争。

2009 年 5 月 29 日，国际货币基金组织表示，已批准肯尼亚 2 亿美元的贷款申请。

2009 年 7 月 29 日，国际货币基金组织说，2014 年年底之前将向全球低收入国家提供 170 亿美元贷款，帮助它们应对全球金融危机。

2009 年 8 月 28 日，国际货币基金组织称已经向全球外汇储备中注入了大约 2500 亿美元的资金，各成员国将可以通过特别提款权，从全球外汇储备中提取资金，并通过与其他成员国之间的主动交易安排，将其转换为硬通货。

2010 年 4 月 28 日，国际货币基金组织总裁多米尼克·斯特劳斯 - 卡恩（Dominique Strauss - Kahn）称，未来 3 年，欧盟和国际货币基金组织需向希腊提供 1000 亿至 1200 亿欧元，让希腊脱离金融市场 3 年，调整国家的财政状况。

（四）国际金融合作的特点与成效

国际金融合作的特点：第一，国家间的合作意识空前高涨。如果说 1997 年的亚洲金融危机爆发时，还有部分国家"幸灾乐祸"，那么这次金融危机爆发后，无论发达国家还是发展中国家，均在第一时间表达了国家间合作的意愿。第二，南北合作突出且发挥作用明显。也许是因金融危机肇始于美国且其他发达国家遭到重创的缘故，以美国为首的发达国家表现出了以前很少有的与以"金砖四国"为首的发展中国家进行合作的愿望。因此，在此次拯救国际金融危机的国际联合行动中，发挥最大作用的不是 G8，也不是国际货币基金组织，而是 G20。国际社会甚至出现了由 G20 取代 G8 的传闻。姑且不论这种传闻能否变为现实，言外之意确是真实的：G20 的作用举足轻重。

在许多专家学者看来，此次金融危机是自 1929 年大萧条以来最严重的金融危机。① 然而值得庆幸的是，国际金融危机并没有导致专家学者先前认为的严重后果。② 国内外很多政要与学者均认为，目前国际金融危机已大体得到控制，世界经济已开始出现复苏迹象，尽管复苏的步履缓慢，前景仍未明朗，但是出现第二次探底的概率很小。③ 这完全得益于国际社会的协同合作：金融危机爆发后，G20 及时召开了 4 次峰会，协调国际合作，成果显著。

二　全球气候变化与国际合作

（一）全球气候变化及其危害

1. 全球气候变化的表现

全球气候变化是指由于人类活动向大气中排放了过量的二氧化碳等温室气体，导致大气中的温室气体浓度过高，从而在全球平均气温基础上产生了以增温为主要特征的全球范围的气候变化现象。④

进入 21 世纪以来，气候异常现象时有发生，且有愈演愈烈的趋势。仅以 2010 年为例，年初，北半球受到强烈寒流和创纪录的大雪侵袭，从韩国到俄罗斯，从西欧到美国，都因严寒和暴雪而瘫痪。赤道地带和南半球则暴雨不断，造成肯尼亚、澳大利亚和巴西等地频发洪水和泥石流，上百人丧生，数千人流离失所。入夏以来，北半球多国持续高温，酷热难耐；中国、巴基斯坦等国遭受暴雨侵袭、洪涝成灾；俄罗斯多个地区遭遇干旱、山火蔓延；而阿根廷、秘鲁等南半球国家却相继遭遇数十年不遇的严寒。⑤

---

① 从初期表现来看，例如股市崩盘、银行倒闭和企业倒闭等，此次金融危机丝毫不逊于 1929 年的经济大萧条，甚至有过之而无不及。

② 金融危机爆发时，许多专家学者悲观地认为，世界经济若想从金融危机中恢复过来至少需要十年时间。然而，时间刚刚过去两年，世界经济已经出现复苏迹象。

③ 但也有学者认为，经济全球化正在深入发展，当前世界性的金融危机仍未见底，世界经济看似走出低谷，但新一轮更大的金融乃至经济危机极有可能就在这看似走出低谷中酝酿与积聚。参见李慎明《国际金融危机现状、趋势及对策的相关思考》，《马克思主义研究》2010 年第 6 期。

④ 赵俊芳等：《气候变化对农业影响研究综述》，《中国农业气象》2010 年第 2 期。

⑤ 分别参见 http：//www.cqcb.com/cbnews/world/2010 - 01 - 07/10198.html 和 http：//www.chinadaily.com.cn/hqgj/jryw/2010 - 08 - 05/content_ 667177.html.

也许是受电影《2012》①的影响，有些人非常认真地将上述接连发生的"暴雨、洪水、干旱"加上接连发生的地震与火山爆发等一系列的自然灾害看成"玛雅预言"的前奏，惊恐地等待着2012年的到来。我们是历史唯物主义者，可以把这些看成是子虚乌有。但是，面对接连发生的一系列自然灾害这一事实，人类真的到了该反省自身而且必须采取相应措施的时候了。毕竟，这些已不仅仅是天灾，在某种程度上，与人为因素也有莫大的关联。

2. 全球气候变化带来的危害

全球气候变化（如飓风、海啸、干旱、洪涝等）除带来直接的人员伤亡和巨大的经济损失之外，它还给自然和人类带来如下的影响和危害：

第一，对岛国和沿海地区的影响和危害。全球气候变暖将导致海水膨胀（暖水比冷水占的体积大）和南北极冰雪融化，进而导致海平面上升。海平面上升，首先感到威胁的是一些岛国。例如马尔代夫、图瓦卢等，这些国家面临的不是一般的威胁，而是灭顶之灾——整个国家将从地球上消失。2009年10月17日，马尔代夫召开全球首次水下内阁会议。这不是什么"节目秀"，马尔代夫总统穆罕默德·纳希德（Mohamed Nasheed）说："我们正在试图让全世界的人知道现在正在发生什么，以及如果不控制气候变化将会发生什么。"因为联合国政府间气候变化问题研究小组在2007年警告说，全球海平面至2100年可能升高0.18米至0.59米，那时马尔代夫将变得无法居住。②其次是沿海国家的沿海地区及城市。众所周知，沿海地区及城市往往是一个国家经济最为发达的地区及城市，且人口稠密。如果海平面上升，沿海地区及城市被海水淹没，后果会是什么……

第二，对农业的影响和危害。尽管科学技术已经高度发达，在农业领域的应用也相当广泛，但是农业在很大程度上仍然还是"靠天吃饭"。农业的这一特点决定了它必定是受全球气候异常变化冲击最大的行业之一。无论是干旱还是洪涝，恐怕没有哪个科学家敢说农业收成不

---

① 《2012》是一部由美籍德裔著名灾难片大师罗兰·艾默里奇（Roland Emmerich）导演的关于全球毁灭的灾难电影，它讲述在2012年世界末日到来时，人类如何求生。

② 转引自《全球首次水下召开内阁会 紧急求救总统穿上潜水衣》，《天府早报》2009年10月18日。

会减产。再说气温升高，国际水稻研究所的实验表明，最低温度升高1℃，水稻的单产要下降10%；中国华北的试验也表明：在夜间冠层增温2.5℃，冬小麦生育期提前、生长期缩短，产量下降26.6%。[①]

第三，对人类健康的影响和危害。越来越多的科学证据强有力地证明，气候变化对人类健康具有多方面的巨大影响。温度上升、海平面升高和诸如洪水等极端天气事件，可造成水灾和污染，转而加重腹泻疾病。疟疾和登革热等媒介传播疾病的时空分布预计会因温度适宜而有所增加，使传染病动态发生改变。世界卫生组织估计，受农作物歉收及营养不良、水灾、腹泻病和疟疾等因气候变化造成的不利因素的影响，世界上低收入的国家大约每年死亡15万人。[②]

除上述外，由于全球气候变化问题的政治性，全球气候变化问题对国际社会还将产生如下影响：一是对传统安全观带来了很大影响，二是对国际关系也会产生重要的影响。[③]

（二）国际社会应对全球气候变化谈判的立场和碳减排态度

国际社会应对全球气候变化谈判的立场和碳减排态度见表2—2所示。

表2—2　　国际社会应对全球气候变化谈判的立场和碳减排态度

分类	国家	二氧化碳减排态度	具体的立场	总立场
发达国家	美国	2020年温室气候比2005年减排17%	由消极转向积极，统筹考虑经济安全和能源安全	要求发展中国家在气候变化问题上承担更多责任，甚至作出减排承诺
	欧盟	2020年将温室气体排放量在1990年的基础上减少20%	强调自己在保护全球环境领域中的领导地位	
	日本	2020年温室气体排放量减少25%	注重与国家能源战略的协同效应	
	澳大利亚	2020年温室气体排放削减25%	积极参与，预借气候变化事务在国际上发挥更大作用	

---

① 参考《直面气候变化对农业的影响》，人民网2010年4月19日，http：//nc.people.com.cn/GB/11401267.html。

② Jacob Kumaresan, Nalini Sathiakumar "Climate change and its potential impact on health: a call for integrated action", *Bulletin of the World Health Organization* 2010；88：p.163.

③ 关于全球气候变化问题对国际社会的影响，可参见何强、李建伟《试析当前全球气候变化新特点及其对国际社会的影响》，《东南亚纵横》2009年第4期。

分类	国家	二氧化碳减排态度	具体的立场	总立场
发展中国家	中国	2020 年排放量下降 40%—50%	高度重视	坚持"共同但有区别的责任"原则
	印度	2020 年排放比 2005 年少 24%	积极参与	
	巴西	排放量在预期基础上减少 36.1% 至 38.9%	要求发达国家意识到所承担的历史责任，在减排问题上作出强有力的承诺	
	非洲	寻求 650 亿美元环境赔偿	用一个声音说话，不允许再达成一个不利于非洲的协议	
	岛国联盟	呼吁发达国家提高减排至 45%	呼吁达成公平、有效且有约束力的协议	

（三）应对全球气候变化的国际合作①

1. 世界经济论坛

世界经济论坛是一个非官方的国际组织，成立于 1971 年，因每年年会都在达沃斯召开，故也被称为"达沃斯论坛"。论坛的参与者主要是各国政界和经济界的高层领导人、企业首脑以及著名专家。论坛最初的宗旨是探讨世界经济领域存在的问题并促进国际经济合作与交流。但是随着国际形势的变化，论坛所探讨的议题逐渐突破了纯经济领域，世界上每年发生的重大政治、军事、安全和社会事件多会在论坛上得到反映。气候变化问题在世界经济论坛上的地位的变化：从受冷落（2007年以前），到受关注（2007 年），再到专题讨论（2009 年），我们不难发现，气候变化问题的重要性日益上升。

2007 年年会（1 月 24 日至 28 日），本届论坛的主题是"变化中的力量格局"，下设经济、地缘政治、技术与社会、企业等次主题。气候变化分属地缘政治主题。世界经济论坛的负责人彼得·托利勒表示：

---

① 如果从 1853 年在布鲁塞尔举行第一次国际气象会议算起，人类关注气候变化至今已有 150 多年的历史，其间形成了很多共识，也签订了一些具有里程碑意义的协议，如 1992 年的《联合国气候变化框架公约》、1997 年的《京都议定书》和 2005 年的《蒙特利尔议定书》等。限于篇幅，本书不能就国际社会应对全球气候变化的历史进程给予全面地介绍，只重点介绍 2007 年以后的全球气候合作。

"气候变化正成为越来越重要的话题，这是一个非常有趣的现象。今年将气候变化看作是最重要问题的领导人数量，有去年的两倍之多。"德国总理默克尔和英国首相布莱尔均在发言中就气候变化问题进行了阐述。

2008 年年会（1 月 23 日至 27 日）的主题是"合作创新的力量"。在讨论包括气候变化在内的全球问题时，与会者再次呼吁各国一致行动，应对气候变化带来的挑战。救援机构以及跨国食品生产商就气候变暖以及食品、水资源短缺之间的关系展开了辩论。环境科学家和石油公司讨论了石油价格上涨以及寻求矿物燃料替代品的进展。

2009 年年会（1 月 28 日至 2 月 1 日）以"构建危机后的世界"为主题。1 月 30 日，召开气候变化问题专题会议，与会人士呼吁全球采取紧急行动应对气候变化，力争在年底召开的联合国气候变化大会上达成共识。美国前副总统、诺贝尔和平奖获得者阿尔·戈尔（Albert Arnold Gore Jr. ）在会上说，时间日益紧迫，必须用一个全球性方案解决这个全球性危机。丹麦首相拉斯穆森（Anders Fogh Rasmussen）在会上说，应对气候变化问题和应对金融危机一样，都需要全球协调一致的努力。

2010 年年会（1 月 27 日至 31 日）会议的主题是"改善世界状况——重新思考、重新设计、重新建设"。本次论坛再次安排了多个有关气候变化和低碳经济的研讨会，例如：1 月 28 日的"低碳增长——为低碳增长融资"、"走向低碳繁荣"、"洪水之年：科幻小说或是现实边缘"；1 月 29 日的"哥本哈根之后是什么?"、"气候变化：资助应对措施"；1 月 30 日的"反思贸易与气候变化"。参加论坛的众多商界人士表示，希望联合国谈判能够尽快达成一个新协议，向市场释放一个明确的信号，这样商界才能清楚他们向哪里投资、如何投资。也有商界人士称，不管联合国能否达成新的协议，他们都将加大在低碳领域的投资。

2. 《联合国气候变化框架公约》缔约方大会

《联合国气候变化框架公约》是 1992 年 5 月 22 日联合国政府间谈判委员会就气候变化问题达成的公约，是世界上第一个为全面控制二氧化碳等温室气体排放，以应对全球气候变暖给人类经济和社会带来不利影响的国际公约，也是国际社会在对付全球气候变化问题上进行国际合作的一个基本框架。公约于 1994 年 3 月 21 日正式生效。为实现公约的目标，① 缔约国决定从 1995 年起每年都召开会议，讨论气候变化的具体事宜。②

2007 年 12 月 3 日至 14 日，第 13 次缔约方大会在印度尼西亚巴厘岛举行，会议着重讨论"后京都"问题，即《京都议定书》第一承诺期在 2012 年到期后如何进一步降低温室气体的排放。为期两周的大会最终成果是达成"巴厘岛路线图"③，为在 2009 年年底之前达成一项减缓全球变暖的新协议确立了明确的议题和时间表，以接替将于 2012 年到期的《京都议定书》。"巴厘岛路线图"是人类应对气候变化历史中的一座新里程碑。

2008 年 12 月 1 日至 13 日，第 14 次缔约方大会在波兰波兹南市举行。本次会议主要讨论包括温室气体减排的中期和长期承诺、如何采取措施有效应对气候变化、增加更多资金用于绿色技术开发和转让等问题，以为明年年底在丹麦哥本哈根就 2012 年后应对气候变化达成新协议而努力准备。会议决定启动"适应基金"。设立"适应基金"是为了在《京都议定书》下资助发展中国家开展适应气候变化的具体项目和计划。④

2009 年 12 月 7 日至 18 日，第 15 次缔约方大会在丹麦哥本哈根举行。会议主要商讨《京都议定书》一期承诺到期后的后续方案，并就未来应对气候变化的全球行动签署新的协议。最终通过《哥本哈根协

① 《联合国气候变化框架公约》的目标是减少温室气体排放，减少人为活动对气候系统的危害，减缓气候变化，增强生态系统对气候变化的适应性，确保粮食生产和经济可持续发展。

② 从 1995 年到 2006 年共举行了 12 次缔约方大会，地点分别是：柏林、日内瓦、京都、布宜诺斯艾利斯、波恩、海牙、马拉喀什、新德里、米兰、布宜诺斯艾利斯、蒙特利尔和内罗毕。

③ "巴厘岛路线图"的主要内容包括：依照《联合国气候变化框架公约》原则，特别是"共同但有区别的责任"原则，考虑社会、经济条件以及其他相关因素，与会各方同意长期合作采取共同行动；大幅度减少全球温室气体排放量，未来的谈判应考虑为所有发达国家（包括美国）设定具体的温室气体减排目标；虽然不为发展中国家设定具体的排放限制目标，但发展中国家也应努力控制其温室气体排放的增长；在 2009 年年底之前，达成接替《京都议定书》的旨在减缓全球变暖的新协议。此外，"巴厘岛路线图"强调必须重视适应气候变化、技术开发和转让、资金三大问题。

④ 由于发达国家和发展中国家在资金来源和使用上存在分歧，该基金一直迟迟没有启动。启动这一基金并同意给予"适应基金委员会"法人资格是本次大会取得的一个重要成果。

议》，但并不是一份具有法律约束力的协议。在这份协议中，各方同意"全球增温应低于2摄氏度"，发达国家应履行到2020年的减排目标，但没有给出具体数字；各方约定在明年2月1日前宣布2020年前的减排目标等具体数字，届时将其写入文件。协议同时称，发达国家到2012年对发展中国家的短期资金援助为每年300亿美元，并在2020年前每年投入1000亿美元的长期援助资金。

3. 联合国气候变化谈判

1997年签订的《京都议定书》规定了发达国家在第一承诺期（2008年至2012年）内的减排指标。2007年，各方签署"巴厘路线图"，期望能在路线图指引下走向2009年12月的哥本哈根会议，为《京都议定书》第一承诺期到期后发达国家减排等问题做出新安排。为达此目的，决定从2008年起召开联合国气候变化谈判，为哥本哈根大会拟定基础文件。①

（1）2008年

第一轮谈判（3月31日至4月8日），在泰国曼谷。各国代表根据"巴厘岛路线图"确定的方向，就未来一年多时间内一系列谈判的议程安排达成了协议。今年内将分别在德国、加纳和波兰举行三轮谈判。在这几轮谈判中，有关各方将进一步讨论如何促进发达国家切实为发展中国家应对气候变化提供技术和资金支持，如何通过"清洁发展机制"、碳贸易等国际市场机制推动发达国家实现进一步减排等重要议题。美国作为公约缔约方之一参加了曼谷谈判，但仍没有作出减排承诺。

第二轮谈判（5月31日至6月11日），在德国波恩。谈判的重点是为2009年在丹麦哥本哈根举行的联合国气候变化大会拟订基础文本。《联合国气候变化框架公约》秘书处负责人伊沃·德博埃尔（Yvo De Boer）在本次谈判的开幕式上呼吁发达国家向发展中国家提供足够资金，因为发展中国家需要应对全球气候变暖的技术。

第三轮谈判（8月21日至27日），在加纳首都阿克拉。本次会议旨在为2009年年底在丹麦哥本哈根举行的联合国气候变化大会拟订基础文件。阿克拉会议讨论了如何减少发展中国家因砍伐森林和森林退化

---

① 联合国气候变化谈判的初始意图只是为哥本哈根会议做准备。但是由于哥本哈根没有达到预定的目标，联合国气候变化谈判不得不继续进行下去。

带来的温室气体排放。会议还进一步明确，"按行业设定减排目标"①不应导致发展中国家承诺减排限额，是否采取行业方法应由一个国家自行决定。

第四轮谈判（12月1日至13日），在波兰波兹南。除了启动"适应基金"取得突破外，波兹南会议总体进展缓慢。波兹南会议有两个方面出现倒退倾向：一是关于"共同但有区别的责任"原则，在对"区别"的理解上，日本、澳大利亚等部分发达国家要求给发展中国家分类，把经济相对发达、排放较高的发展中国家与其他发展中国家区分开来；二是否定《京都议定书》，日本、丹麦、澳大利亚、美国等国代表不同程度地表示，发展中国家也应作出减排承诺。美国称，任何对环境有效的气候变化解决方案都需要来自所有主要经济体的积极行动。

（2）2009年

第一轮谈判（3月29日至4月8日），在德国波恩。谈判有两大议题：一是确定发达国家在《京都议定书》第二承诺期，也就是2013年到2020年的温室气体量化减排目标；二是根据"巴厘岛行动计划"，就发达国家向发展中国家转让资金和技术问题作出具体安排。由于发达国家的消极态度，致使谈判未取得实质性进展。

第二轮谈判（6月1日至12日），在德国波恩。本次谈判最终形成了一份长达200多页应对全球气候变化的新协议草案，这将成为年底哥本哈根大会的基础。

第三轮谈判（8月10日至14日），在德国波恩。本次谈判对6月份第二次谈判后形成的文件草案进行了初步磋商，但仍然存在巨大分歧，谈判进展缓慢。

第四轮谈判（9月28日至10月9日），在泰国曼谷。将200余页的应对气候变化草案文本压缩了一半左右，以便提交哥本哈根大会协商并达成协议。本次谈判在技术层面有所推进，但在政策层面仍缺乏显著进展。

第五轮谈判（11月2日至6日），在西班牙巴塞罗那。会议在适应

---

① 这是日本提出的一项减少温室气体排放的方案，即对释放温室气体较为严重的钢铁、水泥、电力等行业设定减排标准。按照日本的意思，这一方案不仅适用于发达国家，也适用于发展中国家。

气候变化、技术合作、通过保护森林来减排温室气体等方面取得了一定进展，但在两个关键的问题上，即发达国家的中期减排目标问题和用于帮助发展中国家的资金问题，没有取得任何进展。

（3）2010 年

第一轮谈判（4 月 9 日至 12 日），在德国波恩。会议通过了 2010 年气候谈判的工作计划，就未来谈判的基础和 2010 年年底墨西哥坎昆会议前增加两次会议达成共识。

第二轮谈判（5 月 31 日至 6 月 11 日），在德国波恩。各方在援助资金管理结构等问题上取得进展，但《联合国气候变化框架公约》长期合作行动特设工作组主席提出的案文草案遭到与会广大发展中国家的严厉批评。

第三轮谈判（8 月 2 日至 6 日），在德国波恩。"长期合作行动"特设工作组和《京都议定书》特设工作组均形成了新的谈判文本。

第四轮谈判（10 月 4 日至 9 日），在中国天津。各国政府讨论了各种方案和决策，包括长期共同愿景、避免气候变化的影响、减少温室气体的排放、关键操作元素的财务能力建设、气候变化与未来的《京都议定书》等，这些问题需要在坎昆会议上有所进展。通过这个会议，各国之间增加了了解、缩小了分歧、增进了共识，为坎昆会议的召开奠定了基础。

（四）国际气候合作的特点与成效

国际气候合作有两个显著的特点：第一，国家间的合作意识逐步增强。以美国为例，从 2007 年《联合国气候变化框架公约》第 13 次缔约方巴里岛大会，美国逐步改变了对待全球气候变化谈判的态度，由消极转为积极，并做出了具体的减排目标，尽管与发展中国家所要求的还相差甚远。第二，国际组织的作用举足轻重。在上述应对全球气候变化的国际合作中，无论是世界经济论坛，还是联合国气候变化谈判，还是《联合国气候变化框架公约》缔约方大会，全部是国际组织在主导着全球气候谈判。

相对于国际金融合作，国际气候合作虽然也取得了一些成绩，但总的看来还是很有限的。其一，自 20 世纪 90 年代以来，国际气候谈判签订了许多在世人看来具有里程碑意义的协定，但是效果又如何呢？人类仍然经受着由于自身原因而导致的自然界一次又一次的惩罚，且有愈演愈烈之势。① 其二，每次气候会议之前人们都抱着极大的希望，希望会议能够如人所愿，完成既定任务，但是许多次会议都令人大失所望，不得不再把希望寄托在下一次会议上。仅以哥本哈根会议为例，至少从2007年起，世界各国和国际组织便为此次会议做着各种各样的准备，并对之寄予了很高的期望，认为这将是继《京都议定书》后又一具有划时代意义的全球气候协议书，甚至被喻为"拯救人类的最后一次机会"的会议。联合国秘书长潘基文也在多个场合强调："所有国家都必须致力于在2009年时达成一致，并使之在2012年《京都议定书》期满后生效"。然而，残酷的现实却是各国只是签订了一份不具有法律约束力的《哥本哈根协议》，被批评为历来最失败联合国大型会议中的一次。② 以至于有人提议不再将气候变化问题置于《联合国气候变化框架公约》下进行，而是放在G20框架下来处理。

　　国际气候合作成效有限的主要原因是全球气候变化问题的日益复杂化。全球气候变化问题最初只是一个单纯的环境问题，到后来更多的成为一个发展问题，进而发展到现在已成为一个备受瞩目的政治问题。全球气候变化问题上升为政治问题，一方面说明全球气候变化问题越来越受到各国的重视，这是好事情；但是另一方面也说明全球气候变化问题越来越不好解决，因为越政治化的问题，博弈的空间越大，"搭便车"的可能性越大，利益协调就越困难。2008年以来，联合气候变化大会已经举行了13轮（截至2010年第四轮），但在发达国家中期减排目标和用于帮助发展中国家的资金两个问题上，发达国家与发展中国家两大阵营分歧依然较大。关于中期减排目标，发展中国家要求发达国家2020年应当在1990年的水平上至少减排40%。目前只有挪威予以承诺，而其他发达国家提出的目标与此相差甚远。关于资金问题，欧盟领导人最近达成一致，认为到2020年发展中国家为减少温室气体排放和适应气候变化的灾难性影响每年需要约1000亿欧元资金。但至于欧盟可以承担其中的多少，欧盟领导人没有给出具体数字，美国也始终没有提出一个资金数额，发展中国家对此比较失望。

---

　　① 当然，本书并非否定这些具有里程碑意义的协定的价值。事实上，如果没有这些协定的约束，人类遭受的后果可能会更惨重。

　　② 个中原因恐怕正是"寄予的希望越大，失望就越大"。

第三章　全球化背景下的和谐世界

随着中国的快速发展，世界越来越关注中国，关注中国发展的昨天，也关注中国发展的今天，更关注中国发展的明天。

——贾庆林《在中国—肯尼亚经贸合作论坛开幕式上的演讲》

第一节　理解"和谐世界"理念

自中国在国际舞台正式提出"和谐世界"理念以来，得到了越来越多国家的认可与赞许，但亦有不少国家的政治家与学者对其提出质疑，认为"和谐世界"只不过是一个华而不实的口号而已。对此，我们不能一味地指责外国人对中国提出的外交理念的曲解，毕竟，世界上许多国家都曾对未来美好的理想世界提出过设想，但是最终不是流于形式，就是以失败告终。因此，我们现在最应该做的就是，一方面，努力践行"和谐世界"理念，另一方面，继续丰富和充实"和谐世界"理念的内涵，并对其进行明确的解释，尽量避免歧义的产生，从而为真正地贯彻和实施"和谐世界"理念打下坚实的基础。①

一　"和谐世界"理念的内涵

"和谐世界"理念的内涵非常丰富，需要进行全方位、多视角、宽

---

① 本书赞同吉林大学法学院何志鹏副教授关于"和谐世界"的看法。他指出："只有在理论上对和谐世界的内涵与外延进行明确的解释，它才不会仅仅流于一个宣传标语；只有在实践上明确实现和谐世界的具体方案和道路，它才不会仅仅是一个遥不可及的空中楼阁。"参见何志鹏《国际法治：和谐世界的必由之路》，《清华法学》2009 年第 1 期。

领域地解读与分析。但无论是从哪个方位、哪个视角、哪个领域来分析，首先需要解决的一个问题便是对"和谐"的明确界定。

（一）"和谐"

中国人对"和谐"一词并不陌生，尤其是中央提出构建"和谐社会"之后，我们随处可见"和谐家庭"、"和谐校园"、"和谐食堂"、"和谐社区"等标语，于 2009 年 12 月 26 日开始运营的世界上速度最快的武（汉）广（州）列车也以"和谐号"命名。尽管如此，到底什么是"和谐"，"和谐"的具体内涵是什么？不同场合与不同领域使用的"和谐"是否都是一个意思？这不是一个简单的问题，需要我们认真对待。①

中国自古便有"和谐"思想，其思想源流可以追溯到老庄道家"以天合天"的自然哲学和孔孟儒家"天人合一"的伦理哲学。②《晋书·挚虞传》有云："施之金石，则音韵和谐。"《魏书萧赜传》有云："赜 初为太子时，特奢侈。道成 每欲废之，赖 王敬则 和谐。"司马光《史记》中的《瞽叟杀人》记载："所贵於 舜 者，为其能以孝和谐其亲。"

"和谐"思想（或理念）并非中国所独有，其他国家也有相同或类似的思想。这一点，中国国家领导人在多种场合曾多次提及。例如：胡锦涛主席在沙特阿拉伯王国协商会议（2006 年 4 月）的演讲中指出，"中华民族和阿拉伯民族的先哲们，在探索人类社会发展规律的过程中不约而同地提出了和谐的思想。他们都主张，在承认差异性和多样性的前提下，实现社会和谐。这一主张至今仍闪烁着灿烂的思想光芒，为我

---

① 越简单的词语越容易产生歧义，因为大多数人都是"想当然"使用它，但事实表明，每个人对同一词语的"想当然"并不一致。俗话说，真理越辩越明，这没有错，但是有一个关键的前提，即大家必须是在谈论同一个东西。当前学术界就存在这么一种不太好的现象，大家就某一问题争得面红耳赤，但由于往往争论的是同一问题的不同层面，导致最终争论的效果不是太理想。例如，中国的外交到底应不应该继续坚持"韬光养晦"策略（或政策），有学者说应该坚持，有学者说不应该坚持。乍一看，双方都有道理，难以取舍。仔细分析，双方之所以得出不同的结论，源于对"韬光养晦"的不同理解。实际上，中国现行的外交政策既符合坚持论者的观点，也符合否定论者的观点。

② 参见王云芳《建构"和谐世界"理念的障碍及理论选择》，《理论导刊》2006 年第 9期。

们审视和处理国际关系提供了重要启迪。"① 温家宝总理在开罗阿拉伯国家联盟总部的演讲（2009 年 11 月）中指出："在中华文明中，早就有'和为贵'、'和而不同'、'己所不欲，勿施于人'等伟大思想。伊斯兰文明也蕴涵着崇尚和平、倡导宽容的理念。《古兰经》就有一百多处讲到和平。"② 全国政协主席贾庆林在英中贸易协会欢迎午宴上的演讲（2006 年 10 月）中说，"和谐"是中国传统文化的重要理念，也是全世界不同种族的人们共同追求的社会理想。中英两国的先哲们在探索人类社会发展规律的过程中，都对和谐思想有过精辟的阐述和不懈的追求，都主张在承认差异性和多样性的前提下实现社会和谐。③

由此可见，古、今、中、外都有关于"和谐"的论述，限于篇幅，本书无意也不可能穷其所有，不谈"古"，只谈"今"，"外"只谈国外国际关系（政治）学界对"和谐"的理解。

1. 国外国际关系（政治）学界对"和谐"的理解

新自由制度主义的代表人物罗伯特·基欧汉认为："和谐是指一种状态，在这种状态中，行为者的政策（追求自身利益而不考虑其他人）能够自动地促进其他行为者目标的实现。"④ 这与经济学鼻祖亚当·斯密的经典论断："个人对自身利益的追求在看不见的手的引导下能够无意识地增进社会利益"如出一辙。然而，亚当·斯密的这一论断是有严格前提条件的，即市场必须是处于完全竞争状态。由于"完全竞争的市场"只是理论上的假设，现实中基本上不存在，因此，实际生活中经常出现的是类似"公用地的悲剧"与"集体行动的逻辑"的现象，而不是"个人利益"与"社会利益"完美结合的现象。正是从这一现状出发，不仅现实主义学派否认国际社会存在"和谐状态"，比如，肯尼

---

① 胡锦涛：《促进中东和平 建设和谐世界——在沙特阿拉伯王国协商会议的演讲》，《人民日报》2006 年 4 月 24 日。

② 温家宝：《尊重文明的多样性——在开罗阿拉伯国家联盟总部的演讲》，《人民日报》2009 年 11 月 8 日。

③ 贾庆林：《加强互利合作 共建和谐世界——在英中贸易协会欢迎午宴上的演讲》，《人民日报》2006 年 10 月 26 日。

④ ［美］罗伯特·基欧汉：《霸权之后——世界政治经济中的合作与纷争》，苏长和等译，上海人民出版社 2001 年版，第 61 页。

思·华尔兹认为："在无政府状态的环境中，是不存在和谐状况的。"①就连提出这一概念的罗伯特·基欧汉也认为"和谐状态"是一种"理想化的、不现实的"状态，即使存在的话，在世界政治中也是罕见的，"当国家权力为了某些特定的利益而被用来反对其他国家时，即使存在充分的潜在的共同收益，也不可能形成和谐的局面"②。

历来与理性主义（现实主义和新自由制度主义）"唱反调"的建构主义，在此问题上也不例外。亚历山大·温特认为，国际无政府状态不是一成不变的，现在的国际社会已由"霍布斯文化"的无政府状态基本过渡到"洛克文化"的无政府状态，并已出现"康德文化"的无政府状态的迹象。亚历山大·温特认为，"康德文化"的无政府状态，即国家之间是一种朋友的关系，类似于"和谐状态"。但这种"和谐状态"是"民主国家"之间的"和谐"，而不包括"非民主国家"在内。

2. 中国国际关系（政治）学界对"和谐"的理解

中国社会科学院国际问题研究学部主任张蕴岭教授指出，"和谐"指的是一种行为方式，作为这种行为方式的结果，可以形成一种秩序。从国际关系的角度来说，它是各国共处的一种方式，即以协商、合作而不是武断、对抗的方式来处理相互间关系和具有相关利益的事务，从而形成一种以协调、合作为主的国际关系秩序，而这种秩序的结果就是和平。和谐是一种构建、一种动态追求，也可以说是一种理想。③

吉林大学法学院何志鹏副教授认为，和谐意味着存在差异，但彼此不冲突；作为一个系统，从外部看具有整体性，内部关系良好。④

北京外国语大学国际关系学院尹继武博士另辟蹊径，认为，为更好地理解"和谐"的内涵，需要回答什么不是和谐，即寻找一种和谐的消极定义方式。如果将人类基本关系的主要状态划分为冲突、合作与一体化等，那么和谐的特征之一就是没有冲突。和谐没有上限，很难探寻一种和谐的充分条件；但是和谐是有下限的，也就是说和谐必须具有一

① ［美］肯尼思·华尔兹：《人、国家与战争——一种理论分析》，倪世雄等译，上海译文出版社1991年版，第157、161页。

② ［美］罗伯特·基欧汉：《霸权之后——世界政治经济中的合作与纷争》，苏长和等译，上海人民出版社2001年版，第62、65页。

③ 张蕴岭：《关于构建和谐世界的思考》，《当代亚太》2008年第2期。

④ 何志鹏：《国际法治：和谐世界的必由之路》，《清华法学》2009年第1期。

系列的必要条件，冲突的规避和缓解是和谐的一个必要条件。①

3. 本书对"和谐"的界定

通过上述分析，可见中国学者与西方学者对"和谐"的认识有共同之处，即都认为"和谐"是一种理想状态。但是，在"什么是理想状态"方面存在较大差异。西方学者认为，"和谐"意味着个体与整体的完美结合，是一种最高境界，乃至现实生活中不可能存在，只存在于理论的真空中；② 中国学者认为，"和谐"意味着存在差异但彼此不冲突，是一种相对较高的境界，③ "和谐"不只是理论的研究对象，也是现实生活中的现象，而且经过世界各国的共同努力这种现象会越来越多。综合考虑中国学者与西方学者的观点，在坚持唯物辩证法的基本前提下，本书对"和谐"做如下界定。④

（1）和谐是强调合作的和谐

合作是和谐最重要的特征之一。如果说和谐是目标，那么合作是手段；如果说和谐是理想，那么合作是过程。

（2）和谐是承认竞争的和谐

和谐强调合作，但并不排斥竞争，事实上，合作与竞争是一个事物的两面。合作中有竞争，竞争是为了更好的合作。

（3）和谐是承认矛盾的和谐

在西方国际关系（政治）学者看来，和谐是没有差别，没有冲突，没有矛盾的。⑤ 这种看法显然不符合唯物辩证法。在唯物辩证法看来，矛盾无处不在，无时不在，矛盾是世界的本质属性，是世界发展进步的动力。因此，"和谐"不是绝对一致的没有差别，不是绝对一致的没有冲突，而是矛盾的。"和谐"承认并尊重差别的存在，而有差别就会有

---

① 尹继武：《和谐世界秩序的可能：社会心理学的视角》，《世界经济与政治》2009 年第 5 期。

② 为何有些西方媒体和学者将中国提出的"和谐世界"视为乌托邦，根源就在于此。

③ "相对较高的境界"意指比国际社会的现实境况要高，但与最高境界的差距还很大。

④ 张周志：《和谐发展与社会正义》，《马克思主义与现实》2009 年第 4 期；张炳照：《"和谐"的哲学解读》，《新视野》2007 年第 3 期。

⑤ 不能笼统地说西方学者都这样看，因为在西方思想界，还是有很多学者是承认"和谐是有差别，有冲突，有矛盾的"。例如，古希腊哲学家赫拉克利特就曾说过，"自然也追求对立的东西，它是从对立的东西产生和谐，而不是从相同的东西产生和谐"。参见《古希腊罗马哲学》，北京大学哲学系外国哲学史教研室编译，商务印书馆 1961 年版，第 19 页。

矛盾。"和谐"承认矛盾的存在，与此同时，认为矛盾是可以调和的。

（4）和谐是稳定动态平衡下的和谐

和谐是一种稳定状态，但不是静态的稳定，而是动态的稳定。换句话说，和谐是相对的、有条件的，而不是绝对的，无条件的。在唯物辩证法看来，静态是相对的，动态是绝对的，因此，和谐是一种动态稳定的状态。

（5）和谐是尊重多元价值观的和谐

在唯物辩证法看来，世上没有绝对相同或完全一致的东西。因此，和谐不追求绝对相同或完全一致，而是强调多元不同因素的共生相济。和谐是一种多元利益主体、多种利益关系、多种思想理念同时并存、相互博弈，从而共生共荣的良性发展状态。这种状态是"不同而和"或者"和而不同"。

（二）"和谐世界"的内涵

关于"和谐世界"的定义，学术界见仁见智，主要有：

定义一：为了世界的持久和平与永久繁荣，具有不同价值的主体之间，以及主体与自然之间和谐相处、良性互动的状态。这种状态，世界各国依据各自的时空，既可对和谐世界目标进行阶段性分解，又便于实践检验，更易为国际社会所接受和认同。[①]

定义二：所谓和谐世界就是在承认并尊重不同文明、不同历史文化的差异，尊重各民族国家自主选择社会制度和发展道路的前提下，共同致力于世界和平与发展，推进政治民主，促进经济可持续发展，实现人与自然的和谐相处。[②]

定义三：和谐世界就是指世界各国顺应（配合）时代的发展趋势，为实现"持久和平、共同繁荣"的共同目标，相互间及与自然环境间处于对称平衡、相宜相生、和衷共济的状态。[③]

上述定义均有一定的合理性，但是鉴于"和谐世界"内涵与外延的

---

① 陈律：《关于"和谐世界"思想科学内涵的再探讨》，《企业家天地》2007 年第 12 期。
② 许珍芳：《论创建和谐世界的必要性》，《福建党史月刊》2005 年第 12 期。
③ 宋秀琚、程又中：《和谐世界：涵义、品质和建设路径选择》，《当代世界与社会主义》2009 年第 3 期。

广泛性与复杂性,① 任何规范性定义都难免有挂一漏万之嫌。本书认为,试图给"和谐世界"一个规范性定义是徒劳的,只能给出一个描述性定义。因此,本书对"和谐世界"做如下理解。

1. "和谐世界"是一个持久和平的世界

一个没有和平的世界,不是一个和谐世界;一个没有持久和平的世界,也不能称为和谐世界。只有持久和平的世界,才是和谐世界。这里的"持久和平"有如下几层含义:第一,持久和平不是短暂的和平,至少要持续几十年的时间;第二,持久和平不意味着没有冲突乃至战争,但是冲突或战争爆发后,必须是以和平的方式解决;第三,持久和平不是霸权压迫下的被动和平,也不是核恐怖下的消极和平,而是建立在各国相互尊重基础之上的自觉的和平。第四,持久和平是一种理想价值,但不是脱离现实的乌托邦,是一种与现实紧密联系的能够实现的和平价值。

2. "和谐世界"是一个共同繁荣的世界

只有一两个国家发达而其他国家不发展的世界,不是和谐世界;世界各国都在发展但两极分化却日益严重,也不是和谐世界。只有共同繁荣的世界,才称得上和谐世界。所谓"共同繁荣",不只是世界各国都在发展,更重要的是位于发展前列的国家(前发展国家),在自身发展的同时带动发展靠后的国家(后发展国家)一起发展。这种行为既可以说是高尚的,也可以说是自私的,说"高尚"是因为前发展国家帮助了后发展国家的发展;说"自私"是因为前发展国家如果不帮助后发展国家发展的话,自身的发展最终也将会受限。

3. "和谐世界"是一个包容开放的世界

一个故步自封、各自为政的世界,不是和谐世界;一个相互猜疑、互不信任的世界,不是和谐世界,一个自以为是、轻视他国的世界,不是和谐世界。只有坚持包容开放、相互尊重的世界,才是和谐世界。"包容开放"的世界要求:第一,尊重文明的多样性和发展模式的多元化;第二,不同文明相互交流,不同发展模式相互借鉴;第三,反对将自己的文明、发展模式强加于其他国家。中国前亚太经合组织(APEC)

---

① 当然,"和谐世界"也不是无所不包,而是有所限定的,即"和谐世界"是持久和平、共同繁荣的世界。

高官王嵎生说得好，"一枝独秀"固然值得羡慕和骄傲，但"孤芳自赏"毕竟不讨人喜欢。人类社会需要的是"万物并育而不相害，道并行而不相悖"①。

4. "和谐世界"是一个合作共赢的世界

一个采取单边行动的世界，不是和谐世界；一个追求利益独吞的世界，不是和谐世界。只有合作共赢的世界，才是和谐世界。"合作共赢"的世界要求：第一，各国在各领域展开平等互利的合作，解决各国面临的共同问题；第二，谋求各国最大的共同利益，实现互利共赢（双赢或多赢）。②

5. "和谐世界"是一个可持续发展的世界

一个只求人类发展不注重自然环境的世界，不是和谐世界；一个只求经济发展不注重社会发展的世界，不是和谐世界；一个只求眼前发展不注重长远发展的世界，不是和谐世界。只有可持续发展的世界，才是和谐世界。"可持续发展"的世界要求：第一，促进人与自然的和谐发展。人与人要讲和谐，人与社会要讲和谐，人与自然也要讲和谐，这既可以说是人类社会发展的进步，也可以说是人类社会发展的教训。曾几何时，"人定胜天"体现的是人类战胜大自然的勇气，事实证明，人类在某种程度上"征服"了自然，但是与此同时，人类也日益受到或正面临着大自然的惩罚。看看下面这些醒目的标题："马尔代夫总统在水下召开内阁会议"、"图瓦卢——即将消失的国度"，谁还会否认人与自然和谐的重要性。第二，树立"人类是一家"的普遍共识。已有学者给我们提出了目标："人类虽然很难想象建成一个地上的乐园，但是我们应该采取更加负责任的行动，有可能去建成一个为整个地球以及为生息于此的各种生物提供必要生存条件基础的社会，即一个公正和可持续发展的社会，以及不存在会使人类自我毁灭的暴力的社会。"③

上述"和谐世界"的各个方面不是孤立的，而是一个有机整体，它

---

① 王嵎生：《关于构建和谐世界的思考》，《和平与发展》2006 年第 3 期。

② 这里所说的"共赢"，第一，不是指参与合作的各方获益均等；第二，指的是各方获得的绝对利益，不是相对利益。

③ Barash，David. Ed.，Approaches to Peace：A Reader in Peace Studies. New York：Oxford University Press，2000，pp. 1—2. 转引自［日］星野昭吉《全球社会和平学》，梁云祥等译，北京师范大学出版社 2007 年版，第 2 页。

们相互联系、相互促进，共同构成"和谐世界"丰富的内涵。

二 对"和谐世界"理念误解的批判

（一）误解一："和谐世界"理念是乌托邦

也许有人会指出质疑，"和谐世界"理念是不是乌托邦？"和谐世界"理念的提出，具有浓厚的理想主义色彩，但绝不仅仅是出于"浪漫情怀"，是遥不可及的乌托邦。对此，本书做如下理解：

第一，"和谐世界"理念，是对将来国际社会的一种期盼，而不是对国际社会现实的总结，因此可以说是一种理想主义。

第二，"和谐世界"理念要求：政治上相互尊重、平等协商，共同推进国际关系民主化；经济上相互合作、优势互补，共同推动经济全球化朝着均衡、普惠、共赢的方向发展；文化上相互借鉴、求同存异，尊重世界多样性，共同促进人类文明繁荣进步；安全上相互信任、加强合作，坚持用和平方式而不是战争手段解决国际争端，共同维护世界和平稳定；环保上相互帮助、协力推进，共同呵护人类赖以生存的地球家园。这些内容是时代的呼唤与需要，是世界人民的渴望，符合绝大多数国家的利益，能够得到他们的认可与支持。

第三，"和谐世界"理念不是追求没有冲突、没有矛盾的虚无境界，它承认存在冲突，存在矛盾，它只是要求尽量减少不必要的冲突和不必要的矛盾，当冲突和矛盾产生时，它要求通过和平的方式去解决。

第四，"和谐世界"理念具有坚实的现实基础，切实可行。从主观条件来看，"和谐世界"理念尊重多样性，追求合理性，与《联合国宪章》、国际法以及国际关系基本准则相一致。从客观条件来看，全球化时代背景下，各国利益相互交织在一起，真正形成了"一荣俱荣、一损俱损"的局面，这就要求各国相互尊重、平等相待，共同处理人类面临的全球问题。

综上所述，"和谐世界"理念不是空想，不是乌托邦，是经过各国共同努力能够真正实现的理想。

（二）误解二："和谐世界"理念的目的在于"塑造中国负责任的大国形象"

有人指出，中国之所以提出"和谐世界"理念，主要目的在于"塑造中国负责任的大国形象"。本书认为，这种看法既不能说全错，也不能说全对。"和谐世界"理念与"负责任的大国形象"之间存在如下关系：

第一，"和谐世界"理念与"负责任的大国形象"之间没有必然的联系，不能说"和谐世界"理念一提出，就表明中国是一个"负责任的大国形象"。其一，中国之所以提出"和谐世界"理念的原因有很多（参见导论部分），即使有"塑造中国负责任的大国形象"的原因，也不是主要的，① 如果把"塑造中国负责任的大国形象"看作"和谐世界"理念的目标，很容易引起别人的误会，以为中国完全是出于私利而提出"和谐世界"理念，这与我们提出"和谐世界"理念的目标——持久和平与共同繁荣的世界，它符合整个人类的共同利益——相背离。这对于本来就存在的"中国威胁论"无异于雪上加霜。其二，中国"负责任大国的形象"的塑造和提升，不在于中国提出什么新理念，关键取决于中国的实力及其在世界事务处理中是否发挥建设性的作用。

第二，"和谐世界"理念的提出有助于"塑造中国负责任的大国形象"。中国提出与西方截然不同的国际新秩序——"和谐世界"理念，然后将该理念付诸实施，使世界各国看到中国的诚意，进而成功地"塑造中国负责任的大国形象"。

总而言之，"负责任的大国形象"只能是"和谐世界"理念的一种客观结果，而不能仅仅是一种主观追求。

（三）误解三："和谐世界"理念为大国服务

有人指出，"和谐世界"理念是为大国服务的。本书认为，这种观点值得商榷。

第一，"和谐世界"理念提出了国家在政治上、经济上、文化上、环境上以及国际事务上的具体准则与要求。因此，与其说是为大国服务，不如说是对大国提出了更高的要求。

第二，"和谐世界"理念的目标是建立一个持久和平、共同繁荣的世界。它不是为哪个国家或哪些国家服务的问题，如果非要说"为谁服务"的话，那么，"和谐世界"理念无疑是为全人类服务。

---

① "原因"有两种：一种是"前原因"，或直接原因；另一种是"后原因"，或间接原因。一般而言，前原因的重要性大于后原因。照此理解，"塑造中国负责任的大国形象"只能算作"和谐世界"理念提出的"后原因"。

（四）误解四："和谐世界"理念不该细化

有学者把"和谐世界"视为具有中国特色的哲学思想和文化传统的努力目标，不宜也不该细化。[①] 把"和谐世界"视为具有中国特色的哲学思想和文化传统的努力目标，是没有什么问题的，但是因此得出"不宜也不该细化"的结论，显然是欠妥的。

第一，"和谐世界"理念是努力目标，但不是全部。更重要的，"和谐世界"理念是当前、近期和中期的任务，它要成为我国的具体对外政策。因此，"和谐世界"理念需要细化，既要有对过去经验的总结，也要有对未来目标的规划，还要有对现实的具体定位。

第二，"和谐世界"理念需要细化，因为其内涵与外延不是静态的，而是动态的，需要根据不断的实践来继续丰富和修正。也只有这样，才更易为国际社会所接受和认同。

（五）"和谐世界"理念意味着中国要发挥领导世界的作用

日内瓦大学相蓝欣教授认为，"和谐世界"的口号非常"危险"，因为它似乎暗示着中国要来领导世界走向和谐。[②] 相蓝钦教授将"和谐世界"理解为"to harmonize the world"显然不是"和谐世界"（the harmonious world）的原意。

第一，"to harmonize the world"的中心词是"harmonize"（和谐地），而不是"world"（世界）的只有"和谐"之名，没有"和谐"之实，有借"和谐"之名图称霸世界之嫌。而"the harmonious world"的中心词是"world"（世界），"harmonious"（和谐的）是形容词，不仅有"和谐"之名，而且有"和谐"之实，它不仅强调"和谐"的过程（当然并不否认斗争的存在），更强调"和谐"的结果。由此可见，"to harmonize the world"与"the harmonious world"是不同的。

第二，"和谐世界"理念是中国提出来的，中国在构建"和谐世界"的过程中正发挥着重要作用是毋庸置疑的，但说中国要发挥领导世界的作用，显然是对中国和中国外交政策的曲解，因为中国历来强调并一再重申："中国不当头，不称霸，即使将来发达了也不当头，不

---

① 杨洁勉：《试论和谐世界理念与国际体系转型的互动》，《毛泽东邓小平理论研究》2007 年第 1 期。

② 转引自赵汀阳《"和谐世界"的提法没有什么不妥》，《理论参考》2007 年第 5 期。

称霸。"

（六）"和谐世界"理念是中国为了取得话语权

有学者指出，中国提出"和谐世界"理念完全是为了取得国际话语权。这种观点不管是有意还是无意，都无益于中国的国家利益。

第一，"和谐世界"理念，是中国根据当今时代发展的需要而提出的宏大理想与应对之策，而不是为了取得话语权。

第二，如果说中国目前的话语权在增大，直接原因不在于中国提出了"和谐世界"理念，而在于中国自身实力的提高与更积极地参与国际事务并在其中发挥关键作用。

第三，"和谐世界"理念强调平等、互利、合作、共赢、对话等观念，比较容易为国际社会所接受与认可，但这与取得话语权不是一回事。

三 "和谐世界"与"和谐社会"的关系

"和谐社会"与"和谐世界"（以下简称"两个和谐"），是近年来以胡锦涛为核心的中国新一届中央领导集体提出的两个具有丰富内涵和深远意义的新概念。认清"两个和谐"的区别与关联，对于我们更好地推进"两个和谐"建设大有裨益。

（一）关联

1. "两个和谐"共同构成国家的整体战略

"两个和谐"是中国特色社会主义的重要组成部分，是一个互相关联的整体思想体系，和谐社会是新时期国内战略的大思路，和谐世界则是新时期国际战略的大思路，对内战略与对外战略共同构成国家的整体战略。①

2. "两个和谐"的一致性

"两个和谐"有着内在的一致性，表现为：第一，共同的文化底蕴。"两个和谐"都是中国传统文化"和为贵"、"天人合一"等的现代体现。第二，共同的目标追求。"两个和谐"都以谋和平、求合作、促发展为目标。

---

① 房广顺：《和谐世界视角下中国外交战略的理论创新》，《东南亚纵横》2009 年第 7 期；任洁：《中国特色社会主义视域中的和谐世界》，《当代世界与社会主义》2008 年第 2 期。

3. "两个和谐"相辅相成

内政与外交从来不分家，在全球化日益发展的当今时代更是如此。分别作为"内政"与"外交"体现的"和谐社会"与"和谐世界"是辩证统一的关系，相辅相成。

（1）"和谐社会"之于"和谐世界"

中国有句古话，叫"内圣而外王"，意即只有"内圣"，才能做到"外王"。"和谐社会"与"和谐世界"也有这层关系，即"和谐社会"是"和谐世界"的基础，或必要条件。中国如能创建"和谐社会"，中国的综合国力必将在现有的基础上更上一层楼，在国际社会上的地位更加举足轻重，中国的发展经验（或可称为"中国模式"）到时更具榜样力量，产生全球性的示范效应，[①] 得到国际社会的广泛尊重与认可，从而更加有利于推动和谐世界的构建。正所谓："内和乃求外顺，内和必致外和。"[②]反之，中国如果连"和谐社会"都做不到，别人就会质疑中国提出的"和谐世界"理念的可行性，"一屋不扫何以扫天下"，"和谐世界"理念的内涵即使再完美，也将最终由于缺乏事实说服力而流于空洞。[③] 这是其一。其二，作为拥有13亿人口的最大的发展中国家，中国不和谐，世界和谐无异于"天方夜谭"。

（2）"和谐世界"之于"和谐社会"

"和谐世界"是"和谐社会"的自然延伸与重要外部条件。"和谐社会"的构建需要一个和平稳定的国际大环境，往大处说便是"和谐世界"，因为如果没有一个和平稳定的国际大环境，一国构建"和谐社会"谈何容易。

（二）区别

关于"两个和谐"的区别，上海国际问题研究所所长杨洁勉先生概括的非常到位，他指出"和谐世界是和谐社会的自然延伸，但不是和谐

---

① 当然，"中国模式"是否存在还没有定论。即使"中国模式"存在，它是否适用于其他国家也是一个未知数。因此，这里所谓的"榜样力量"和"示范效应"仅仅是一种可能，是他国主动认可，而不是中国强制推行。中国不能像美国那样试图通过包括武力在内的各种手段让其他国家承认它是"山巅之城"。

② 参见叶小文《呼吁"和谐世界"的文化底蕴》，《中国报道》2007年第5期。

③ 任晶晶：《中国和平发展国际战略的总纲——"和谐世界"理念研究述评》，《社会科学管理与评论》2008年第3期。

社会的简单放大"①。因此，有部分学者将"和谐社会"的某些特征生搬硬套到"和谐世界"上面是不恰当的。只可惜杨先生没有具体展开，本书在综合考察学术界关于"两个和谐"有关论述的基础上将"两个和谐"的区别概括如下：

1. 主体不同

"和谐社会"的主体是人或人群，主要处理人与人或人群与人群之间的关系；"和谐世界"的主体是国家或国家集团，主要处理国家与国家、国家集团与国家集团之间的关系。②

2. 范围不同

"和谐社会"的范围较窄，仅限于一个国家内部，它的原则、规范与要求仅适用于单个国家；"和谐世界"的范围较广，涉及整个世界，它的原则、规范与要求适用于整个国际社会。

3. 内涵不同

"和谐社会"是民主法治、公平正义、诚信友爱、充满活力、安定有序、人与自然和谐相处的社会，是体现公平、彼此友爱、运行有序、充满活力的社会，是人与人、人与自然、人与社会等和谐发展的社会，更重要的是社会主义和谐社会是没有重大矛盾根本对立、冲突的社会。"和谐世界"的内涵是：在安全观上，坚持多边主义，实现共同安全；在发展观上，发展优先，重点是最不发达的国家特别是非洲国家的经济发展问题，同时强调发达国家的责任问题；在外交上，经济优先，在政治关系中去意识形态化；在全球设计上，要和平，促发展，谋合作。③

4. 价值取向不同

"和谐社会"的价值取向是建设社会主义；"和谐世界"的价值取向是求同存异、大道包容，尊重各种文明、各种制度的共同发展。④

四 "和谐世界"理念与中国传统外交理念的传承关系

"和谐世界"理念是马克思主义中国化在当代中国外交领域的具体体

---

① 杨洁勉：《试论和谐世界理念与国际体系转型的互动》，《毛泽东邓小平理论研究》2007 年第 1 期。

② 参见萨本望《建设和谐世界的必由之路》，《和平与发展》2006 年第 4 期。

③ 参见谭虎娃《关于和谐世界提出的多维思考》，《兰州学刊》2006 年第 6 期。

④ 同上。

现，同我国一贯倡导的和平外交理念具有很大的传承关系，也就是对这些和平外交理念的全面继承与发展。具体而言，"和谐世界"理念继承和发展了以毛泽东为核心的第一代中央领导集体的"和平共处"五项原则；继承和发展了以邓小平为核心的第二代中央领导集体的"和平发展"理念；继承和发展了以江泽民为核心的第三代中央领导集体的外交思想。

（一）"和谐世界"理念是对"和平共处"五项原则的继承和发展

早在新中国建立前夕，毛泽东在阐述新中国的对外政策时，就曾几次提出和平共处五项原则的主要内容。1949 年 4 月 30 日，毛泽东在起草的一份声明中指出："中国人民革命军事委员会和人民政府愿意考虑同各国建立外交关系，这种关系必须建立在平等、互利、互相尊重主权和领土完整的基础上，首先是不能帮助国民党反动派。"① 1949 年 6 月15 日，毛泽东在中国共产党七届二中全会上指出："任何外国政府，只要它愿意断绝对于中国反动派的关系，不再勾结或援助中国反动派，并向人民的中国采取真正的而不是虚伪的友好态度，我们就愿意同它在平等、互利和互相尊重领土主权的原则和基础上，谈判建立外交关系的问题。"② 1953 年 12 月，周恩来总理会见印度代表团时，第一次提出和平共处五项原则的设想。后来，这五项原则完整地写进 1954 年 4 月发表的《中印关于中国西藏地方和印度之间的通商和交通协定》的序言。1954 年 6 月，周恩来总理访问印度和缅甸时，在联合声明中，一致同意将和平共处五项原则，作为指导中印、中缅关系的基本原则。1955 年4 月，在万隆举行的亚非会议上，和平共处五项原则得到引申和发展，会议通过了"万隆十项原则"，在国际上已被广泛接受，并产生了深远影响。和平共处五项原则最初是处理不同社会制度国家间关系的基本准则，后来推广至处理一切国家间关系，从双边关系延伸到多边关系。和平共处五项原则的制定与实施，对于新中国成功突破帝国主义的封锁，实现与不同社会制度国家间的关系发挥了重要作用。战后 60 多年的实践证明，和平共处五项原则是处理国家间关系最富有生命力的原则之一。

2005 年 4 月 22 日，在纪念"万隆会议"50 周年的亚非峰会上，在周总理提出"和平共处五项原则"50 年后，胡锦涛主席提出了构建

---

① 《毛泽东选集》第四卷，人民出版社 1991 年版，第 1461 页。
② 同上书，第 1466 页。

"和谐世界"理念。

"和谐世界"理念继承了和平共处五项原则的内核与精髓：国家主权平等、平等互利、和平共处。但是，和谐世界并不是和平共处五项原则的简单复制，而是在和平共处五项原则的基础上有所发展和突破。"和谐世界"理念的内涵比"和平共处五项原则"更广泛，不仅仅是"互相尊重主权和领土完整、互不侵犯、互不干涉内政、平等互利、和平共处"，还包括相互交流、共同繁荣等内容；"和谐世界"理念的境界和层次比"和平共处五项原则"更高，"和平共处"的着眼点是"不干涉内政"原则，主张"求同存异"，"和谐世界"要求国家相互依存、同舟共济、互相扶持，共同前进，主张"求同尊异"①。

（二）"和谐世界"理念是对"和平发展"理念的继承和发展②

改革开放初期，以邓小平为核心的第二代中央领导集体确立了"和平发展"理念。这一理念的确立并非突发奇想，更非中国外交的权宜之策，而是内、外因素综合作用的结果。一方面，和平发展是立足中国，根据中国自身的传统、历史、身份和要素等作出的战略选择；另一方面，和平发展也是中国放眼世界，对世界形势和时代特征作出的准确回应。改革开放30年来，正是和平发展的外交理念，为中国赢得了发展的国际环境，促使并成就了中国改革开放的伟业；也正是和平发展理念，使得中国外交翻开了崭新的一页，为中国在国际舞台上赢得了地位和尊严，改变了中国的国际形象。可以这样讲，中国的30年改革开放诗篇启动于和平发展理念确定之时，展开于和平发展理念践行之际。

"和平发展"与"和谐世界"的外交理念是中国在不同的发展时期作出的外交战略抉择，从根本上说，二者都反映了中国与世界关系的变化，具有内在的传承关系，主要表现在：第一，立场一致。从中国的立场出发，阐明中国的发展意向以及对世界未来发展走向的期待。第二，内容一致。强调和平与发展的良性互动；谋求中国与世界的共赢；尊重各国人民自主选择发展道路的权利；主张在和平共处五项原则的基础上同所有国家展开友好合作。第三，目标一致。把中国国内发展与对外开放统一起来，

---

① 阎孟伟：《"求同尊异"：构建和谐世界的一个可能的原则》，《江海学刊》2007年第4期。
② 赵长峰：《从和平发展到和谐世界：改革开放以来中国外交理念的传承与发展》，《长白学刊》2009年第4期。

把中国的发展与世界的发展联系起来，把中国的前途命运与世界的前途命运联系起来，把中国人民的根本利益与世界人民的共同利益结合起来。第四，要求一致。遵循联合国宪章宗旨和原则，恪守国际法和公认的国际关系准则。政治上相互尊重、平等协商；经济上相互合作、优势互补；文化上相互借鉴、求同存异；安全上相互信任、加强合作。

"和谐世界"不仅继承了"和平发展"的核心内容，而且在新的国际局势下，结合中国自身的发展状况，对"和平发展"做出了理论创新和发展。第一，"和谐世界"理念表明中国的目光不仅盯着国内，而且关注国际。"和平发展"理念意味着中国将重点放在国内，关注自身的发展；而"和谐世界"理念表明中国不仅关注国内的和谐发展，而且愿意承担与自身实力相协调的国际责任，争做一个带动世界发展的负责任大国。第二，"和谐世界"理念明确了中国未来发展的意图和目标。"和平发展"理念的提出给中国指明了一条通向现代化的发展道路，确定了发展的方式，回答了中国怎样发展，如何崛起的问题，但对崛起之后的中国如何行为没有做出明确的回答。"和谐世界"理念的提出，在"和平发展"理念的基础上前进了一大步。它明确阐明中国要实现什么样的发展目标，明确指出"中国要做什么"的具体措施。第三，"和谐世界"侧重于从目标的视角把握和规范世界。"和平发展"理念着重规范中国与世界相互关系的现有态势，侧重于把握中国与世界相互关系的发展进程；"和谐世界"理念立意更远，它诠释的是中国与世界未来的相互关系以及世界未来的发展意向，侧重于从目标的视角规范世界未来的发展走向。第四，"和谐世界"理念对中国提出了更高的要求。"和谐世界"理念强调国际关系民主化，不仅是对美国霸权主义和单边主义的回答，也是对中国自身的巨大挑战。中国提出"和谐世界"的倡议，自然对自身提出更高的规范，对中国自身的行为提出更高的标准。第五，"和谐世界"理念是现实主义与理想主义的结合。① "和

---

① 这里讲的"理想主义"与"现实主义"与西方国际关系理论和实践的"理想主义"与"现实主义"不同。此处的"理想主义"是指构建一个持久和平、共同繁荣的和谐的世界，这显然是一个还未实现的"理想"；"现实主义"是指为达到和谐世界所采取的一些切实可行的政策，例如，政治上互信、经济上互利、文化上互补等。西方的"理想主义"强调"自由"、"民主"和"人权"，这本身没有不妥，关键是强调唯我独尊，并试图将其强加于其他国家。"现实主义"认为国际社会处于弱肉强食的无政府状态，追求自身利益的最大化，强调实力是决定性的因素。

平发展"理念以服务经济发展为中心，现实主义成分较浓。"和谐世界"尽管还是一种理想状态，但是中国政府从自己国家利益出发，着眼于现实世界中存在的问题，注重和谐世界的价值目标，指出了中国与他国共同努力的方向，所走的是切实可行的"和平发展道路"，是现实主义与理想主义的完美结合。

（三）"和谐世界"理念是对 20 世纪 90 年代以来中国外交思想的继承与发展

20 世纪 90 年代以来，随着我国经济的发展和综合国力的提高，中国在国际事务中扮演了越来越重要的角色，国际地位不断提高。以江泽民为核心的第三代领导集体提出了尊重文明多样性的新文明观，主张互利共赢的新合作观，主张协调和可持续发展的新发展观，主张平等、互信、互利、协作的新安全观，主张大小国家一律平等，在联合国宪章基础上实现国际关系民主化的新秩序观等。

和谐世界理念是在此基础上的延伸。新文明观、新合作观、新发展观、新安全观、新秩序观在"和谐世界"理念中均有所体现，而且内涵更丰富，更具有时代特色，更能体现出民主、和睦、协作、共赢的精神。这就使和谐世界理念能够获得外界更多的共识和共鸣，也能够得到国际社会更多的认可和支持。[①]

五 "和谐世界"理念与中国的传统文化

本部分探讨"中国传统文化"与"和谐世界"的关系，或者更准确地说，探讨"和谐世界"理念的"中国传统文化"渊源。需要注意的是，第一，中国传统文化有优劣之分，我们只关注其中的优秀文化。[②] 第二，中国传统文化历经 5000 年的延续与发展，其中优秀的文化众多，我们此处只关注与"和谐"（包括"和"、"和合"）相关的优秀文化。第三，对于中国的优秀传统文化，要给它以适应现代社会的诠释，赋给它新的意义，而不是照搬原意。

---

① 王毅：《和谐世界：真正具有中国特色的外交理念》，《世界知识》2008 年第 5 期。
② 例如，中国传统文化中有对秩序和法律的观念，也有着与和谐观不相吻合的内容。过去的秩序观是等级的不平等的秩序下的和谐，传统的这些观念用于构建和谐社会是有问题的。参见《和谐世界与中国外交》，《外交评论》2006 年第 1 期。

（一）中国的优秀传统文化

"和合"① 是中国思想文化中被普遍接受和认同的人文精神，它纵贯整个中国文化发展的全过程，横摄于各个时代的各家各派的思想文化之中，因此它是中国思想文化中最完善、最富生命力的体现形式。② 不只是中国学者这样认为，深谙中国文化的外国学者也这样认为。曾经把《易经》翻译成德文的著名德国汉学家卫礼贤（Richard Wiehelm）曾说："中国文化在本质上是建立在和谐基础之上的理想，它处在宇宙和社会组织的理性之中。"③

1. 和合理念贯穿于中华文化发展的全过程

中华先贤论述和谐理念以及和合思想的古代经典俯拾皆是、不胜枚举。早在3000多年前，甲骨文和金文中就有了"和"字。西周时期，周太史史伯就提出"和实生物，同则不继"的观点。到了春秋战国时期，诸子百家更是经常运用"和"的概念来阐发他们的哲学思想和文化理念。《左传 襄公十年》有文称"如乐之和，无所不谐"，《管子 兵法第十七》有文曰"和合故能谐"等等不一而足。到了近代，"社会和谐、天下太平"的理想有了新的发展，太平天国运动的领袖洪秀全则追求"有田同耕，有饭同食，有衣同穿，有钱同使，无处不均匀，无人不饱暖"的大同社会。康有为在《大同书》中提出，要建立一个"人人相亲，人人平等，天下为公"的大同世界。孙中山则始终把"天下为公"、"世界大同"作为自己的奋斗目标和理想。④

2. 和合理念遍及中国古代各家各派

中国古代有"三教九流"之说，"三教"指儒、释、道，也就是儒教、佛教、道教；"九流"指儒家、墨家、道家、名家、法家、杂家、农家、阴阳家、纵横家。"三教九流"均有和合思想。

（1）儒教（或儒家）的"和"思想

作为中国最优秀的传统文化之一，在"三教九流"中，儒教（或

① "和合"与"和谐"作为一个完整的词汇在古代汉语中出现的机会很少。从严格意义上来讲，"和合"与"和谐"是不同的，但是，两者在内涵上还是有很多共同之处的，因此，本书将其混用。

② 冯来兴：《中国传统"和合"文化与构建和谐世界》，《江汉论坛》2006年第5期。

③ 转引自苏惠民《中国的文化传统与和谐世界建设》，《和平与发展》2007年第3期。

④ 张敏：《和谐世界理论的中国文化意蕴》，《理论月刊》2008年第1期；曹峻：《"和谐世界"理想与中国特色国际战略思想的发展》，《毛泽东邓小平理论研究》2007年第8期。

儒家）的"和"思想论述最多，内容最丰富。《荀子·天论》中有"万物各得其和以生，各得其养以成"。《国语·郑语》里说："夫和实生物，同则不继。以他平他谓之和，故能丰长而物归之；若以同裨同，尽乃弃矣。"孔子《论语》中记：有子曰："礼之用，和为贵。先王之道，斯为美。小大由之，有所不行。知和而和，不以礼节之，亦不可行也。"还有"君子和而不同，小人同而不和"。孟子《孟子·公孙丑下》："天时不如地利，地利不如人和。"《中庸》："喜、怒、哀、乐之未发，谓之中。发而皆中节，谓之和。中也者，天下之大本也。和也者，天下之达道也，致中和，天地位焉，万物育焉。"董仲舒的《春秋繁露》说："德莫大于和。"

（2）道教（或道家）的"和"思想

道家思想的集大成者老子则把"社会和谐、天下太平"的理想推向了极致。从无为哲学出发，老子反对一切战争，主张"道"治天下，大国与小国应各安其位，和平相处。

（3）释教（或佛教）的"和"思想

佛教中最著名的"和"思想当属"六和敬"。"六和敬"是指：第一，"身和敬"，要求同住在一起的每个人必须要做到身业清净、和睦相处。第二，"口和敬"，要求做到：不妄语、不两舌、不恶口、不绮语。要说爱语、柔软语、正语、真实语、实义语。第三，"意和敬"，要求"与人乐"而避免"独乐"，绝不要为了获得个人的快意而不顾大众，更不能把个人的快乐建立在大众的痛苦之上。第四，"戒和敬"，就是遵守共同的制度和规约（即"戒"），在共同组织框架、共同的行为规范和准则之下，共同修正自己的行为——语言行为、形体行为和精神行为。第五，"见和敬"，即要在思想上、观念上保持高度的统一。第六，"利和敬"，利就是大家所获得的利益，不论是物质经济上的财利，或者是精神知识上的，要有共同分享的意识，绝不能私藏私匿，也不能厚此薄彼。

（4）墨家的"和"思想

墨家学派的核心思想是"兼相爱，交相利"。"兼"，即视人如己；"兼爱"，即爱人如己；"交相利"，即互相帮助，共谋福利。如果能做到"天下兼相爱"，就可以达到"交相利"的目的。政治上倡导尚贤、尚同和非攻。所谓"非攻"，即反对侵略。

（5）名家的"和"思想

惠施（即惠子）是名家的代表人物。惠施提出了著名的"历物十事"，包括"天与地卑，山与泽平"、"泛爱万物，天地一体"等。惠施的十个命题，主要是对自然界的分析，其中有些含有辩证的因素。他说："至大无外，谓之大一；至小无内，谓之小一。""大一"是说整个空间大到无所不包，不再有外部；"小一"是说物质最小的单位，小到不可再分割，不再有内部。万物既然都由微小的物质粒子构成，同样基于"小一"，所以说"万物毕同"；但是由"小一"构成的万物形态千变万化，在"大一"中所处的位置各不相同，因此又可以说"万物毕异"。在万物千变万化的形态中，有"毕同"和"毕异"的"大同异"，也还有事物之间一般的同异，就是"小同异"。他把事物的异同看作相对的，但又是统一在一起的，这里包含有辩证的因素。

（6）法家的"和"思想

法家是指春秋战国时期的一个学派，主要代表人物有商鞅、慎到、申不害、韩非等。商鞅、慎到、申不害三人分别提倡重法、重势、重术，各有特点。到了法家思想的集大成者韩非时，韩非提出了将三者紧密结合的思想。法是指健全法制，势指的是君主的权势，要独掌军政大权，术是指驾驭群臣、掌握政权、推行法令的策略和手段。主要是察觉、防止犯上作乱，维护君主地位。

（7）杂家的"和"思想

杂家是战国末期的综合学派。因"兼儒墨、合名法"，"于百家之道无不贯综"（《汉书·艺文志》及颜师古注）而得名。由此可见，杂家这种兼容并蓄，广泛吸取其他学派长处的特点，本身就体现了"和"的精神。

（8）农家的"和"思想

农家是战国时期重要学派之一。他们认为农业是衣食之本，应放在一切工作的首位。《孟子·滕文公上》记有许行其人（农家思想的代表人物之一），提出贤者应"与民并耕而食，饔飧而治"，意思是说，君主必须与人民一起耕种，干活才可以取得粮食，自己动手做饭，同时治理国家。另外，许行认为应从平均主义的角度来解决阶级对立的矛盾。

（9）阴阳家的"和"思想

阴阳家的核心思想，是"阴阳"、"五行"之说。其中，"阴"指消极，静态，柔弱，冷淡的一极，"阳"则相对指积极，动态，刚强，炽热的一极。世间万物，都可按此理论，归于其中一极。阴阳二极可以相互转换，阴至则阳生，阳至则阴生，阴阳相济，产生了世间万物。"五行"则是金、木、水、火、土五个元素。五行之间，又存在相生相克，循环连接。世间万物的相互作用和变化，都是以此为基础。

（10）纵横家的"和"思想

所谓"纵横"即合纵与连横。合纵是几个国家联合起来共同对付一个强国，以苏秦和东方六国为代表；连横是一个强国与敌对集团中的一个或几个结成一个或多个联盟，达到瓦解对方，各个击破的目的，以张仪和秦国为代表。鬼谷子——纵横家的另一个主要代表人物（苏秦和张仪的老师），在其著作《鬼谷子》中，除了重点论述谈判之术外，还多处提到了"和"，如"名当则生于实，实生于理，理生于名实之德，德生于和，和生于当"、"用之于人，则量智能、权财力、料气势，为之枢机，以迎之、随之，以箝和之，以意宣之，此飞箝之缀也"。"内者，进说辞也。楗者，楗所谋也。欲说者务稳度，计事者务循顺。阴虑可否，明言得失，以御其志。方来应时，以和其谋。详思来楗，往应时当也。夫内有不合者，不可施行也。乃揣切时宜，从便所为，以求其变。以变求内者，若管取楗。言往者，先顺辞也；说来者，以变言也。善变者审知地势，乃通于天，以化四时，使鬼神，合于阴阳，而牧人民。""捭之者，开也，言也，阳也。阖之者，闭也，默也，阴也。阴阳其和，终始其义。"

3. 和合价值体现在中国文化的各层次。

和合价值体现在中国文化的各层次，小至个人和家庭，大至社会和国家，都讲求"和"。对于个人而言，要重视身心的和谐，追求心气的平和、心境的和乐和心灵的宁静，并在追求身心和谐的修养过程中实现人生的价值；对于家庭而言，"和"更加重要，正所谓"家和万事兴"；对于社会而言，"政通人和"是政治家和普通百姓努力追求的理想目标；对于国家而言，在处理国家之间关系的时候，提倡"一致而百虑，同归而殊途"，最终达到"协和万邦"，和平共处。总而言之，只有"和"，才能做到"修身"、"齐家"、"治国"和"平天下"。

4. "和"的内涵

有学者指出，"和"指的是和谐、和睦、和平、和善等。有学者指出，"和"的首义是人与人的和谐，"和"的价值在于人与自然的和谐，"和"的体现是奉行"中庸之道"，"和"的境界是"和而不同"，"和"的根基是"仁"，"和"扩展到对外关系上就是主张"亲仁善邻"①。有学者指出，"和"的基础，是和而不同，互相包容，求同存异，共生共长。"和"的途径，是以对话求理解，和睦相处；以共识求团结，和衷共济；以包容求和谐，和谐发展。"和"的佳境，是各美其美，美人之美，美美与共，天下大同。② 有学者指出，"和合"思想体现在以下几个方面：第一，天人合一的宇宙观。第二，和而不同、求同存异的价值观。第三，厚德载物的包容精神和"兼相爱"的仁爱精神。第四，和为贵的处世哲学。③

总之，"和"是天地之正道，其本质要求是在不同复杂事物之间准确把握平衡协调各种利益，综合不同意见，化解各种矛盾。④

（二）中国的优秀传统文化对于"和谐世界"的意义

汤一介先生曾提出："如果人们能够更加重视儒家的'普遍和谐'的观念，并对它做出适应现代生活的诠释，并使其落实于操作层面，应该说对今日和将来人类社会的发展是非常重要的。"⑤ 英国著名历史学家汤因比（Arnold Joseph Toynbee）曾为人类走出冷战阴影开出药方："人类已经掌握了可以毁灭自己的高度技术文明手段，同时又处于极端对立的政治、意识形态的营垒，最重要的精神就是中国文明的精髓——和谐。"⑥ 英国哲学家伯特兰·罗素（Bertrand Russell）说，"中国至高无上的伦理品质中的一些东西，现代世界极为需要。这些品质中我认为和气是第一位的"，这种品质"若能够被全世界吸纳，地球上肯定比现在有更多的欢乐详和"⑦。中国人民大学著名哲学家张立文教授提出了"和合学"的五大文化原理，即和生原理、和处原理、和立原理、和达

---

① 曾令勋、李鸿、匡华：《"和谐世界"视野下的中国外交战略转型》，《新远见》2009年第4期。

② 叶小文：《呼吁"和谐世界"的文化底蕴》，《中国报道》2007年第5期。

③ 冯来兴：《中国传统"和合"文化与构建和谐世界》，《江汉论坛》2006年第5期。

④ 曾令勋、李鸿、匡华：《"和谐世界"视野下的中国外交战略转型》，《新远见》2009年第4期。

⑤ 中国孔子基金会：《儒学与廿一世纪》上册，华夏出版社1996年版，第250页。

⑥ 王义桅：《"和谐世界"观的三重内涵》，《教学与研究》2007年第2期。

⑦ 叶小文：《呼吁"和谐世界"的文化底蕴》，《中国报道》2007年第5期。

原理、和爱原理，① 我们以此来探讨中国优秀传统文化对于"和谐世界"的意义。

1. 和生原理

和生原理要求不同意识形态、不同社会制度、不同政治制度和不同经济制度的国家都有存在的权利，都有按照自己的方式管理自己国家的权利，任何国家不得以任何理由剥夺其他国家生存与发展的权利，这是国家与国家之间的和谐。另外，和生原理还要求人类与自然的和谐，即人类与自然都有生存与发展的权利，人类不能肆意掠夺自然，破坏自然环境。

2. 和处原理

和处原理是和生原理的延伸，是更高层次的要求：不仅要和生，而且要和处。所谓"和处"，按照中国的说法就是要"和而不同"，求大同，存小异。在国际方面它要求：第一，政治上，各国平等相待，和睦共处；第二，经济上，优势互补；第三，文化上，尊重文化多样性。

3. 和立原理

和立原理的意思是指，一个国家想得到的东西，也要让别的国家得到，不能自己独吞。举例来说，任何国家的经济发展都离不开能源（如石油）的支撑，因此，一国开拓海外市场，尽最大可能保障石油进口安全实属正常，但是如果一个国家企图霸占或垄断某一产油地（如中东石油）则是不应该的。任何国家都有从某一地区通过合法手段获取石油的权利。

4. 和达原理

和达原理是和立原理的延伸。和达原理要求世界各国应该追求共同繁荣，而不是某一或某些国家的发展建立在他国不发展的基础之上。事实表明，世界各国只有共同繁荣，人类社会的发展才有前途。反之，两极分化日益加剧的国际社会迟早会发生动乱的。

5. 和爱原理

和爱原理很重要，上述和生原理、和处原理、和立原理、和达原理，都以和爱原理为基础，没有"和爱"，便不可能做到"和生"、"和

① 参见张立文《和合学概论——21 世纪文化战略的构想》，首都师范大学出版社 1996 年版，第 586—590 页。

处"、"和立"、"和达"。所谓"爱"，就是孔子讲的"泛爱众"、墨子讲的"兼相爱"。表现在国际政治领域，就是"和为贵"，即国家之间要团结互助，友好相处，尤其是发达国家要力所能及的帮助发展中国家。国际气候合作领域中的"共同但有区别的责任原则"就是这种原理的一种体现。

第二节　比较视野下的"和谐世界"理念

前中国驻法大使吴建民说，在"世界将向何处去"这个问题上，国际上存在很多种观点，但是在当前世界形势下，建立单极世界甚或"民主国家联盟"等想法都不切实际，祸害无穷，相比之下，中国提出的"和谐世界"理念可能是 21 世纪世界的最佳选择。[①]

一　"和谐世界"理念与其他模式的比较

自人类产生以来，冲突与战争便如影随形。为了防止冲突与战争，维护人类和平，人类提出了种种方案，并力图付诸实施，但历史表明没有哪一个方案能够解决这一"千古难题"。直到今天，人类仍在努力探索着，比较着各种方案的优劣。

（一）"和谐世界"理念与"帝国世界"模式的比较

1. "帝国世界"

在理解"帝国世界"之前，首先需要对"帝国"和"帝国主义"有一个清楚的认识。

（1）"帝国"

"帝国"（Empire）一词早已出现，但是直到现在"帝国"还是一个无法界定清楚的概念。[②] 纵观历史，"帝国"在不同的时代被不同的民族国家赋予了不同的内涵。但是总体而言，"帝国"有由褒义到中

---

① 转引自李东屹《"权力与责任"和"中国不高兴"》，《世界知识》2009 年第 11 期。

② 西方学术界对"帝国"理论进行了详细研究，有四大派别：以宗主国为中心的角度、以边缘地带为中心的角度、帝国比较的角度和系统的角度。详见饶淑莹《现代西方学界的帝国理论研究》，《未来与发展》2007 年第 1 期。

性，再由中性到贬义的发展趋势，① 及至现在，"帝国"成了"一个充满了政治和文化危险的词语"②，乃至任何国家和个人在使用它时都谨小慎微，唯恐被他国或他人误解。

何谓"帝国"，简言之，如果一个国家拥有强大实力，乃至可以统一全世界，那么这个国家就可称为"帝国"③。在任何历史阶段，都有若干国家（或个人）对"帝国"垂涎三尺，以达此目的为国家（或个人）最高目标。人类社会发展至今，从来没有哪个国家（或个人）成功过，但是后来者仍对"帝国"趋之若鹜，希望打破历史的"宿命论"，尽管实现"帝国"的困难越来越大。

欧洲文艺复兴时代的开拓人物之一，被恩格斯誉为"中世纪的最后一位诗人，同时又是新时代的最初一位诗人"的但丁·阿利盖里（Dante Alighieri）在《论世界帝国》一书（1311年完成）中，提出了建立"世界帝国"这一世界秩序的政治理想，并系统地、逻辑严密地阐述了建立一统天下的世界帝国的必要性："全人类文明的目标是实现人类发展智力的能力"，而"达到这一目标的最好办法是实现世界和平"，"整个人类注定只有一个目的，因而人类就应该实行独一无二的统治和建立独一无二的政府，而且这种权力应称为君主或帝王。由此可见，为了给尘世带来幸福，一统的政体或帝国是必要的"。"作为国家的某些部分的社会组织以及国家本身，应该组成一个结构，这个结构应由一个统治者或政府来统一，因此，这就必然要由一个单一的世界君主或世界统治机构。""这世界为了获得幸福就必须建立一个一统的政体。"在但丁看来，世界帝国需要由一个且只能一个世界统治者即帝王来统治，因为

---

① 在现代汉语中，一直到20世纪20年代之前，"帝国"一词如果不和"主义"连用，还是一个部分具有褒义的词，含有强大、尊严、伟大、宏阔等意思。但是随着马克思、恩格斯以及列宁思想，尤其是列宁的"帝国主义"理论传入中国，"帝国"一词对于中国的学者和大众而言就转为贬义了。参见尹钛《"帝国主义"在中国的建构——以20世纪20年代的国民革命为例》，《国际关系学院学报》2007年第3期。

② Dominic Lieven, Empire: The Russian Empire and Its Rivals. London: JohnMurray, 2000, p. 8. 转引自饶淑莹《论"帝国"概念的历史沿革及其启示》，《俄罗斯研究》2007年第1期。

③ 在不同历史时期，"帝国"的范围有所不同。古代时期，地区与地区之间缺乏联系，甚至不知对方的存在，"帝国"的范围只限于有限地区，例如"罗马帝国"、"奥斯曼帝国"等。随着新航路的开辟，世界逐步连为一体，这时的"帝国"范围明显扩大，甚至遍及整个世界，而不再仅限于地区，例如大英帝国。

"事情最怕的是乱，而权威多了就会乱，因此，权威应是独一无二的"①。但丁强调，理想中的世界帝国应有具备优良品德的罗马人执掌政权，因为古罗马人建立帝国，统治世界，是顺应上帝的意旨，是合乎公理的。

综合考察历史上出现的古埃及帝国、古罗马帝国、古代波斯帝国、古代印度帝国以及蒙古帝国、奥斯曼帝国、莫卧儿帝国等，我们可以概括出古代帝国的三个特征：一是帝王的至高无上性；二是征服的崇高合理性；三是统治思想的排他性。②

在全球化有了飞速发展的今天，还会出现"帝国"吗？在有些学者看来，答案是肯定的。当今的"帝国"有两个版本：一个是正在出现的"虚拟的帝国"，一个是已经出现的"美帝国"。安东尼奥·奈格里（Antonio Negri）和迈克尔·哈特（Michael Hardt）持前一种观点。他们在合著的《帝国与后社会主义政治》中指出，"伴随着全球市场和全球生产的流通涌现出一个全球秩序、一个全新的逻辑和结构"。"今天，在全球范围内，一种新的主权形式，一种去中心化、网络型的主权正在出现，我们称之为帝国。"③ 这样的"帝国"有三个特征：不以民族国家为中心；帝国的扩张则是包容性的、开放性的；"帝国的发展和扩张的根基之中有着一种和平的思想"④。显然，这一"帝国"与传统意义上的"帝国"——真实的、拥有强大实力的国家——不同，它不是指某一个国家，而是一个"虚拟的帝国"。

当今非常著名的英国人、哈佛大学历史和金融学教授尼尔·弗格森（Niall Ferguson）在《巨人：美利坚帝国的兴衰》⑤ 一书中称美国是"不认账的帝国"。因为从军事、经济、科技以及意识形态的影响力诸

① ［意］但丁：《论世界帝国》，朱虹译，商务印书馆2009年版，第1—26页。

② 钮汉章：《帝国·大同·共处——国际安全的思维与机制选择》，《世界经济与政治论坛》2000年第4期。

③ Hardt, Michael and Negri, Antonio, 2000, Empier, in http://www.hup.harvard.edu. 转引自周穗明《〈帝国〉：全球化时代的无政府主义思潮与战略》，《国外社会科学》2007年第1期。

④ ［意］麦克尔·哈特、［美］安东尼奥·奈格里：《帝国——全球化的政治秩序》，杨建国、范一亭译，江苏人民出版社2005年版，第197—198页。

⑤ Niall Ferguson. Colossus: The Rise and Fall of the American Empire. London, Allen Lane/Penguin Press, 2004.

方面考察，美国都是一个帝国，不论美国人承认与否。① 弗格森认为，美帝国的一大特色就是：以反帝国为名行帝国之实。弗格森认为，帝国并没有过时，更不反动。弗格森认为，帝国制度是一种久经考验的建立秩序、确保公正的方法，而秩序和公正正是这个冷战后世界中极度缺乏的两种特质。他写道："我们所需要的就是一股能够进行干预的力量，来控制流行病、推翻暴君、结束局部战争并根除恐怖组织。"联合国早已证明自己无力完成这一任务。那就只好由美国和那些抱有这种意愿而美国又能聚集起来的盟国去完成。美国人的问题只是，在发挥全球领导作用时，意志不够坚定，政策时常摇摆。美国应该学习先前的那些帝国尤其是英国的经验。对帝国论的反对者，弗格森的回答是："帝国并不可爱，但所有的替代方案现在看来都更糟。"可以取代单极世界的不是多极化，而是无极世界——帝国萎缩，宗教迷狂盛行，经济停滞不前，文明退守进堡垒。没有美国的霸权，世界将回到黑暗时代。②

（2）"帝国主义"

帝国的特征体现为"帝国主义"（Imperialism）。《布莱克维尔政治学百科全书》对"帝国主义"的定义是："它可以指一种政治支配和经济剥削的世界体系，可以指捍卫或扩张绝对统治的政策，也可以指支持帝国野心的这么一种思想意识（这一词的原意），或者，甚至可以指个人的侵略行为。这些不同的含义都牵涉到几个国家通过直接征服或利用少量的正规军队配合经济上的压迫，逐渐统治大半个世界。"③ 本书认为，作为国际政治学科中的"帝国主义"，是指一整套系统的包括为对外实行侵略、兼并、掠夺、压迫的政策及辩护的理论。

在不同的历史时期，"帝国主义"的表现有所不同。20世纪以前，基本上就是赤裸裸地掠夺与扩张，就如霍布森（John Atkinson Hobson）在《帝国主义论》中所指出的那样：这种扩张主要表现为在过去的30多年里，欧洲列强，特别是英国通过直接兼并或政治上的控制，瓜分了

---

① 美国前总统乔治·W. 布什曾"谦虚"地说过："美国是历史上第一个拥有称霸世界的能力，而选择不那样做的国家。"美国前国防部长拉姆斯菲尔德说："美国不是帝国，我们对当帝国没有兴趣。"转引自韩炜《美国的帝国行为》，《新闻周刊》2004年第27期。

② 韩炜：《美国的帝国行为》，《新闻周刊》2004年第27期。

③ ［英］戴维·米勒、韦农·波格丹诺编：《布莱克维尔政治学百科全书》，中国问题研究所等译，中国政法大学出版社1992年版，第348页。

亚洲、非洲的许多地区，以及在太平洋上的许多岛屿。① 冷战结束以后，出现了所谓的"新帝国主义论"，由英国首相布莱尔的外交政策高级顾问罗伯特·库珀（Robert Cooper）首先明确提出。所谓"新帝国主义"是指涉一种价值帝国主义，即建立在西方人普遍认可的自由民主价值观之上的帝国主义。库珀说："虽然具备实行帝国主义的一切条件，但是对帝国主义的供与求却早已枯竭。但是，弱国仍需要强国，强国则需要有序的世界。有序的世界是一个能带来稳定与自由的、有效率且得到良好治理的世界，是一个对投资和增长开放的世界。因此，我们需要一种为当今这个崇尚人权和普遍价值的世界所能接受的新型的帝国主义：像所有的帝国主义一样，这种帝国主义的目标是带来秩序和组织，不同点在于它是以自愿原则为基础的。"② "新帝国主义论"主要是以其民主的价值取向和价值形式，以其强调"软实力"的特点，区别于过去攻城略地的旧式帝国主义。

综上所述，所谓"帝国世界"，即"帝国"实施"帝国主义"政策统治的世界，或者说，世界由实施"帝国主义"政策的"帝国"统治。

2. "和谐世界"与"帝国世界"的比较

（1）国际独立行为体数量不同

在"和谐世界"中，任何国家都是拥有独立主权的国家，是国际社会中的独立行为体；而在"帝国世界"中，真正具有独立行为体地位的国家只有一个，那就是"帝国"，其他国家则听命于"帝国"，算不上独立的国际行为体。

（2）各国法律地位不同

在"和谐世界"中，所有的主权国家，不管是大国还是小国，不管是强国还是弱国，在法律面前一律平等。1970 年 10 月 24 日，联合国大会通过的《关于各国依联合国宪章建立友好关系及合作之国际法原则之宣言》指出："各国一律享有主权平等，包括各国法律地位平等、每一国均享有充分主权之应有权利、国家之领土完整及政治独立不得侵

---

① Hobson. Imperialism：A Study. London，1938. 转引自高岱《帝国主义概念考析》，《历史教学》2007 年第 2 期。

② Cooper，Robert，2002，in http：//www. observer. uk/worldview/story/o，11581，680095，00. html. April 7. 转引自周穗明《"新帝国主义论"及其批判述评》，《国外社会科学》2004 年第 3 期。

犯、每一国均有权利自由选择并发展其政治、社会、经济及文化制度等。"而在"帝国世界"中，"帝国"拥有至高无上的地位，其他国家要么不存在，要么完全处于一种边缘地位，毫无平等可言。

（3）国家间关系不同

在"和谐世界"中，国家间的关系是平等的，任何国家都可以按照自己的国家利益处理对外事务，因此，国与国之间可以是双边或多边的（战略）伙伴关系；而在"帝国世界"中，国家间的关系是不平等的，其他国家都要听从"帝国"的安排，没有自己的外交，"帝国"没有任何同盟者或朋友。

（4）国家自由不同

在"和谐世界"中，国家享有充分的自由，完全按照自己的意愿选择自己的价值观念和政治、经济与社会制度；而在"帝国世界"中，除帝国外，其他国家的这种自由完全被剥夺。

（5）国家对外行为的出发点和结果不同

在"和谐世界"中，任何国家的对外行为都以维护自身的国家利益为出发点，带来的结果则是促进其他国家和整个世界福利水平的提高。例如，当今中国经济的快速发展，带给世界的不是挑战，而是发展的机遇。而在"帝国世界"中，"帝国"宣称自己的行为都是为了国际社会好，但结果却总是损人利己：将自身利益的获取建立在损害其他国家利益的基础之上。

（6）命运不同

"和谐世界"符合全人类的共同利益，因此其前景一片光明。当然，能否最终成功还有待时间的考验，但是"帝国世界"是肯定要失败的，因为任何帝国主义行动都会招致来自其他国家和人民的强烈反对。迈克尔·沃尔兹（Michael walzer）认为，美国不能称为帝国，理由有三个：美国没有能力也没有胃口推行帝国主义；美国对民主的承诺使其很难成为一个帝国；许多政府是有能力反对霸权国家的政策的。[①] 汤姆·里根（Tom Regan）指出，美国以前不是帝国，现在不是而且永远也成不了帝国。"帝国"这个概念如同渡渡鸟或猛犸一样，已经永远地

---

① Michael Walzer. Is There an American Empire? In Dissent，Vol. 50，Iss. 4. 2003. 罗辉编译：《美国是帝国吗?》,《社会观察》2004 年第 4 期。

消失了。原因如下：堵不住别人的耳朵和嘴；相互依存，不能随便制裁别国；"称帝"与建国理念相悖。①

（二）"和谐世界"理念与"霸权世界"模式的比较

1. "霸权世界"

与汉语"霸权"对应的英语单词为"Hegemony"②。《牛津英语词典》对"hegemony"的解释是："Leadership, predominance, preponderance; esp. The leadership or predominant authority of one state of a confederacy or union over the others."③ 意思是："领导、控制和优势，特别是指联盟或联邦中一个国家或政府对其他国家或政府的领导或占优势的权威。"《麦克米兰英语词典》对"hegemony"的解释："Political control or influence, especially by one country over other countries."④ 意思是："一国对他国的政治控制或影响。"《科林斯高级英语词典》对"hegemony"的解释："is a situation in which one country, organization, or group has more power, control, or importance than others.",⑤ 意思是："指这样一种情形，一国、组织或集团比他国、组织或集团更有权力、或更重要。"《现代汉语词典》在"霸权"这一词条中指出：霸权是"在国际关系中凭借实力对他国进行操纵或控制的行为"⑥。

如果仅从词典对"霸权"和"Hegemony"的解释，应该说得不出如下结论："中国人视霸权为贬义词，西方人视 Hegemony 为中性词。"有人可能会说，"操纵或控制别国"不是贬义词是什么？如果这样理解的话，那么，西方人说的"领导"（leadingship）、"支配"（dominant）他国不就等于"操纵或控制别国"吗？因此，"霸权"和"Hegemony"是不是贬义词，关键不在于字面含义，而在于站在什么立场去认识它以及字面背后所隐含的更深层内涵。首先，从立场上来看，举个例子，A

① ［美］汤姆·里根：《美国不可能成为帝国》，吴惟译，《环球时报》2004 年 1 月 5 日。
② 大多数中国学者持这种看法，只有少数学者认为，"霸权"一词对应的英文是"Pax"。参见马德宝《霸权及其建立的条件》，《南京政治学院学报》1999 年第 3 期。
③ The Oxford English Dictionary, Second Edition, Volume Ⅶ. Clarendon Press. Oxford. 1989. p. 105.
④ Macmilian English Dictionary, 外语教学与研究出版社 2003 年版，第 667 页。
⑤ Collins Cobuild Advanced Learner's English Dintionary. 外语教学与研究出版社 2006 年版，第 677 页。
⑥ 现代汉语词典编委会编：《现代汉语词典》，中华书局 2009 年版，第 27 页。

国"操纵、控制、领导、支配"B 国，对于 B 国来讲，这些词显然是贬义词，而对于 A 国来讲，这些词可能就是中性词，也许在 A 国看来，它"操纵、控制、领导、支配"B 国，是"理所当然"。其次，从字面背后所隐含的深层内涵来看，认为"霸权"是贬义词的人，将"霸权"理解为大国"欺压"小国；认为"霸权"是中性词的人，将"霸权"理解为大国"影响"、"控制"小国。

鉴于上述原因，本书不对"霸权"做是否"贬义"的简单判断，只对其内涵进行详细的阐释。

从广义上来看，"霸权"的内涵比较丰富，既可以是一种状态，也可以是一种行为（或政策）。作为"状态"的"霸权"，是一个名词，指一个国家拥有一种超群的优势地位或能力。作为"行为（或政策）"的"霸权"，是一个动词，但是在如何行为（或采取何种政策）上有两种不同的方式，第一种是"强硬的"或"强迫的"方式，即迫使对方做其本来不想做的事情（大致等同于约瑟夫·奈所说的"硬权力"）；第二种是"软性的"或"诱导的"方式，即诱导对方做乙方想让其做的事情（大致等同于约瑟夫·奈所说的"软权力"）。第二种方式还会产生两个不同的结果，一个是有益于对方国家利益的结果，另一个是有损于对方国家利益的结果。那么，什么是狭义上的"霸权"呢？本书认为，狭义上的"霸权"不是指一种状态，而是指一种行为，而且实施的是"强硬的"或"强迫的"方式，或者实施的是有损于对方国家利益的"软性的"或"诱导的"方式。本书"霸权世界"中"霸权"是指狭义上的霸权。

在对"霸权"做了上述解读之后，我们还需要将"霸权"与"霸权国"（Hegemon）、"霸权主义"（Hegemonism）做一比较。

"霸权国"（Hegemon）与"霸权"（Hegemony）虽然只有一字（或一个字母）之差，但是内涵却大相径庭。"霸权国"是指拥有一种超群优势地位或能力的国家，但不能说是推行"霸权"的国家，也就是说，"霸权国"有可能推行"霸权"，但也有可能不推行"霸权"。因此，"霸权国"与"霸权"有如下关系：有能力推行"霸权"的国家必定是"霸权国"，但是"霸权国"不一定推行"霸权"。

在一般中国读者眼中，"霸权"常常等同于"霸权主义"，其内涵都是"以大欺小"，"以强凌弱"。但是从严格意义上来讲，两者还是有很大不同的。"霸权多指一国凭借其强大的实力，以大欺小，以强凌弱，践踏他国主权，对他国进行干涉、控制甚至统治的不义行为。"①"霸权主义"指使用强权胁迫及使用其他损害他国权益的手段追求霸权、维持霸权的指导思想、行为和政策。② 从上述两个定义不难看出："霸权"更多是行为意义上的，而"霸权主义"更多是思想观念上的；"霸权"是一个动词，而"霸权主义"是一个名词。但是，两者之间的确又存在很大的关联，因为具有"霸权"的思想是"霸权主义"，而"霸权主义"的实施是"霸权"。

在对"霸权"做了上述理解之后，我们就不难理解"霸权世界"了。所谓"霸权世界"，即"霸权国"通过"霸权"的方式来治理世界。那么，"帝国"与"霸权国"、"帝国世界"与"霸权世界"有什么关联吗？"帝国"肯定是"霸权国"，但是"霸权国"不一定是"帝国"。"霸权世界"与"帝国世界"一脉相承，是"帝国世界"的延续。相比较而言，前者是一种松散的统治形式，而后者表现得更为直接和更野心勃勃。

2. "和谐世界"与"霸权世界"的比较

（1）行为主体的数量不同

在"和谐世界"里，是多元行为体，任何一个主权国家都是一个拥有平等参与国际事务权利的行为体；在"霸权世界"里，是大国强国主导国际事务、制定国际规则、控制国际组织，很多小国弱国处于国际关系的边缘地位，不是完整意义上的行为主体。和谐世界是多元的世界；而霸权世界是大国和强国的世界。

（2）国家间的利益关系不同

在"和谐世界"里，国家间的利益关系基本上是一致的，和谐的。即使存在利益冲突，一般也都能通过协商和谈判的方式得到化解；在"霸权世界"里，国家间的利益关系是竞争的，冲突的。虽然也存在利益一致的时候，但都是暂时的，且存在着以牺牲他国利益为代价的危险。

（3）安全观念不同

在"和谐世界"里，安全观念的核心内容是"互信、互利、平等、

---

① 张东亮：《论霸权》，《石家庄学院学报》2005 年第 2 期。
② 王缉思：《美国霸权的逻辑》，《美国研究》2003 年第 3 期。

协作"，安全观念的实质是"超越单方面安全范畴，以互利合作寻求共同安全"，这是一种新安全观；在"霸权世界"里，安全的最终目的是最大限度地谋求权力或安全最大化，军事手段是维护国家安全最基本、最重要的手段，国家安全的状态是相对的、暂时的，不存在绝对的、永久的安全，国家在安全问题上总是处于"安全困境"，是一种相当传统的安全观。

（4）国家行为的目的不同

在"和谐世界"里，国家在追求自身利益的同时，以维护世界和平，促进共同发展为主要目的；在"霸权世界"里，霸权国以建立和维持霸主地位为主要目的。

（5）获取国家利益的手段不同

在"和谐世界"里，国家坚持平等互惠的原则，在自身获益的同时，促进其他国家利益的增长；在"霸权世界"里，大国为了获取自身利益的最大化，通常采取强权手段，以损害其他国家利益为代价。

（6）权力表现不同

在"和谐世界"里，强调权力分散，不针对某一特定行为体，实行无敌国外交，是合作型的，主张国家、区域、全球范围的多层次共治。在"霸权世界"里，强调权力集中，有现实或潜在对手，是对抗型的，由大国或霸主主导国际关系。[①]

（7）国际法发挥作用不同

在"和谐世界"里，国家遵守《联合国宪章》以及其他一些国际关系基本准则，国际法在国家间关系中发挥重要作用；在"霸权世界"里，大国以功利主义心态对待国际法，对自己有用时坚持国际法，对自己不利时则抛弃国际法，置《联合国宪章》与国际关系基本准则于不顾，国际法发挥作用的空间较小。

（8）国家间关系不同

在"和谐世界"里，国家间的关系是平等的，是政治互信、利益互惠、文化共尊的关系；在"霸权世界"里，国家间的关系是不平等的，是统治与被统治、剥削与被剥削、控制与被控制的关系。

---

① 黄仁国、贺星辉：《全球化时代的霸权问题研究》，《南华大学学报》2007年第1期。

（三）"和谐世界"理念与"民主世界"模式的比较

1. "民主世界"

何谓"民主世界"？顾名思义，即"民主"的世界。鉴于对"民主"的不同理解，本书将"民主世界"分为两种类型："民主世界Ⅰ"，即"西方民主"的世界；"民主世界Ⅱ"，即"国际关系民主化"的世界。

（1）"民主世界Ⅰ"

"民主世界Ⅰ"，即"西方民主"的世界，或者说是指建立在"民主和平论"基础之上的世界。

迈克尔·多伊尔（Michael Doyle）在1983年发表的《康德、自由主义遗产与外交》一文中，首次正式提出"民主和平论"[1]，迅即引起西方学术界的热议，并得到西方学术界的认同。将"民主和平论"首次介绍到中国的是中国社会科学院世界经济与政治研究所李少军教授，时间是1995年。[2] 与西方学术界相同的是，"民主和平论"一经出现便迅即在中国学术界引起强烈反响。[3] 与西方学术界不同的是，中国学术界对"民主和平论"基本上持否定态度。

---

① Michael Doyle. "Kant, Liberal Legacies, and Foreign Affairs", Philosophy and Public Affairs, Summer1983, pp. 323—353. 转引自李少军《评"民主和平论"》，《欧洲》1995年第4期。

② 李少军：《评"民主和平论"》，《欧洲》1995年第4期。

③ 李少军先生的文章《评"民主和平论"》写成之后，曾在一些学者间传阅，引起了同仁们的关注。《欧洲》在发表该文之际，组织了一个专题谈论会，就"民主和平论"进行了讨论，以《关于"民主和平论"问题讨论发言摘要》为题与李少军教授的文章一同发表在《欧洲》1995年第4期。随后，《欧洲》与《世界经济与政治》等刊物相继发表十多篇"民主和平论"的文章，继续就"民主和平论"展开讨论。代表作有：王逸舟：《国际关系与国内体制——评"民主和平论"》，《欧洲》1995年第6期；庞中英：《对"民主和平论"的若干意见》，《欧洲》1995年第6期；苏长和：《驳"民主和平论"》，《欧洲》1996年第2期；朱立群、王妙琴：《评"民主和平论"》，《外交学院学报》1996年第1期；倪世雄、郭学堂：《"民主和平论"与冷战后美国外交战略》，《欧洲》1997年第5期；潘忠岐：《"中国威胁"现实抑或神话？——从"民主和平论"的缺失谈起》，《中共福建省委党校学报》1997年第3期；潘忠岐：《西方"民主和平论"剖析》，《国际政治研究》1997年第3期；张健雄：《也评"民主和平论"》，《世界经济与政治》1997年第3期；朱锋：《"民主和平论"在西方的兴起与发展》，《欧洲》1998年第3期；吴强：《难以超越的历史——从康德到当代的民主和平论者》，《欧洲》1998年第5期；郑安光：《民主和平论及其对冷战后美国外交战略的影响》，《美国研究》1999年第2期；耿协峰：《亨廷顿的〈第三波〉与"民主和平"思潮》，《欧洲》1999年第3期。

　　"民主和平论"的历史渊源较长，可以追溯到18世纪末期的康德。①"民主和平论"的观点很简单：民主国家之间不会或很少发生战争。原因是：第一，战争的代价高昂，公民不答应。第二，民主国家的政治体制具有制衡作用，做出战争决定的过程相当复杂。第三，民主国家的政治文化诸如民主规范、惯例、观念以及社会风气等，促使国家愿意用和平的方式解决问题。第四，民主政治所造就的安定、自由的环境使人爱好和平，而和平可以使工商业繁荣，也能够使个人用和平的手段达到追求自己幸福的目的。第五，民主国家间有着共同的普世价值，有着对普世价值的共同认同，这些国家不再为信仰而战。②

　　当代西方的民主和平论者则从结构、规范和决策角度来论证民主国家之间不打仗的所谓"公理性命题"。斯宾塞·沃特把结构与规范因素结合起来解释民主和平问题。他认为，宪法限制、需要国内政治支持及向选民负责，限制了领导人把民主国家引向战争的能力。反对诉诸战争的国际规范，使民主国家都认为对方具有和平性。③

　　上述内容仅仅是"民主和平论"的表层，它还有深层的内涵。第一，"民主和平论"中的"民主"不是指各国的多样民主，而是专指西方的民主，至于其他国家是不是民主，这要看是否符合西方民主的标准，符合的，则算作"民主国家"，不符合的，则被排除在"民主国家"之外。第二，"民主和平论"仅仅指"民主国家"之间无战争，并不表明"民主国家"不好战，因为"民主国家"可以以维护世界和平与民主的目的对"非民主国家"发动战争。

　　如果"民主和平论"仅仅停留在理论层面，再多的热烈讨论与非议也没有什么，关键是西方某些大国已经将其作为制定对外政策的依据。这些政策制定者的看法是：民主国家是"和平爱好者"，非民主国家是

---

　　① 特别说明："民主和平论"与康德有很大关系，但不能说康德的思想就是"民主和平论"。因为康德要解决的问题是如何能够达到"永久和平"？在康德看来，确保"永久和平"的前提条件是出现以共和制宪法、联邦制国家体系和全球公民身份为特征的开明政治秩序。这与"民主"导致"和平"还是有一定区别的。因此只能说，"民主和平论"受到了康德"永久和平"的启发。

　　② 李少军：《评"民主和平论"》，《欧洲》1995年第4期；刘军宁等《关于"民主和平论"问题讨论发言摘要》，《欧洲》1995年第4期。

　　③ ［美］詹姆斯·多尔蒂、小罗伯特·普法尔茨格拉夫：《争论中的国际关系理论》，阎学通等译，世界知识出版社2003年版，第347页。

"麻烦制造者"。因此，为了整个世界的和平，需要将"民主"扩展到全世界，需要把"非民主国家"改造成"民主国家"，为了达此目的，"民主国家"甚至可以对"非民主国家"动武。

按照马克思主义的理解，理论来源于实践，并反过来指导实践，理论就是这样在"来源于实践并反作用于实践"的过程中取得进步的。然而，"民主和平论"呢，我们先假设这一理论的获得来自于理论者的实践总结，第二步就是应用于实践，结果如何呢，是带来了国际和平，还是造成更紧张的国际局势？至少从发展到现在的情形来看，"民主和平论"只不过是为西方大国干涉他国内政提供依据而已，不仅没有带来应有的地区和平，反而是制造了更紧张的地区局势。来自于实践的反馈表明"民主和平论"这一理论需要修正。

"民主和平论"有诸多变种，其中较为有名的包括"三角形和平"与"民主国家联盟"。后两者的"名望"虽然不如前者，但是亦引起了学术界不同程度的关注（尤其是后者①），当然，也遭到了严厉地批判。

拉塞特等人提出了由民主主义、相互依存和国际组织三者所构成的三角形和平。② 在日本学者星野昭吉看来，这一和平图式只是新自由主义的和平，而非全球层次的和平。民主主义、相互依存和国际组织这三项条件仍然仅仅是发达国家或大国所满足的条件。在全球层次上，民主主义、相互依存和国际组织并不是构筑和平的必要条件。对于在"支配—从属"结构中常常成为压制对象的第三世界国家而言，或者对于仍然难以从国际组织得到好处的发展中国家而言，这一三角形的和平并没有太大的意义。③

《权力与责任》的三位作者卡洛斯·帕斯夸尔（Carlos Pascual）、布鲁斯·琼斯（Bruce Jones）和斯蒂芬·约翰·斯特德曼（Stephen John Stedman）批判了"民主国家联盟"的主张。他们认为，在当前国家安全与全球安全相互依存的情况下，将世界划分为民主和非民主阵营是一

---

① "民主国家同盟"之所以引起人们较多的关注，除了它本身是学术思想之外，更重要的是它有可能成为指导美国外交的战略构想。

② Rusett, Bruce and John Oneal, Triangulating Peace: Democracy, Interdependence, and International Organizations. New York: W. W. Norton and Company, 2001.

③ ［日］星野昭吉：《全球社会和平学》，梁云祥等译，北京师范大学出版社2007年版，第110页。

种误导，会产生离心力和世界的分裂，破坏国际合作，对建立21世纪的国际秩序没有好处。他们还明确指出，在"管理全球不安全"（Managing Global Insecurit）项目的全球咨询活动中，绝大多数国家都不认同民主国家联盟的主张。认为这样的制度安排会破坏国际社会的法治，加剧而不是减少国际社会的不安全因素，甚至还可能导致第二个冷战。①

总而言之，"民主世界Ⅰ"是由美国等西方主要大国倡导的，主张将西方的民主制度扩大到世界范围内，建立一个由民主国家组成的世界，消除所谓的专政独裁统治。

（2）"民主世界Ⅱ"

"民主世界Ⅱ"，即"国际关系民主化"的世界。

2001年11月5日，胡锦涛在法国国际关系研究所发表题为《21世纪的中国与世界》的演讲中指出："国际关系民主化是世界和平的重要保证。国家不分大小、贫富，都是国际社会的平等一员。各国的事应由本国政府和人民决定，国际上的事由各国政府和人民平等协商。在事关世界和地区和平的重大问题上，应该按照联合国宪章的宗旨和原则以及公认的国际关系基本准则，坚持通过协商谈判和平解决争端。我们的世界是丰富多彩的，不可能只有一种模式。应承认世界的多样性，尊重各国的历史文化、社会制度和发展道路。"江泽民2002年4月10日在德国外交政策协会发表的《创造一个和平繁荣的新世纪》的演讲中指出，国际关系民主化就是"各国的事情要由各国人民作主，国际上的事情要由各国平等协商，在事关世界和地区和平的重大问题上，应该按照联合国宪章的宗旨和原则以及公认的国际关系基本准则，坚持通过协商谈判和平解决争端"②。从中我们不难总结出国际关系民主化的基本内涵：第一，国家平等原则。主权国家无论大小、强弱、贫富，在国际上一律平等，享有同等的国际权利。国际事务由各国共同参与解决，不能由一个或少数几个大国操纵和垄断。第二，尊重主权和不干涉内政。尊重各国的独立和主权，尊重各国人民自行选择本国的社会制度、发展道路和政府组成的权利。国际事务由各国共同办理，各国的事务由各国自己办

---

① 转引自王燕、魏玲《负责任主权、大国合作与国际秩序——评〈权力与责任：构建跨国威胁时代的国际秩序〉》，《外交评论》2009年第2期。

② 《江泽民文选》第3卷，人民出版社2006年版，第297页。

理。第三，尊重世界的多样性。尊重国际社会的多样性，承认和尊重各国在历史传统、文化背景、社会制度、意识形态、生活方式、文明样式等方面的差异性，允许各种制度和文明和平共存、和谐竞争。第四，互利合作，共同发展。各国在求同存异的基础上互利合作，和谐竞争，共同发展。第五，遵守公认的国际关系准则。按照世界大多数国家认可的国际关系准则，处理国与国之间的相互关系，解决重大国际争端问题。①

由此可见，"民主世界Ⅱ"是一个提倡国家平等原则、尊重主权和不干涉内政、尊重世界多样性、互利合作与共同发展以及遵守公认国际关系准则的世界。

2. "和谐世界"与"民主世界Ⅰ"的比较

（1）对"民主"的看法不同

第一，在"和谐世界"看来，"民主"可以有多种，有多少种民主就有多少种民主模式，不存在最好的"民主"模式，只有最适合各自国情的民主模式；在"民主世界Ⅰ"看来，"民主"可能会有很多，但存在一种"最好"的模式，即西方的"民主"模式。众所周知，世界上没有一个放之四海而皆准的民主模式，就连美国、欧洲、日本的模式也不一样。第二，"和谐世界"动态地看"民主"，认为同一国家的"民主"在不同历史时期可以有不同表现，不同国家的"民主"在同一历史时期可以有不同表现；"民主世界Ⅰ"静态地看"民主"，认为在同一历史时期，只有一种"民主"模式最好。美国著名学者约翰·杜威（John Dewey）曾经说过："每一代人必须为自己再造一遍民主，民主的本质与精髓乃是某种不能从一个人或一代人传给另一个人或另一代人的东西，而必须根据社会生活的需要、问题与条件构建。"② 美国1789 年第一次总统选举时，全国只有 4% 的人参加了投票，因为妇女、黑人、不纳税者没有选举权。美国妇女直到 1920 年才有选举权，美国黑人直到 20 世纪 60 年代才取得民权。法国早在 1789 年大革命中便提出了"平等、自由、博爱"的口号，但是法国妇女直到 1945 年才获得选举权。上述事实表明，静态地看待"民主"是错误的。

① 倪世雄、王义桅：《试论国际关系民主化》，《国际问题研究》2002 年第 3 期；孙建社：《和平与发展、国际关系民主化与和谐世界》，《江苏社会科学》2007 年第 6 期。

② ［美］杜威：《新旧个人主义——杜威文选》，孙有中等译，上海社会科学院出版社1997 年版，第 27 页。

（2）对不同"民主"的态度不同

在"和谐世界"看来，不同的"民主"模式，应该相互尊重，相互借鉴，相互学习，在处理国家间关系、解决国际问题时各国要尊重彼此自主选择社会制度和发展道路的权利，相互借鉴而不是刻意排斥，推动各国根据本国国情实现振兴和发展；要加强不同文明的对话和交流，在竞争中取长补短，在求同存异中共同发展，努力消除相互的疑虑和隔阂。在"民主世界Ⅰ"看来，最好的"民主"模式可以改造不好的"民主"模式。但是事实证明，企图以一种文明模式为蓝本来统一世界是行不通的，只能引起更多的对抗和冲突。英国著名历史学家霍布斯鲍姆（Hobsbawm）曾经说过，"当今世界矛盾冲突不仅仅是极端主义分子挑起的，而且也是'民主输出'的拥护者们激起的"。那种认为"标准化（西化）模式的民主是普遍运用的，能够在任何地方取得成功，能够解决当前超越国家的界限，能够带来和平而不是制造混乱的想法是危险的。事实也是如此，1918 年和 1989 年以后，'传播民主'的活动加剧了民族冲突、国家分裂"[①]。

（3）对"民主"与"和平"之间关系的看法不同

在"和谐世界"看来，"民主"与"和平"之间的关系是复杂的，"民主"有助于"和平"但并不一定带来"和平"，尤其是从国际关系来看，国际社会的和平不仅取决于每个国家内部的"民主"，更取决于整个国际社会是否"民主"，即各国是否平等，是否都有发言权。日本著名学者星野昭吉指出："民主并不是导致和平的决定性因素，而只是确定全球层次和平方向的一个重要因素。"[②] 在"民主世界Ⅰ"看来，国际和平取决于"民主国家"的"民主"的扩大，只要国际社会实现了"民主"国家的普遍化，国际冲突便会销声匿迹，国际和平自然产生。

（4）两者的内涵及接受程度不同

"民主世界Ⅰ"的内涵较窄，包容性较弱，只符合少数发达国家的

---

① Hobsbawm，ERIC. The Eangers of Exporting Democracy［J］. The Guardian，Saturday，2005，January 22. 转引自张建成《"美式民主"输出的普世价值质疑——兼论国际关系民主化的基本价值》，《陕西师范大学学报》2006 年第 6 期。

② ［日］星野昭吉：《全球社会和平学》，梁云祥等译，北京师范大学出版社 2007 年版，第 185 页。

利益，因此不易被大多数发展中国家所接受；"和谐世界"的内涵丰富，包容性强，既不违反发达国家利益，因为它强调民主，更加符合发展中国家的利益，因为它尤其强调共同繁荣。因此，"和谐世界"能够较容易为世界大多数国家所接受。

3. "和谐世界"与"民主世界Ⅱ"的比较

（1）"和谐世界"与"民主世界Ⅱ"具有内在统一性

"和谐世界"与"民主世界Ⅱ"具有内在统一性，两者都体现了民主、平等、正义的价值标准。"民主世界Ⅱ"与"和谐世界"是一个进程的两个方面。"民主世界Ⅱ"是建设和谐世界的关键和前提。离开"民主世界Ⅱ"，全球化就将步入歧途，公正、合理的国际政治经济新秩序就无从建立，世界和平与发展的崇高目标就难以实现。而"和谐世界"是"民主世界Ⅱ"的必然选择和最终归宿。只有坚持以"和谐世界"的建立为指导方向和终极目标，"民主世界Ⅱ"才不会偏离正确的轨道，才能健康稳步的发展。

（2）"和谐世界"的内涵与外延都广于"民主世界Ⅱ"的内容

国际关系民主化包括国际经济关系民主化和国际政治关系民主化，但主要体现在政治方面。它的基本精神就是反对强权政治和单边主义，由世界各国通过平等协调共同解决国际问题，共同治理世界事务，其本质是和平、发展、合作。而和谐世界是一个全方位的概念，它不仅要求各国在政治方面要和谐发展，而且在经济、安全、文明和环境等方面也要实现和谐发展，从而实现"建设持久和平、共同繁荣的和谐世界"的总体目标。

（四）"和谐世界"理念与"改革与新思维"模式的比较

1. 戈尔巴乔夫的"新思维"①

（1）"新思维"的提出及背景

戈尔巴乔夫在《改革与新思维》一书中系统阐述了关于怎样看待当代世界的"新思维"。"新思维"一经提出迅即引起了国际社会的极大反响，西方报刊称之为"标志着苏联历史上一个新时代的开始"②。

---

① 下列观点和看法无特殊说明，均出自［苏］戈尔巴乔夫：《改革与新思维》，苏群译，新华出版社1987年版。

② 颇具讽刺意味的是，这一"新时代的开始"却是以苏联的解体为代价的。

　　"新思维"不是即兴之作，也不是智力游戏，是有着复杂的国际国内背景的。从国际环境上看，"（20世纪）70年代的缓和几乎已经销声匿迹。我们的和平呼吁没有得到西方统治集团的响应。苏联对外政策在空转。军备竞赛一再升级，战争威胁不断加剧"。从国内环境上看，"我们首先碰到的是经济发展停滞不前"，"经济中的障碍和停滞现象不可能不反映在生活的其他方面。消极现象严重地触动了社会领域"。这还不是全部情况，"思想和道德价值好像在悄悄地，似乎不知不觉地开始磨损了"。"党和国家机关的实际行动落后于时代和生活本身的要求。""所说的情况足以使人认识到，我国社会各个领域的状况是多么严重，多么需要进行深刻的变革。"面对业已变化的国际国内环境，戈尔巴乔夫认为，再也不能按过去世世代代留下来的思维方式来解决了，需要"从旧框框中摆脱出来"，需要"用新眼光去观察"世界，需要用"新的态度和新的办法"来处理问题。"新思维"应运而生。[①]

　　（2）"新思维"的主要内容

　　戈尔巴乔夫"新思维"的主要内容包括：第一，关于"全人类利益"。戈尔巴乔夫指出，"新思维的核心是承认全人类的价值高于一切，更确切地说，是承认人类的生存高于一切"。第二，关于"资本主义国家和社会主义国家的关系"。资本主义国家和社会主义国家之间在经济、政治和意识形态方面的竞赛是必然的。但是，这种竞赛能够并且应当控制在必须以合作为前提的和平竞赛范围内。哪一种制度好，应当由历史作出判断。第三，关于"世界"。我们的共同世界……充满了相互对立的趋势和尖锐的矛盾……是一个空前的发展和进步潜力同极度贫困落后和野蛮并存的世界。第四，关于"国家"。每一类国家（指社会主义国家、发达资本主义国家和第三世界国家）都有自己的利益……都应该在世界政治中得到合理的体现。第五，关于"相互依赖"。国际社会各国相互之间的依赖性越来越大。世界各国人民……恰似在山坡上的一队拴在一起的登山运动员，他们或是一起向上攀登，登向顶峰，或是一起摔下深渊。第六，关于"全球问题"。全球问题日益尖锐，它们对于人类

---

　　① 按照戈尔巴乔夫的说法，他提出"新思维"有三方面的原因：其一，苏联长期高额军费开支；其二，苏联面对国际政治、经济的全球化和西方的挤压，苏联推行自给经济和自我孤立政策；其三，苏联国内政治和对外政策的高度意识形态化，强调阶级利益和阶级斗争。转引自刘金质《冷战史》（下册），世界知识出版社2003年版，第1300页。

文明的命运同样具有迫切的意义，而全球问题的解决需要进行国际合作。第七，关于"核战争"。核战争不可能成为达到政治、经济、意识形态及任何目的的手段。核战争是毫无意义的，反理智的。在全球性的核冲突中，既没有胜利者，也没有失败者，但世界文明将不可避免地被摧毁。第八，关于"安全"。安全是不能分割的，要使自己的安全与国际社会所有成员同样的安全结合起来，不能靠牺牲别国的利益来谋求自己的安全。第九，关于"对外政策"。承认各国人民有权选择自己的社会发展道路，不干涉他国内政，尊重其他国家，同时用客观的和自我批评的眼光看待本国社会。不应把意识形态分歧搬到国家关系中来，使对外政策服从于意识形态分歧。

（3）"新思维"指导下的苏联外交①

在新思维指导下，苏联的外交思想发生了深刻的变化：在处理与社会主义国家的关系时，"一定要在完全自主的基础上建立社会主义国家之间的整个政治关系体系"。在处理与发展中国家的关系时，"各国人民都应当拥有选择自己发展道路的权利，掌握自己命运，支配本国领土，人力和自然资源的权利"，"已经到了承认'第三世界'各国人民有权自行处理事务的时候了"。在处理与欧洲国家的关系时，"欧洲是座共同的大厦……要保护好这座大厦，使之免遭火灾或其他灾难，使之更舒适、更安全，保持大厦中应有的秩序，欧洲人就只能共同作出努力，遵守公共生活的各项合理准则"。在处理与美国的关系时，"现在还是需要更多地想一想，将来在这个世界上我们怎样共同生存，怎样合作"。"如果陷入意识形态的无稽之谈，苏联和美国之间的关系就不可能朝着更和谐的方向发展。"思想决定行动，发生深刻变化的苏联外交思想必然导致外交实践亦会发生重大的变化。具体而言：

第一，调整同美国的关系。第二次世界大战以来，苏联历届领导人一直将美国视为"头号敌人"，致使两国关系不断恶化，即使其间也有过短暂的缓和时期。戈尔巴乔夫执政后，改变了对美国的看法，将美苏关系放在重要的位置，认为"虽然苏美之间存在着巨大的差异，但这不应该成为紧张对峙的理由"②。在此思想指导下，苏联重点在三个方面

---

① 此部分主要探讨"新思维"对苏联外交的积极影响。

② 刘金质：《冷战史》（下册），世界知识出版社2003年版，第1336页。

展开积极主动的外交，努力为美苏关系的缓和打开新局面。其一，力求在以核裁军为基本内容的苏美军备控制谈判方面取得突破。其二，力求政治解决阿富汗问题，扭转外交被动局面。其三，消除分歧，扩大合作，创造政治和解气氛。① 从 1985 年 11 月至 1988 年 12 月，戈尔巴乔夫与里根先后在日内瓦、雷克雅未克、华盛顿、莫斯科和纽约举行了五次元首级会晤，就军备竞赛、裁军、地区冲突、人权等国际和双边共同关心的问题进行了广泛深入的谈判，达成了许多谅解，签署了一系列条约和协议，从而大大缓解了美苏两国的紧张关系。

第二，加强与西欧的关系。由于地缘政治的原因，西欧一直是苏联对外交往的重点对象之一。但是冷战开始后的很长一段时间内，受众所周知的因素影响，苏联对西欧的政策在很大程度上隶属于对美国政策。戈尔巴乔夫执政后，力图扭转这种局面，把西欧作为国际关系的一种单独的因素来对待。具体表现有：其一，戈尔巴乔夫加强同西欧国家（尤其是英国、法国和联邦德国）领导人的广泛接触，以增进相互了解。其二，苏联注意减轻对西欧的军事压力，以此赢得好感与支持。戈尔巴乔夫针对西欧国家普遍的恐惧心理，提出同时解散两大对立的军事集团，并改变原有立场，同意不对等裁军原则。其三，戈尔巴乔夫呼吁所有欧洲国家在各个领域进行全面合作，包括科技、生产合作，共同开发核能源以及人文领域的合作。1988 年 6 月 25 日，欧洲共同体与经互会正式建立了关系。②

第三，改善和中国的关系。20 世纪 80 年代初，苏联希望改善中苏关系。中国作出了积极反应，表示愿意改善两国关系。但是有一个基本原则，即苏联方面消除威胁中国安全的"三大障碍"，即部署百万军队和导弹在中蒙边界、支持越南进行军事挑衅和入侵阿富汗。但在戈尔巴乔夫上台之前，由于苏联方面对"三大障碍"采取不承认、不讨论、不行动的消极立场，致使中苏会谈没有实质性进展。戈尔巴乔夫执政后，这种局面逐步得以改观。从 1986 年第九轮中苏谈判起，苏联不再回避讨论三大障碍问题，并采取了实际行动逐步消除"三大障碍"，

---

① 邓勇：《戈尔巴乔夫的政治新思维及其对苏美关系的影响》，《国际政治研究》1988 年第 3 期。

② 刘金质：《冷战史》（下册），世界知识出版社 2003 年版，第 1313—1316 页。

1988 年 5 月苏军开始从阿富汗撤军，1988 年 12 月，中苏决定成立柬埔寨问题工作小组。1989 年 2 月，邓小平接见苏联外长谢瓦尔德纳泽，首次向苏方阐述了"结束过去，开辟未来"的主张。戈尔巴乔夫于 1989 年 5 月 15 日至 18 日访问中国，发表了《中苏联合公报》，结束了中苏关系多年来的不正常状态，实现了两国关系的正常化。

第四，修正同第三世界国家的关系。苏联在第三世界不再强调区分"以社会主义为发展方向"和"以资本主义为发展方向"两类不同的国家，而谋求同所有国家发展关系。首先，力求改善同阿拉伯国家的关系，加强苏联在中东的地位。苏联同埃及的关系有所改善，同阿曼、阿联酋建立了邦交，同沙特阿拉伯的关系也有较大的进展。其次，改善了同苏丹、摩洛哥、突尼斯、索马里和几内亚等非洲国家的关系。再次，力求在拉美扩大影响。①

2. "和谐世界"与"新思维"的比较

（1）提出的时间与背景不同

"和谐世界"提出的时间是在 21 世纪初期。从国际环境来看，冷战已结束十余年，和平与发展的时代主题日趋明显，各国的竞争由单纯的军事转移到以经济实力为核心的综合国力的较量上来，两大社会制度的对峙局面相对缓和，中国与大国基本上都建立了战略伙伴关系、中国与周边国家关系发展良好、中国与发展中国家的关系日益巩固。从国内环境来看，经过近 30 年的改革开放，尽管还存在许多问题，但是中国取得的成就令世人刮目相看，国际地位日益提升。因此，无论是国际环境还是国内环境都有利于"和谐世界"理念的提出与贯彻实施。"新思维"提出的时间是 20 世纪 80 年代，无论是从国际环境还是国内环境来看，"新思维"的提出显然不合时宜，完全不具备贯彻实施的条件。

（2）对"全人类利益"的看法不同

在"和谐世界"看来，"全人类利益"是存在的，而且随着全球化的发展，随着国与国之间的相互依赖日益紧密，"全人类利益"的重要性也会日益增强。但是，对"全人类利益"的重要性不能无限提

---

① 荣植、张武专：《戈尔巴乔夫的"新思维"和对外政策的调整》，《国际问题研究》1988 年第 2 期。

升，认为在任何时候都可以超越国家利益而位居首位则是错误的。按照"新思维"理解，"全人类利益"不仅存在，而且至高无上，凌驾于国家利益之上，甚至提出了"全人类共同的利益高于阶级利益"的口号。

（3）对矛盾的认识不同

"新思维"否认国际政治存在尖锐的矛盾，认为各个国家的利益已经高度一致化了，各国人民在核武器毁灭性的威胁下结成了休戚与共的人类共同体，在这种情况下，国家之间的矛盾和冲突已毫无意义。"和谐世界"认为国际社会并没有消除矛盾，而且认识到如果处理不当，将存在矛盾进一步恶化的可能性。

（4）两者的结局不同

"和谐世界"将有助于推动中国与其他国家关系的发展，推动世界朝着"持久和平、共同繁荣"的方向发展，"和谐世界"无论从哪方面来讲，都无损于中国的国家利益，只会日益增强中国的实力，而绝不会导致中国的解体。"新思维"尽管在某种程度上改善了苏联与其他国家的关系，但是其结果却是可悲的，苏联解体了。[①]

（五）"和谐世界"理念与"共产主义"模式的比较

1. "共产主义世界"

共产主义是人类社会发展的最高阶段，是马克思主义创始人依据社会发展的一般规律对共产主义社会进行的科学预测。按照马克思主义创始人的理解，共产主义世界呈现出如下景象：第一，没有阶级，没有国家。第二，人与人之间实现真正的平等。第三，生产力高度发达，物质财富极大丰富。第四，实行"各尽所能，按需分配"的原则。第五，生产资料实行公有制，全部生产资料和劳动产品归全社会所有。第六，劳动不再仅仅是谋生的手段，而是生活的第一需要。第七，人们的思想觉悟和道德品质极大提高。总而言之，共产主义世界是人类最美好、最理想的世界。

2. "和谐世界"与"共产主义世界"的比较

（1）"和谐世界"与"共产主义世界"的关联

"和谐世界"与"共产主义世界"的关联主要表现为：

---

① 当然，"新思维"不是苏联解体的唯一原因。

第一，社会有序发展。社会民主得到充分发扬，依法治国基本方略得到切实落实；社会各方面的利益关系得到妥善协调，社会公平和正义得到切实维护和实现；社会组织机制健全，社会管理完善，社会秩序良好，社会保持安定团结。

第二，社会财富合理分配。强调社会财富的合理分配，防止出现两极分化。

第三，两者存在递进关系。"和谐世界"是"共产主义世界"发展的前期阶段，而"和谐世界"的最高目标是要达到"共产主义世界"。

（2）"和谐世界"与"共产主义世界"的区别

"和谐世界"与"共产主义世界"的差别主要表现为：

第一，关于阶级。在"和谐世界"中，阶级不仅存在，而且矛盾不易调和。在"共产主义世界"中，阶级则不复存在。

第二，关于国家。在"和谐世界"中，国家仍然存在，形态表现各异，既有发达国家，也有发展中国家，既有资本主义国家，也有社会主义国家。在"共产主义世界"中，国家则不再存在，所有人类共同生活在一个没有边界隔阂的地球上。

第三，关于分配。在"和谐世界"中，一国内部大致都实施"按劳分配"，国际之间则仍存在分配不公问题。在"共产主义世界"中，统一实施"按需分配"。

第四，关于发展。在"和谐世界"中，强调缩小南北差距，促进普遍发展，实现共同繁荣，但仅仅是从相对意义上而言的，这与"共产主义世界"所要求的生产力高度发展，劳动生产率空前高涨以及物质财富极大丰富还是相距甚远的。

第五，关于和平。"和谐世界"尽管强调持久和平，但这是一种什么样的和平？这是一种各国仍然拥有自己的军队，冲突乃至战争仍然无法避免的和平。这与"共产主义世界"的和平——一种没有军队、没有战争的真正和平——是根本不同的。

第六，关于社会分工。在"和谐世界"中，不仅一国内部强调社会分工，而且整个国际社会也强调国际分工，即强调经济资源在整个国际社会的优化配置。所有的社会分工都存在着本质的差别：国家内部存在着工农业之间、城乡之间和体力劳动与脑力劳动之间的差别；国际社会则存在着发达国家与发展中国家之间的差别，前者处于资本密集型向知识密集型过渡的阶段，而后者则处于劳动密集型或者劳动密集型向资本密集型转变阶段。在"共产主义世界"中，尽管仍然存在着社会分工，但是社会分工之间的差别基本上不存在，人类将获得很大程度上的自由和全面的发展。

第七，关于经济体制。在"和谐世界"中，由于存在着资本主义与社会主义国家之分，因此计划经济体制与市场经济体制并存。而在"共产主义世界"中，则主要是计划经济体制，人们更加自觉地按照统一的社会计划来调节社会生产。

二 "和谐世界"：一种全新的国际秩序

国际秩序既是国际关系（政治）学界关注的核心问题，也是各国政治家及普通民众关心的重要问题；国际秩序既是一个理论问题，也是一个现实问题。因此，关于建立什么样的国际秩序以及如何建立这种国际秩序备受世人瞩目。

（一）何谓国际秩序

1. 有无"国际秩序"

国际关系（政治）学界曾有过"国际秩序"（International Order）存在与否的辩论，之所以出现这样的辩论，关键在于对"秩序"（Order）的理解不同。从学理上讲，"秩序"一词包括三层意思：第一，指一种良性状态，这纯粹是形容性质的用法，指明形势的特点。第二，指一种中性状态，纯粹是描述性质的，指明客观的排列组合状况。第三，指一种行为规范或制度，这属于主观的范畴，带有命令、规定、规则的意思。与"秩序"相对应，"国际秩序"也有三层意思，即良性状态、中性状态及行为规范。[①] 如果从良性状态去理解，自然认为国际社会不存在"国际秩序"；而如果从中性状态或行为规范去理解，则会认为国际社会存在"国际秩序"。国际关系（政治）学发展至今，经过多年的论争，恐怕再没有学者否认"国际秩序"的存在，即使是最顽固的某些现实主义者，也不得不承认"国际秩序"的确存在，只不过是"无序"的"国际秩序"。

---

① 韩朝东：《世界秩序简论》，《国际政治研究》1992年第3期。

2. 国际秩序的界定

国际关系（政治）学界关于国际秩序①的概念很多，本书认为解放军国际关系学院杨光海教授对国际秩序的界定具有一定的代表性。杨教授指出："国际秩序是国际社会主要行为体（主要指国家和国家集团）基于某种共同利益和目标，依据一定的原则、规范、规则和保障机制而形成的相对稳定、有序的国际关系状态。换言之，国际秩序是管理所有行为体的对外行为及其互动关系的制度化安排以及由此形成的行为体之间的一种相对稳定、有序的交往模式。"② 由此可见，国际秩序主要由两部分组成：客观性的一面与主观性的一面。③

（1）国际秩序的客观性

国际秩序的客观性是指国际关系体系中，各个行为体之间分化组合的状况、位置排列的次序、相互作用的方式。一般而言，实力强大的国家拥有较大的国际影响力，对国际秩序的建立和维持发挥着主导作用。

（2）国际秩序的主观性

国际秩序的主观性是指用以规范塑造国际秩序相对稳定、有序状态的原则、规范、规则和保障机制等的形成或制定时具有较大的主观性。有史以来的国际秩序大多是大国博弈的结果，因此不可避免地打上了大国意志的烙印。

"国际秩序"的客观性与主观性不是截然分开的两部分，而是相互联系、相互影响与相互渗透的。"国际秩序"的客观性既受到"国际秩序"主观性的制约，同时也影响着"国际秩序"的主观性。

---

① 有学者认为"国际秩序"等同于"国家体系"（张之毅：《国际秩序的比较研究》，《外交评论》1991 年第 3 期），也有学者认为"国际秩序"等同于"世界秩序"（李新博：《世界秩序变迁与中国的角色定位》，《韶关学院学报》2009 年第 7 期；韩朝东：《世界秩序简论》，《国际政治研究》1992 年第 3 期）。本书认为，如果从宽泛角度或非国际关系学界来看，这种看法也说得过去，但是从严格意义上来讲，"国际秩序"与"国家体系"和"世界秩序"是有区别的。具体区别可参见 ［英］赫德利·布尔《无政府社会：世界政治秩序研究》，张小明译，世界知识出版社 2003 年版，第 6—17 页。

② 杨光海：《国际秩序辨析》，《南京政治学院学报》2004 年第 2 期。

③ 关于"国际秩序"的客观性与主观性，不同学者亦有不同看法。中国现代国际关系研究院院长崔立如教授认为，"国际秩序"的客观性是指各种规则和行为规范，是集体性的，较少变化，具有稳定性；"国际秩序"的主观性是指主权国家追求的目标和行为方式，是个体性的，较多变化，缺乏稳定性。参见崔立如《关于 21 世纪国际秩序演变趋势的一点思考》，《现代国际关系》2005 年第 10 期。

除了客观性与主观性之外，"国际秩序"还包括一个文化因素，即主权国家对自身利益、目标以及国际事务的认知、价值追求等。[①]

（二）传统国际秩序

1. 国际秩序的种类

标准不同，国际秩序的种类（或对国际秩序的看法）也不同。

按照范围不同，可分为地区性国际秩序与全球性国际秩序。从历史上看，国际秩序并非一开始就具有全球性。在 19 世纪中期以前，几乎每一历史阶段都并存在着几种地域性的国际秩序。直到 19 世纪末 20 世纪初，由西方主导的国际秩序才上升为全球性的国际秩序。即使在当今国际社会，依然存在着地区性秩序（如东亚秩序、南亚秩序等）与全球性秩序。

按照时序不同，可分为历史国际秩序、当今国际秩序与未来国际秩序。历史国际秩序包括古代帝国秩序和近代欧洲多极均势秩序，例如威斯特伐利亚秩序、维也纳秩序、凡尔赛秩序和雅尔塔秩序。当今国际秩序可称为大国霸权秩序。中国提出的"和谐世界"秩序可算是未来国际秩序。

按照秩序的侧重点不同，可分为权力秩序、制度秩序与文化秩序。本书主要介绍这一类型的国际秩序。

2. 权力秩序、制度秩序、文化秩序

（1）权力秩序

所谓"权力秩序"，可以理解为现实主义对国际秩序的解读，也就是强调权力在秩序创建与维持中的作用。按照权力结构的不同，可分为单极霸权秩序、两极对抗秩序和多极均势秩序。

单极霸权秩序：是指由一个霸权国（或国家集团）领导和统治的国际秩序。在这种秩序中，通常只有一个实力最强的国家（或国家集团）在国际事务中起主导地位和支配作用。"霸权稳定论"是这种世界秩序模式的逻辑基础，该理论认为单极霸权国的存在不仅给世界带来良性秩序与稳定，而且还提供了和平与安全。由此，维持霸权是维持国际秩序的唯一选择。

两极对抗秩序：是指由两个世界大国（或国家集团）领导和统治

---

① 林甦：《国际新秩序、世界秩序与世界新秩序》，《教学与研究》2002 年第 1 期。

的国际秩序。在这种秩序中，两个大国（或国家集团）之间形成一种势力均衡的状态，它们之间是相互联系、相互制约的，共同影响国际事务，主导国际进程。

多极均势秩序：是指由几个或众多大国（或国家集团）领导和统治的国际秩序。在这种秩序中，它们之间是相互联系、相互制约的，共同影响国际事务，主导国际进程。英国杰出的国际关系理论家和思想家马丁·怀特（Martin Wight）指出："均势是大多数国家在多数情况下寻求自我保存的政策。只要没有国际政府，国家因此而主要专注于自己的生存，国家就会去寻求在各自间维持某种平衡。"① 多极均势理论认为，近代欧洲的均势外交成功地防止了任何国家谋求霸权地位。这种理论主张，多极均势应当成为冷战后世界秩序的基础。美国前国务卿基辛格是世界多极均势秩序的倡导者。

上述三种权力秩序模式，既是曾经出现过的国际秩序模式，也是未来有可能呈现出的国际秩序模式。但亦有学者另辟蹊径，认为未来的国际秩序将是上述模式的综合，例如，美国学者罗伯特·斯卡拉皮诺（Robert Scalapino）指出，未来国际秩序最适宜的形式将是大国一致和势力均衡的共处。②

（2）制度秩序

所谓"制度秩序"，可以理解为自由主义对国际秩序的解读，也就是强调制度在秩序创建与维持中的作用。在自由主义者看来，由于具备创建法律责任模式、改变交易成本模式和提供信息等三个重要功能，国际制度能够在很大程度上成功克服国际合作进程中的阻碍，从而大大增强了国际合作的可能性。国际制度是创建与维持国际和平秩序的重要保证。

（3）文化秩序

所谓"文化秩序"，可以理解为建构主义对国际秩序的解读，也就是强调文化在秩序创建与维持中的作用。建构主义认为，国际秩序与其说是取决于物质力量，不如说是取决于建构在物质基础上的文化

---

① ［英］马丁·怀特：《权力政治》，宋爱群译，世界知识出版社 2004 年版，第 125 页。

② ［美］罗伯特·斯卡拉皮诺：《迈向一种可行的国际秩序》，《世界经济与政治》2000 年第 7 期。

与观念。根据国际关系互动过程中的不同文化结构，建构主义将国际秩序分为代表敌对关系的霍布斯式秩序、代表竞争关系的洛克式秩序和代表朋友关系的康德式秩序。

3. 传统国际秩序的特征

尽管种类众多，但传统国际秩序的特征却大同小异，主要表现如下：

（1）结构：等级性

少数发达国家处于金字塔的顶端，它们创建和维护着既存的国际秩序，并从这一秩序中获取最大的经济、政治和安全利益。大多数发展中国家则处于金字塔的底端，它们被动地参与既存的国际秩序或游离于国际秩序之外，未能或很少从中获取应有的经济、政治和安全利益（少数国家除外）。

（2）规则：强权性

国际秩序的规则由发达国家制定，其他国家只有参与和接受规则的义务，在规则制定方面很少有发言权。

（3）手段："掠夺"性

发达国家为了维持其主导的国际秩序，保持自己的权力和利益，往往借助于"掠夺"的手段。此处的"掠夺"既可以是赤裸裸的，也可以是隐蔽的。具体表现：政治上，大国欺压小国，肆意干涉他国内政；经济上，国际分工极不合理，经济发展严重不平衡；文化上，大国试图将自己的民主、社会制度强加于小国。

（4）结局：易变性

上述特征，表明传统国际秩序是不平等、不公正、不合理的。这就意味着它必将不断受到多数国家的反对，从而决定了国际秩序的易变性。

（三）"和谐世界"：一种全新的国际秩序

何谓"新秩序"？如前所述，"国际秩序"由客观性与主观性两方面组成，当"国际秩序"因其客观性或主观性发生变动而出现新变化时，我们可以说出现了"新秩序"。但是由客观性变动而产生的国际秩序与由主观性变动而产生的国际秩序，两者的性质是不同的。按照冷兆松先生的理解，前者是"量变"的"国际新秩序"（如冷战后美、日、欧相继提出的国际新秩序），后者是"质变"的"国际新秩序"（如冷战后以中国为代表的发展中国家提出的国际新秩序）。① 相较于传统国际秩序，"和谐世界"不只是一种"量变"的"国际新秩序"，也不是一种"质变"的"国际新秩序"，而是一种"全新"的"国际秩序"。下面，我们通过与传统国际秩序的比较，来认识一下"和谐世界"到底是一种怎样的"全新"的"国际秩序"。

1. 关于"国际秩序的侧重点"

传统国际秩序要么侧重权力（权力秩序）、要么侧重制度（制度秩序）、要么侧重文化（文化秩序）。

"和谐世界"新秩序对权力、制度与文化都很重视，不偏向任何一方面，或者说，新秩序的侧重点不是权力、制度与文化，而是强调"共有利益"（shared interest）。按照中国国际问题研究所副所长阮宗泽的说法是："共有利益"在国际体系中犹如一只"看不见的手"，是一个无时不在、无处不有的关键要素，它的价值在于能够调节或平衡权力、制度与身份（与本书所说的"文化"等同）这三者之间的关系，它与这三者既相辅相成，又相互制约。②

2. 关于"谁的秩序"

"谁的秩序"问题包括：由谁制定规则、制定何种规则，以及规则应为谁服务、由谁受益。

传统国际秩序：规则由一国或少数几国制定，制定符合少数几国国家利益的规则。这种规则显然只是为少数国家服务，少数国家的某些利益集团获益。这种规则将大多数国家（主要是发展中国家）置于规则制定者和受益者之外。

"和谐世界"新秩序：规则由多数国家共同参与制定，制定符合多数国家利益的规则。这种规则显然是为多数国家服务，多数国家的人民将从中获益。

3. 关于"国际秩序的目标层次"

传统国际秩序与"和谐世界"新秩序追求的目标是一致的，即国际和平、国际安全、国际自由与国际民主。但是两者追求的目标层次

---

① 冷兆松：《从格局与秩序的辩证关系论国际新秩序的建立》，《国际政治研究》1992年第 3 期。

② 阮宗泽：《试析共有利益与国际秩序的稳定》，《国际问题研究》2006 年第 6 期。

是完全不同的。

传统国际秩序追求的目标：国际和平是大国的和平，是建立在牺牲小国利益基础之上的和平，因此是短暂的和平、高成本的和平；国际安全是大国自身的安全，是建立在漠视小国安全基础之上的安全，因此是相对的安全；国际自由是大国的自由，是大国剥削小国的自由，因此是非公平的自由；国际民主是大国的民主，是以大国价值为样本的民主，是漠视世界民主多样性的单一民主，因此是虚假的民主。

"和谐世界"新秩序追求的目标：国际和平是普遍的和平，是建立在各国一律平等基础之上的和平，因此是持久的和平、低成本的和平；国际安全是共同的安全，是建立在互信互利基础上的安全，因此是相互的安全；国际自由是广泛的自由，是大国小国强国弱国互利共赢的自由，因此是互惠的自由；国际民主是普世的民主，是各国尊重彼此差异的民主，因此是真正的民主。

4. 关于"国际秩序的性质"

所谓"国际秩序的性质"，也就是指国际秩序是否公正、合理。评判的标准是：是否坚持国际正义。国际正义包括国家间的平等正义与国家间的均衡正义。国家间的平等正义，意味着各国以主权国家身份享有独立权利、领土完整权利和内外政策自主权利，也都平等地承担不破坏别国主权和领土完整、不干涉别国内政的义务。国家间的均衡正义，即为了国际社会中安全、自由、财富、尊严、发展机会等基本价值的公正分配，而赋予强国与弱国、富国与穷国、发达民族与欠发达民族在某些方面不等的权利和义务。[①]

传统国际秩序尽管承认国际正义的存在，但是往往将之弃之一边，视而不见。例如，它承认国家在法律上的平等，但是事实上，干涉他国内政的事件时常发生。国家间的均衡正义强调某些弱势国家在某些方面享有保留性或片面性的权利与义务，它的言外之意是指发达国家要额外让与发展中国家一些权利，而多承担一些责任。事实上，发达国家往往是反其道而行之，将本来属于发展中国家的权利剥夺，而将应该自己承担的责任转嫁于发展中国家。

---

① 杨光海：《国际秩序辨析》，《南京政治学院学报》2004 年第 2 期。

"和谐世界"新秩序不但口头上承诺要坚持国际正义，而且实践中认真地贯彻国际正义原则。世界各国平等地参与解决国际问题；不同国家承担"共同但有差别的责任"原则。

5. 关于"国际秩序的基础与内容"

传统国际秩序：以霸权主义和强权政治为基础。政治上，大国任意把自己的意志强加于人；经济上，肆意掠夺发展中国家资源，造成南北贫富分化悬殊；文化上，认为自己的文化最优秀，排斥和打压其他民族的文化；安全上，相互猜疑，动辄诉诸武力或以武力相威胁。

"和谐世界"新秩序：以和平共处五项原则为基础。政治上，所有国家不分大小、强弱、贫富一律平等，反对任何国家干涉别国内政；经济上，致力于实现全球经济均衡发展；文化上，尊重和维护人类文化的多样性；安全上，树立互信、互利、平等和协作的新安全观，反对诉诸武力或以武力威胁、反对以战争手段解决国际争端。

6. 关于"国际法的作用"

传统国际秩序：忽视国际法的作用。尤其是现实主义者认为国际法是国际关系的附带现象，是国家追求权力过程中出现的副产品。[1]

"和谐世界"新秩序：强调国际法的作用，认为国际法是国际秩序的重要支撑。正如康威·汉德森（Conway W. Henderson）所指出："国际法正在将世界从无政府状态转向更加合作的国际社会。在建立合作的格劳秀斯式秩序，以取代霍布斯式的无政府秩序这一点上，国际法起的作用也许比其他任何事物都要大。"[2]

7. 关于"国际秩序的合法性"

国际秩序是否具有合法性，需要满足两个标准：其一，从合法性的经验层面上看，合法性指的是社会秩序被自觉认可与服从的性质和状态。只有那些被人们内心所认可的秩序，才具有政治学中所说的合法性。其二，从合法性的规范层面上看，合法性指的是规范符合大众心目中普遍的正义原则，从而被大众所普遍认可。按照上述两个标

---

① ［美］康威·汉德森：《国际关系：世纪之交的冲突与合作》，金帆译，海南出版社2004年版，第350页。

② 同上书，第351页。

准，传统国际秩序缺乏合法性。①

"和谐世界"新秩序：强调政治上相互尊重，经济上共同繁荣，文化上相互借鉴，因此，无论从经验层面来看，还是从规范层面来看，新秩序都具有广泛的合法性。

8. 关于"国际秩序的结果"

建立在霸权主义基础之上的传统国际秩序不符合世界各国人民的利益，必然遭到普遍的反对和抵制。结果是秩序的"悖论"，导致无休止的冲突，乃至战争，有损于世界的和平与稳定。

提倡和平共处五项原则的"和谐世界"新秩序符合世界各国人民的根本利益，必将得到大多数国家和国际组织的认同。结果是世界各国和平相处，相互促进，从而有利于世界的和平与稳定。

综上所述，"和谐世界"新秩序与传统国际秩序完全不一样，是一种全新的新秩序。它强调"共有利益"，规则由多数国家共同参与制定，符合多数国家的利益；它追求普遍的国际和平、共同的国际安全、广泛的国际自由与普世的国际民主；它承诺并坚持国际正义；它以和平共处五项原则为基础，所有国家不分大小、强弱、贫富一律平等，反对任何国家干涉别国内政，树立互信、互利、平等和协作的新安全观，反对诉诸武力或以武力威胁、反对以战争手段解决国际争端；它具有广泛的合法性；它必将得到大多数国家和国际组织的认同，从而有利于世界的和平与稳定。

（四）补充说明

尽管"和谐世界"新秩序具有进步性、合理性、公平性，但是要想取代传统国际秩序，仍需很长的时间。

1. 格局决定秩序

如前所述，国际秩序包括客观性与主观性两方面，客观性与主观性的变动都会带来国际秩序的变化，但是相比较而言，对国际秩序有决定性影响的还是国际秩序的客观性方面，即国际格局，甚至可以说，有什么样的国际格局，就会有什么样的国际秩序与之相对应，国际格局变，则国际秩序变，反之也是一样，国际格局不变，则国际秩序不变。

---

① 关于传统国际秩序缺乏合法性的详细论述，可参见赵长峰《试论无政府状态下的国际秩序》，《高校社科信息》2004 年第 4 期。

冷战结束以来，尽管发展中国家的整体实力有了较大发展，但相较于发达国家仍处于劣势；尽管中国的综合国力有了大幅度提高，但与实力超强的美国相比仍有较大的差距。在这种国际总体格局没有发生大的变化的情况下，国际秩序不可能发生根本性的变化。这也就是为什么发展中国家提出以和平共处五项原则为基础的国际新秩序以及近年来中国提出的"和谐世界"新秩序，虽然是进步的、合理的、公平的，但仍然无法变为现实的重要原因所在。而要使这种新秩序变为现实的唯一途径就是发展中国家和中国继续提升自己的实力。

2. 当前秩序具有合理性的一面

尽管当前以美国为首的西方国家主导的传统国际秩序存在很多缺陷，具有不公正、不合理等特性，但是它也有合理性的一面。第一，自"9·11"事件以来，尽管美国的单边主义倾向明显，但是美国绝对不会放弃多边主义。美国历来重视单边、双边与多边交叉使用，至于侧重于哪一种方式要视情况决定。将美国的外交行为完全视为单边主义，无论从实践层面还是理论层面分析，都是站不住脚的。[1] 第二，与历史上霸权国所经常使用的"权力霸权"或"强制霸权"（Coercion hegemony）相比，美国更多的是使用"制度霸权"或"仁慈性霸权"（benign hegemony）。第三，支撑现有国际秩序的理念仍具强大生命力。半个多世纪的实践表明，主权平等、集体安全、多边协商以及和平合作这些理念已经深入人心，不仅对维护世界性和平和防止冲突全面升级具有实质性意义，而且对于世界的繁荣与发展也贡献良多。不公正的存在、冲突的存在、"民主赤字"的制度性特征的存在，部分强权政治的存在，只是表明这些理念尚未得到彻底贯彻，并不表明这些理念已经过时和不正确，国际社会仍有继续努力的无限空间。[2]

三　"和谐世界"理念：一种全新的全球治理模式

（一）全球治理

自 1995 年以来，国内学界研究全球治理的学者众多，但大家普遍认为俞可平教授是权威之一。在俞可平教授看来，所谓全球治理（glob-

---

[1]　张敏谦：《国际秩序、理念选择及中国对外战略》，《现代国际关系》2005 年第 10 期。
[2]　同上。

al governance），指的是通过具有约束力的国际规制（regimes）解决全球性的冲突、生态、人权、移民、毒品、走私、传染病等问题，以维持正常的国际政治经济秩序。全球治理的要素主要有以下五个：第一，全球治理的价值。就是全球治理的倡导者们在全球范围内所要达到的理想目标。这些价值应当是超越国家、种族、宗教、意识形态、经济发展水平之上的全人类的普适价值。第二，全球治理的规制。就是维护国际社会正常的秩序，实现人类普世价值的规则体系。第三，全球治理的主体或基本单元。指的是制定和实施全球规制的组织机构，主要有三类：各国政府；正式的国际组织；非正式的全球公民社会组织。第四，全球治理的对象或客体。包括已经影响或者将要影响全人类的跨国性问题。第五，全球治理的效果。涉及对全球治理绩效的评估。一般认为，全球治理对于维护公正的国际秩序是有效的，而且这种效果可以通过一定的评估标准加以测定。①

（二）"和谐世界"理念：一种全新的全球治理模式

"和谐世界"理念与全球治理有许多共同之处，但又不是全球治理的简单复制，在某种程度上可以将"和谐世界"理念看作是对全球治理的丰富、发展、完善和升华。因此，"和谐世界"理念是一种全新的全球治理模式。

1. "和谐世界"理念与全球治理的共同之处

第一，产生背景相似。都是面对全球化的挑战所做出的恰当反应。如前所述，人类正处于一个全球化时代。全球化时代有三个基本特征：世界各国相互依存更加紧密、国际关系行为主体更加多样、全球问题更加具有挑战性。为了应对全球化挑战，保证全球化健康发展，全球治理与"和谐世界"理念应运而生，并将随着全球化的不断发展而发展。

第二，目标相似。面对当今混乱、不和谐的国际社会，全球治理与"和谐世界"理念一样，都是力图建立一个更加和谐、公正、有序的世界。

第三，治理的方式相似。在治理方式上，全球治理与"和谐世界"理念，都强调权威而否定权力政治。而"全球治理"和"建设和谐世界"理念都提出了与传统现实主义强权政治理念完全不同的参与国际事

---

① 俞可平：《全球治理引论》，《马克思主义与现实》2002 年第 1 期。

务的原则与立场，因此两者具有相当的共性。①

第四，基本内容相似。"和谐世界"理念与全球治理在构成要素上具有一致性：从核心价值来看，两者都追求普适的价值；从规则来看，两者都重视全球规制的作用；从主体来看，两者都包含多元主体；从客体来看，两者都力图解决全人类共同面临的跨国性问题；从绩效来看，两者都可以客观地加以评估。②

2. "和谐世界"理念是对全球治理的丰富、发展、完善和升华

第一，"和谐世界"理念是由中国提出的，是具有中国特色的应对全球化、全球问题和国际事务的新理念；而全球治理理论则是由西方提出的，按照西方的价值观和思维方式应对全球化挑战的理论。

第二，"和谐世界"理念的目标更远大，除了有效应对全球化挑战，正确处理全球问题，更重要的是建立民主（世界事务由世界各国共同协商解决）、平等（包括人与人之间、民族与民族之间、国家与国家之间、人类与自然之间）、经济上共同繁荣的国际政治经济新秩序。

第三，"和谐世界"理念的基本内容较之全球治理更加具有可行性。从核心价值来看，前者强调的是具有中国优秀传统文化的"和而不同"、"尊重多样性"，允许不同观念的存在；而后者强调的是建立在西方价值观念基础上的"全球共同价值观"，不允许不同观念的存在。从规则来看，前者强调的规则是公认的国际法和国际关系的基本准则，体现的是任何国家的意图和价值；后者强调的规则大多由西方国家所制定和确立，很大程度上体现的是西方国家的意图和价值。从主体来看，前者强调众多国际关系行为主体的共同作用，特别强调主权国家在其中的主导作用；后者突出强调发挥国际组织和全球公民社会组织的作用，有意忽略主权国家的作用。

第四，"和谐世界"理念和"全球治理"的思想基础不同：前者的思想基础是马克思列宁主义的国际关系理论，其中尤其是与列宁最先提出的"和平共处"国际关系思想紧密相关，而后者则明显不是。③

---

① 详细论述参见叶江《"全球治理"与"建设和谐世界"理念比较研究》，《上海行政学院学报》2010 年第 2 期。

② 陆晓红：《"和谐世界"：中国的全球治理理论》，《外交评论》2006 年第 6 期。

③ 叶江：《"全球治理"与"建设和谐世界"理念比较研究》，《上海行政学院学报》2010 年第 2 期。

综上所述，"和谐世界"理念是一种全新的全球治理模式。它以马克思列宁主义的国际关系理论为思想基础；它更加具有可行性；它目标更远大；它是具有中国特色的应对全球化、全球问题和国际事务的新理念。

第三节　全球化与"和谐世界"、"和谐世界"理念

一方面，"和谐世界"理念是中国国内政策的对外延伸，是中国外交的新思维。另一方面，"和谐世界"理念的提出与全球化的时代大背景有着内在联系，"和谐世界"是中国政府为了应付西方为主导的全球化的"全球共治"论和现实世界的复杂矛盾与问题提出的一种主张和理念。在全球化大发展和中国大力向世界推行"和谐世界"理念的时候，探讨全球化与"和谐世界"、"和谐世界"理念的关系无疑是具有现实意义的。

一　全球化与"和谐世界"的关系

（一）全球化为构建"和谐世界"提供了现实基础①

如果没有全球化，不可能出现"和谐世界"，至多是"和谐×国家"或"和谐×地区"；如果没有全球化，即使"世界"存在，也不可能是"和谐"的世界。那么一旦出现了全球化，情况则大不一样了。

罗伯特·基欧汉和约瑟夫·奈认为，全球化是指当今或往昔全球性不断发展的过程，是各类相互依存网络的不同相互依存关系在更多的不同方面更深地相互交叉。② 中国著名学者俞可平教授认为，全球化是一个过程，"主要指人类不断跨越民族、国家的地域界限，超越制度和文化的障碍，经过不断的冲突、融合，进而形成一个不可分割的有机整体的历史发展过程和趋势"③。从上述全球化的内涵中可以看出，全球化

① 参见薛亚梅、赵长峰《全球化进程中的国际合作与和谐世界》，《学术论坛》2007年第1期。

② ［美］约瑟夫·奈、约翰·唐纳胡主编：《全球化世界的治理》，王勇译，世界知识出版社2003年版，第2—10页。

③ 俞可平等编：《全球化与国家主权》，社会科学文献出版社2004年版，第119页。

是一种力量，这种力量将把人类联结为一个相互依存和不可分割的有机整体，它包含着人类发展走向共存、和谐的态势，具有和谐世界的因子。

20世纪90年代以后，由于经济和技术的推动，全球化呈现出迅猛的发展态势，日益把世界联结为一个有机整体。这种态势越发促使人类开始思考"类"（作为整体的人类）的存在和意识。"无论我们愿意还是不愿意，反正我们正在面对越来越多的问题，这些问题总体上涉及整个人类，所以，解决问题的办法在越来越大的程度上必须国际化。各种危险和挑战——战争、混乱、自我摧毁——都在全球化，这就要求一种世界内部政治，它要超越宗教的视野，而且远远超越了民族国家的边界。"① 许多国际政治家和理论家立足于全球化的背景，积极探索和思考世界未来的发展走向和态势，规划和设计国际政治和世界秩序。可以说，和谐世界属于治理全球化的思想理论范畴，是对全球化进行理论思考和总结的结晶。对此可以作如下理解：第一，各国面临应对全球化的共同使命。全球化将国际社会联结成一个有机整体，其积极成果需要通过国际合作加以维持和巩固，消极影响需要通过国际合作来克服和避免。第二，全球化规定着事物发展和谐共处的因素和方面。全球化增强了国家间相互依存的意识和认同感，各国在全球化的网络中，和谐共处意识逐步得到强化。第三，全球化的发展要求我们转变思维，以和平取代战争，以合作取代纷争，谋求互利合作；各国应放弃原有的思维模式，走出传统的狭隘的本国国家利益，放大视野，将本国利益（"小我"）放到世界整体利益（"大我"）之中，谋求互利共赢。第四，世界秩序的每一次调整和构建都缘起于有巨大影响力的国际大事件和现象，全球化属于这类事件。全球化使得国际政治呈现出高度分化和组合的状态，释放出巨大的改造世界的能量，改变着人类的生活方式和世界的秩序模式，为构建"和谐世界"提供了坚实的现实基础。

（二）构建"和谐世界"是全球化深入发展的要求

全球化是一把"双刃剑"，在促进世界经济快速发展、加强世界各国联系的同时也带来了大量的问题。随着经济全球化的深入发展，南北

---

① ［德］乌尔利希·贝克等：《全球政治与全球治理——政治领域的全球化》，张世鹏等编译，中国国际广播出版社2004年版，第259页。

之间的贫富差距进一步扩大，发展中国家面临着巨大的经济风险，全球经济发展严重失衡。国际社会中不和谐的现象也是层出不穷，如恐怖主义、种族冲突、民族分裂势力、生态环境破坏、污染、毒品走私，跨国犯罪、能源短缺、严重传染病蔓延等跨国性问题日益突出，世界政治、经济、安全、社会、文化、自然生态环境领域都存在着一系列的严重的全球问题。尽管产生的原因是多种多样的，但归根结底是由各国经济发展不平衡带来的。一方面全球化既是经济层面的重新洗牌，也是政治层面和社会层面的力量重组，必然带来全方位的混乱和动荡，加剧多层面、多领域、多种类的竞争，各种各样的行为主体利益碰撞激烈，导致被学者称为"全球化碎片"的分散化趋势。另一方面，动荡和混乱阻碍全球化进程，致使各种全球化问题凸显，这就使要求加强全球化治理的呼声日益强烈。而治理混乱不仅需要公认的道义权威，还需要强大的实力手段。因而联合国在面对冷战后层出不穷的冲突、对抗乃至局部战争穷于应付，全球竞争的最大赢家位于全球化顶端的大国有能力成为全球治理的实际领导者，却往往缺乏道义权威。① 这使得在全球化进程中处于弱势地位的国家（或国家中的弱势群体）遭受了严重的损失，进而造成的后果是：弱势地位的国家（或国家中的弱势群体）日益担忧全球化带来的负面影响。由于此种担忧，处于弱势地位的国家（或国家中的弱势群体）出现一些反全球化的心理，进而采取一些不利于全球化健康发展的措施。而这是不利于建设一个和谐的、稳定的世界体系的。

全球化的深入发展要求世界发展向着和谐的方向。构建"和谐世界"顺应了这一历史潮流。在全球化的进程中，各国的利益交汇点不断增加，合作面日益扩大，和平协调各方权益的机制应运而生，跨国和全球问题要求各国联手共同应对。在利益和挑战同时存在的现实面前，国际社会迫切需要先进的理念指导各国调整相互关系。"和谐世界"是在保持各国差异性的基础上的和谐，因为一方面差异性是和谐的前提和基础，只有具体的差异性才会有融通的必要；另一方面，差异性也为各个国家相处的和谐性提出了必然要求，因为有了差异性，各国在其国内各领域的经营方式和制度模式等方面必定存在着不同性，而要在这些具有不同性的领域内交流就难免出现摩擦和冲突。这些摩擦和冲突只有通过

---

① 和平等：《全球化与国际政治》，中央编译出版社 2008 年版，第 16 页。

构建和谐世界才能得以解决。因此，构建"和谐世界"是全球化深入发展的要求。

（三）全球化发展有助于构建"和谐世界"

全球化是一个动态发展的客观过程，是矛盾与和谐共存的一种发展过程，随着时间的推移和科技的进步不断地向前推进。全球化已深入人类社会的各个层面：由经济层面向文化、政治层面整体推进。全球化的整体推进过程已经成为当今全球化十分突出的倾向。

如前所述，20世纪90年代以来，随着科技革命的高涨，资本主义市场在全球范围内的扩张，人类的生产和精神活动在广度上和深度上都得到了极大地加速进展，在全球范围内的人与自然、人与人以及人与自身的关系都显著不同了。地球在全球化下不断的缩小，国家之间的关系和相互依存更加紧密。这要求国家在实现自己国家利益的时候，必须同时考虑国际社会和其他国家的共同利益，以合作、互利、长期和共同的利益观取代斗争、利己的利益观。要摒弃冷战思维学会通过谈判、妥善解决争端和缓和紧张关系，从而实现共存、共赢也就是"全球意识"[1]。

全球化使跨越国界的经济、政治、社会交往日益频繁，对人类的共同利益及生存价值逐渐形成了共识，这些使构建"和谐世界"的条件正渐趋成熟，全球化的发展有助于构建"和谐世界"。首先，随着世界经济的持续增长，科学技术进步日新月异，各国的相互依存和合作正在日益加深；在人类漫长的发展史上，各国人民的命运从未像今天这样紧密相连、休戚与共，各国人民的利益交融也从未像今天这样千丝万缕。这种日益加深的相互依存是构建和谐世界的重要基础。其次，当前国际关系民主化日益发展。虽然国际力量对比呈现一超与多强并存的状态，但是单边意志不能不考虑多边意志，单边主义不能不最终屈从于多边主义，因为近年来越来越多的事实证明，通过多边协调合作来应对重大国际问题，比单边主义更有效，任何超级大国都不能为所欲为。再次，现存的国际政治经济秩序虽然仍有众多不公正、不合理之处，有待改善，但是确实也有大量的、系统性的国际规则为人类国际交往的协调提供了方便。

---

[1]　王丽娟等：《全球化与国际政治》，中国社会科学出版社2008年版，第14页。

（四）全球化并不必然导致"和谐世界"

尽管全球化为构建"和谐世界"提供了现实基础，尽管构建"和谐世界"是全球化深入发展的要求，尽管全球化的发展有助于构建"和谐世界"，但是，全球化并不必然导致"和谐世界"。事实上，如果全球问题得不到很好的处理，如果日益严峻的两极分化得不到及时扭转，如果人与自然愈益对立的状态得不到即时化解，如果弱势国家和群体的利益仍然得不到足够重视，如果文化霸权主义依然得不到控制，如果……全球化的发展很可能将步入与"和谐世界"相反的轨迹。

二 全球化与"和谐世界"理念的关系

2005年12月22日，中国国务院新闻办公室发表《中国的和平发展道路》白皮书，系统地阐述了"和谐世界"理念的基本内涵，即：坚持民主平等，实现协调发展；坚持和睦互信，实现共同安全；坚持公正互利，实现共同发展；坚持包容开放，实现文明对话。其精髓为民主、和睦、公正、包容，即白皮书所指出的："和谐世界应该是民主的世界、和睦的世界、公正的世界、包容的世界。"① 2006年8月21日至23日召开的中央外事工作会议，全面、系统地阐述了建设和谐世界的思想，并强调，"推动建设和谐世界，是我们坚持走和平发展道路的必然要求，也是我们实现和平发展的重要条件"，从而将"和谐世界"理念确立为中国外交的指导方针和政策原则。在这次会议上，党中央还提出了为促进和谐世界建设必须遵循的重要原则，即要致力于促进各国相互尊重、扩大共识、和谐共处；致力于同各国深化合作、共同发展、互利共赢；致力于促进不同文明加强交流，增进了解、相互促进；致力于同各国加深互信、加强对话、增强合作。

随着"和谐世界"理念内容的不断丰富和深化，"和谐世界"的内涵、实质和基本主张逐渐明确。其内涵为：持久和平、共同繁荣、人与自然和谐相处；其实质是：通过争取持久和平来促进世界各国共同繁荣并解决好全球问题，同时在促进世界各国共同繁荣并解决好全球问题的过程中实现持久和平。其基本主张包括：政治上相互尊重、平等协商，

---

① 中华人民共和国国务院新闻办公室：《中国和平发展道路》，《人民日报》2005年12月23日。

共同推进国际关系民主化；经济上相互合作、优势互补，共同推动经济全球化朝着均衡、普惠、共赢方向发展；文化上相互借鉴、求同存异，尊重世界多样性，共同促进人类文明繁荣进步；安全上相互信任、加强合作，坚持用和平方式而不是战争手段解决国际争端，共同维护世界和平稳定；环保上相互帮助、协力推进，共同呵护人类赖以生存的地球家园。

"和谐世界"理念由提出到丰富再到深化，其内涵、实质和基本主张的逐渐明晰化，与中国对全球化发展前景的认知与把握紧密相关，与中国积极参与全球化的实践紧密相关。

（一）"和谐世界"理念是中国深刻认识和积极参与全球化的产物

改革开放的几十年，也是中国积极参与全球化的几十年。时至今日，中国取得的成绩有目共睹，中国与世界的关系发生了历史性变化。中国的前途命运日益紧密地同世界的前途命运联系在一起：中国的巨大成就是在参与世界的过程中取得的，而中国的发展亦为世界经济发展和人类文明进步作出了重大贡献。正如十七大报告所指出的，"中国发展离不开世界，世界繁荣稳定也离不开中国"①。存在决定意识，正是由于积极地参与全球化，才有了中国对全球化的全面而深刻的认识。

第一，全球化时代是一个充满机遇和挑战的时代。首先，全球化时代是一个充满机遇的时代。政治上，世界多极化不可逆转，国际关系民主化不断推进；经济上，科技进步日新月异，新兴产业、知识经济方兴未艾，世界生产力显著提高；文化上，不同文明互相认同感得到增强，国际文化合作日益拓展；安全上，和平与发展大局总体稳定，国际安全合作日趋加强。其次，全球化时代是一个充满挑战的时代。政治上，霸权主义、强权政治有新发展新表现，国际力量对比呈现北强南弱、西强东弱的基本态势；经济上，全球性经济发展失衡更加严重，发展中国家在激烈的国际经济科技竞争中总体上处于不利地位；文化上，西方国家加紧向全世界推销意识形态、社会制度、发展模式，策动形形色色的"颜色革命"；安全上，局部冲突和战争不断，传统安全威胁和非传统安全威胁相互交织，一些热点问题长期得不到解决。

在这样一个机遇与挑战并存的全球化时代中，胡锦涛指出："我们

---

① 赵长峰：《改革开放以来中国与世界关系的变化》，《社会主义研究》2008 年第 5 期。

更应该严肃地思考人类社会的发展方向，严肃地思考如何更好地解决人类社会面临的一系列重大问题。"① 而"努力建设一个持久和平、共同繁荣的和谐世界，符合世界各国人民的共同福祉"②。

第二，和平、合作、发展是当今全球化时代的历史潮流。胡锦涛指出，在全球化大背景下，"尽管地区动荡不断、局部冲突时有发生，但各国更加重视对话合作，更加重视谈判解决争端"；"尽管强权政治依然存在、国际关系民主化尚未实现，但对话交流、和睦相处已成为国际关系的主流，各国互相尊重、平等相待日益成为国际社会的重要共识"；"尽管世界发展还很不平衡、贫穷和饥饿仍在不少国家肆虐，但国际社会已经制定了减少贫困、促进发展的目标，加强合作、共同发展日益成为各国的普遍选择"③。总而言之，"尽管当今世界还存在着这样那样的矛盾和冲突，不确定、不稳定因素有所增加，但和平与发展仍是当今时代的主题，世界要和平、国家要发展、人民要合作是不可阻挡的历史潮流"④。

"和谐世界"理念是中国深刻认识全球化和积极参与全球化的产物，是基于中国有信心和能力走出一条与西方不同的崛起道路的认识而提出的，是符合人类文明发展大势、实现中国人民和世界人民根本利益的重要理念；和谐世界是寻求机遇和挑战交集的理论成果。它既反应了当今国际关系的现实，同时也符合国际关系的发展趋势，是可能性与可行性的组合。

（二）"和谐世界"理念有助于全球化的良性发展

西方主流国际关系理论在关于"如何应对全球化"的问题上都有自己独到的观点。尽管具体观点迥异，⑤ 但出发点都是一样的，即站在西

---

① 胡锦涛：《加强友好合作 共创美好未来——在韩国国会的演讲》，《文汇报》2005 年11 月 18 日。

② 胡锦涛：《在发展中国家领导人集体会晤时的讲话》，《人民政协报》2006 年 7 月 17 日。

③ 胡锦涛：《努力建立持久和平 共同繁荣的和谐世界——在联合国成立 60 周年首脑会议上的讲话》，《人民日报》2005 年 9 月 16 日。

④ 胡锦涛：《中国的发展 亚洲的机遇——在博鳌亚洲论坛 2004 年年会开幕式上的演讲》，《人民日报》2004 年 4 月 25 日。

⑤ 现实主义强调权力与利益；自由主义强调制度的重要性；建构主义强调观念和文化的作用。

方国家的立场上，如何最大化地维护西方国家的利益。用这样的一些理论和观点，去治理世界，去解决全球问题，能有效吗？答案是否定的，起码是令人怀疑的。因为它无视世界的现实，无视全球问题的复杂性。

在全球化背景下提出的"和谐世界"理念有助于促进全球化的良性发展。这是由"和谐世界"理念的内涵所决定的。"和谐世界"理念承认全球化时代的矛盾和差异，超越了意识形态以及不同的社会发展制度和发展水平，站在全人类的角度来开拓广阔的国际合作空间，以追求和实现整个世界的和谐状态为理想目标。"和谐世界"理念要求：①

第一，坚持民主平等，实现协调合作。各国应在《联合国宪章》及和平共处五项原则的基础上，通过对话、交流与合作，促进国际关系民主化。各国内部的事情应由各国人民自己决定，世界上的事情应由各国平等协商解决，发展中国家在国际事务中理应享有平等参与权与决策权。各国应互相尊重，平等相待，不将自己的意志强加于人，不将自身的安全与发展建立在牺牲他国利益基础之上。国际社会应反对单边主义，提倡和推进多边主义，更好地发挥联合国及其安理会在国际事务中的积极作用。在处理国际关系时，应坚持从各国人民的共同利益出发，努力扩大利益的交汇点，在沟通中增强了解，在了解中加强合作，在合作中实现共赢。

第二，坚持新安全观，实现共同安全。在人类历史上，各国安全从未像今天这样紧密相连。安全不是孤立的、零和的、绝对的，没有世界和地区的和平稳定，就没有一国的安全稳定。正如俗话所言："大河涨水，小河满；大河无水，小河干"，只有惠及全人类的共同安全得以实现，国家安全才能真正实现；否则，将不能实现完全意义上的国家安全。因此，各国应该携起手来，树立大安全观，共同应对全球安全威胁。摒弃冷战思维，树立互信、互利、平等、协作的新安全观，既维护本国安全，又尊重别国安全关切，促进人类共同安全。坚持联合国宪章宗旨和原则，坚持用和平方式解决地区热点问题和国际争端，反对任意使用武力或以武力相威胁。坚持反对一切形式的恐怖主义、分裂主义、

---

①　参见《中国的和平发展道路》白皮书；胡锦涛：《努力建立持久和平 共同繁荣的和谐世界——在联合国成立 60 周年首脑会议上的讲话》，《人民日报》2005 年 9 月 16 日；胡锦涛：《同舟共济 共创未来——在第 64 届联大一般性辩论时的讲话》，2009 年 9 月 23 日。

极端主义，不断深化国际安全合作。应该按照公正、合理、全面、均衡的原则，实现有效裁军和军备控制，防止大规模杀伤性武器扩散，积极推进国际核裁军进程，维护全球战略稳定。

第三，坚持互利合作，实现共同繁荣。发展事关各国人民的切身利益，也事关消除全球安全威胁的根源。没有发展中国家的普遍发展和平等参与，就没有世界的共同繁荣，就无法建立更加公正合理的国际经济秩序。经济全球化趋势的深入发展，使各国利益相互交织、各国发展与全球发展日益密不可分。发达国家应该为实现全球普遍、协调、均衡发展承担更多责任，进一步对发展中国家特别是重债穷国和最不发达国家开放市场，转让技术，增加援助，减免债务。发展中国家要充分利用自身优势推动发展，广泛开展南南合作，推动社会全面进步。联合国应该加大对发展问题的投入，促进经济全球化朝着均衡、普惠、共赢方向发展，努力营造有利于发展中国家发展的国际环境。

第四，坚持包容开放，实现文明对话。文明多样性是人类社会的基本特征，也是人类文明进步的重要动力。在人类历史上，各种文明都以自己的方式为人类文明进步作出了积极贡献。存在差异，各种文明才能相互借鉴、共同提高；强求一律，只会导致人类文明失去动力、僵化没落。各种文明有历史长短之分，无高低优劣之别。历史文化、社会制度和发展模式的差异不应成为各国交流的障碍，更不应成为相互对抗的理由。各国应加强不同文明的对话和交流，努力消除相互的疑虑和隔阂，在求同存异中共同发展，使人类更加和睦，让世界更加丰富多彩。

综上所述，中国对全球化与"和谐世界"理念（即未来世界发展趋向）相互关系的认知顺应了世界现实，符合全球化发展大势，必将有助于全球化的良性发展。

第四章　国际合作与和谐世界

　　面对前所未有的机遇和挑战，国际社会应该继续携手并进，秉持和平、发展、合作、共赢、包容理念，推动建设持久和平、共同繁荣的和谐世界，为人类和平与发展的崇高事业不懈努力。

　　　　　　　　——胡锦涛《在第 64 届联大一般性辩论时的讲话》

第一节　国际合作与和谐世界的关系

一　构建"和谐世界"是推行国际合作的主要目标①

　　和谐世界是立足于中国、着眼于世界的现状提出来的，是中国勾画的"理想"。其目的是为中国的发展营造和平稳定的国际环境，同时又为世界的持久和平与共同繁荣做积极准备。和谐世界是对世界秩序合理设计和理性思考的结晶。

　　在国际关系学界，对国际合作的理论解说可谓是见仁见智，不同的理论流派持不同的国际合作观。② 第一，新现实主义的"霸权合作"论。在新现实主义看来，国际社会虽处于一种无政府状态，但并不意味着就是一种无序和混乱状态，只要存在一个霸权国家，而且愿意为国际社会提供公共物品，则霸权之下的合作是可以实现的。第二，新自由制度主义的"制度合作"论。新自由制度主义认为国际制度一旦建立起

---

　　① 转引自薛亚梅、赵长峰《全球化进程中的国际合作与和谐世界》，《学术论坛》2007年第 1 期。

　　② 关于新现实主义与新自由制度主义的合作观及其演进与争论的详细论述参见第二章第二节"国际合作理论"。

来就具有相对独立性，它可以通过降低交易费用、减少不确定性、增加透明度，提供较充分的信息和稳定的预期等手段促进合作。第三，功能主义的"技术合作"论。戴维·米特兰尼（David Mitrany）将"功能"概念引用到国际政治学领域，认为技术问题的解决需要精深的知识和专门的技术。要阐明这些亟待解决的技术问题，无须借助政治化的意识形态或政治化的民族主义，可以根据具体的需要或功能通过加强合作找到解决问题的方案。① 他确信技术层面上的国际合作的实践效果，具有外溢效应（spill–over），会产生巨大的示范效应和感召力，推动国际合作层层递进，逐步展开。

上述各流派的国际合作观对于我们认识国际合作具有启发意义，但它们也存在一个共同缺陷：没有指明国际合作的趋向和归宿。和谐世界理念的提出，解决了国际合作的努力方向，使国际合作观实现从自为向自觉的跨越和转化，国际合作在和谐世界理念的指引下，更显自觉、成熟和理性。

首先，"和谐世界"的理念，为国际合作指明了质的规定性，进一步丰富和完善了国际合作观。上面提到的各种国际合作观均未提及合作的指向和目的，此种情况下的合作尚处于不自觉或半自觉状态。只有以目标作导向的合作才是真正理智的行为，才可归属为自觉状态，才趋向于成熟和完善。"和谐世界"是国际合作的理想状态，规定着国际合作的努力方向和目标；和谐共处的国际社会大家庭，是国际社会的共同愿望和诉求，是国际社会共同向往的美好蓝图。

其次，"和谐世界"是国际利益和国家利益的有机统一。各国认可和实施国际合作的动力是获取国家利益。各国都能通过国际合作获得并实现自身的国家利益，进而推动国际合作的顺利运行。而各国通过国际合作都能实现自己的国家利益，说明各国家利益之间存在交集，即国际利益。目前，国际社会已形成或正在形成一种"类意识"（或"全球意识"），这是国际社会认同国际利益的体现。"所谓全球意识，就是承认国际社会存在共同利益，在人类文化现象具有共同性的基础上，超越社会制度和意识形态的分歧，克服民族国家和集团利益的限制，以全球的

---

① 转引自［德］乌尔利希·贝克等《全球政治与全球治理——政治领域的全球化》，张世鹏等编译，中国国际广播出版社2004年版，第550—551页。

视野去考察、认识社会生活和历史现象的一种思维方式。"① "和谐世界"就属于国家利益和国际利益的高度统一，既可谓是最大的和最完满的国际利益，同时又符合各国国家利益。"和谐世界"对国家利益和国际利益的有机整合，使国际合作获得巨大的推动力，指引着国际合作顺利推进。

再次，在实践上，"和谐世界"理念成为指引国际合作成功运行的契合点。国际社会的矛盾和纷争是事物存在和发展的常态，是通向"和谐世界"的必然现象；"和谐世界"不是整齐划一的大同世界，而是差异共存、和睦相处的状态。尽管各国之间的利益和矛盾纷争不断，但"和谐世界"却为各国所接受和憧憬，符合各国的国家利益，国际合作因此而具有了巨大的推动力。"和谐世界"的提出，回答和解决了有关国际合作的纷争问题，克服和消解了国际合作道路上的障碍因素，推动着国际合作的进程。

二 构建"和谐世界"需要国际合作

本书在第三章第二节介绍"和谐世界"时指出，"和谐世界"是一个持久和平的世界、是一个共同繁荣的世界、是一个包容开放的世界、是一个合作共赢的世界、是一个可持续发展的世界。只有通过国际合作，才有可能达成持久和平的世界、共同繁荣的世界、包容开放的世界、合作共赢的世界、可持续发展的世界。

（一）构建"持久和平"的世界需要国际合作

对整个世界而言，实现一时的和平，或者十几年的相对和平，是有可能的，但是若要实现持久的和平，的确有一定难度。国际关系理论中的现实主义流派告诉我们，维持和平是相当困难的一件事情。因为，在国际社会的无政府状态下，各国为了实现自身的安全，总是力图追求自身国家利益的最大化。在追求自身国家利益最大化的过程中，国家与国家之间难免产生矛盾与摩擦，一旦矛盾与摩擦不能得到很好的处置，继续恶化，就很容易发生国家间的冲突乃至战争。国际社会中的各个国家存在巨大的差异，有差异就必然会有矛盾与摩擦，因此，试图消除矛盾与摩擦是徒劳的，唯一的办法是缓解矛盾与摩擦，将其控制在可控的范

---

① 蔡拓：《全球问题与当代国际关系》，天津人民出版社2002年版，第439—440页。

围内。怎么才能做到这一点？是通过武力，还是通过合作？历史已经告诉我们，诉诸武力或以武力相威胁不仅不能真正地缓解矛盾与摩擦，反而有可能促使矛盾与摩擦进一步深化，因此，只有相关各方采取平等对话的态度，通过真诚合作，才有可能缓解矛盾与摩擦，将其控制在可控的范围内。总而言之，只有国家与国家之间的合作，世界的持久和平才有可能。在成立于60多年前的联合国的宗旨中，"维护国际和平与安全"与"促成国际合作"均赫然在列，说明世界各国人民对于和平的追求与对合作的重视。正如中央党校刘建飞教授所言，面对建设和谐世界这样一个符合全人类根本利益的事业，世界各国人民没有理由不进行合作。①

（二）构建"共同繁荣"的世界需要国际合作

针对当今国际社会的现实，为了达到"共同繁荣"，至少要完成如下任务：第一，缩小南北差距问题；第二，创造公平的国际竞争环境。南北差距问题是一个历史遗留问题，犹如人体中的毒瘤，顽疾不除，必将影响到人体的健康发展一样，南北差距问题不解决，不可能达到"共同繁荣"。而只有通过国际合作，南北差距问题才可能得到解决。在世界政府出现之前，世界各国的共同繁荣离不开完善的国际市场机制，而完善的国际市场机制离不开公平的国际竞争环境，而公平的国际竞争环境又离不开世界各国之间的合作。试想1929年世界性的经济危机之所以造成十分严重的后果，乃至有人将其视为第二次世界大战的根源之一，完全是由于经济危机发生后，各国尤其是世界大国没有真诚合作，完全从自身利益出发，实行贸易保护主义，结果导致"以邻为壑"政策的实施，破坏了公平的国际竞争环境，进而引起一系列的负面效应。反观2008年爆发的国际金融危机，尽管其强度丝毫不逊于1929年的经济危机，但是其后果远没有人们想象的那么严重，原因为何？关键在于金融危机发生后，世界各国尤其是大国能够真诚合作，强烈反对贸易保护主义政策的实施，努力维持一个公平的国际竞争环境。从目前的发展态势来看，国际金融危机已开始触底反弹，开始转暖。反正两方面的例证表明，国际合作有助于创造公平的国际竞争环境，进而有益于构建"共同繁荣"的世界。

---

① 刘建飞：《合作主义与和谐世界》，《中国党政干部论坛》2008年第9期。

（三）构建"包容开放"的世界需要国际合作

"和谐世界"中的各国不是彼此封锁、彼此隔离，而是相互依赖、包容开放。彼此封锁、彼此隔离的"世界"，如同远古社会各国家彼此老死不相往来一样，也许是"和谐"的，但不是我们想要的，我们想要的"和谐"的"世界"是各国相互依赖、包容开放的世界。"包容开放"与"相互依赖"不完全一样，前者比后者层次更高。按照罗伯特·基欧汉的理解，"相互依赖"指的是以国家之间或不同国家的行为体之间相互影响为特征的情形，它有两个特征：非互利性与非对称性。① 而"包容开放"则是在相互依赖的基础上更前进一步，它强调国家间的平等性与互利性。如果说"相互依赖"并不必然导致合作，更不用说达到"和谐"状态，那么"包容开放"则必然会导致合作，反之亦然，即只有国际合作，才会有"包容开放"的局面。

（四）构建"合作共赢"的世界需要国际合作

"合作共赢"的世界要求：第一，各国在各领域展开平等互利的合作，解决各国面临的全球问题；第二，谋求各国最大的共同利益，实现互利共赢（双赢或多赢）。世界上的任何一个国家或国家集团，不论其实力有多强大，都不可能独自解决全球问题。只有通过国际合作，才有可能解决全球问题，反之，如果没有国际合作，全球问题不仅解决不好，反而有可能日趋严重。世界各国存在差异，这是肯定的，但是说世界各国存在共同点，这也是肯定的。关键在于是差异多，还是共同点多。因此，各国之间的利益是存在交集的，即存在着共同利益。共同利益与国际合作相辅相成、共同促进。共同利益有助于国际合作的达成与发展，反之，国际合作也有益于扩大共同利益结合点，因为共同利益的存在，除了客观原因之外，还有一个主观方面的因素，即要认识到共同利益的存在。而各国共同利益结合点越多，实现互利共赢的机会就越多，进而有利于推动"和谐世界"的建设。

（五）构建"可持续发展"的世界需要国际合作

"可持续发展"的世界要求：第一，促进人与自然的和谐发展；第二，树立"人类是一家"的普遍共识。如果说一个国家有能力不让别

---

① ［美］罗伯特·基欧汉，约瑟夫·奈：《权力与相互依赖》，门洪华译，上海人民出版社 2002 年版，第 9—11 页。

国的商品、劳动力、资本进入本国，也许有这种可能性，尽管现在没有一个国家这样做过。但是说一个国家有能力不让他国的风、气、沙、尘进入本国，则绝对没有这种可能性，哪怕在遥远的未来恐怕也是这样。因此，讲求人与自然的和谐发展，绝不是一个国家内部的事情，它是全世界所有国家的事情，从这一点来讲，人类就是一家。只能各国通力合作，才能做到人与自然的和谐发展。

总而言之，只有国际合作，才有可能创建一个持久和平的世界；只有国际合作，才有可能创建一个共同繁荣的世界；只有国际合作，才有可能创建一个包容开放的世界；只有国际合作，才有可能创建一个合作共赢的世界；只有国际合作，才有可能创建一个可持续发展的世界。一句话，构建"和谐世界"需要国际合作。

三 为推动建设"和谐世界"，各国愿意合作

一方面，"和谐世界"的构建需要国际合作；另一方面，"和谐世界"符合世界各国人民的利益，各国也愿意通过合作推动建设"和谐世界"。

（一）为推动建设"和谐世界"，社会主义国家愿意合作

推动建设"和谐世界"，符合社会主义国家人民的利益。因为"和谐世界"的内涵包括持久和平，这对于当今仍处于发展低潮的社会主义国家来说是非常重要的。社会主义国家可以利用持久的和平时期，通过相互间的合作以及与资本主义国家的合作，使自己的政治、经济、文化等各方面得到大幅度地提高，从而在各个方面真正赶超资本主义国家。

（二）为推动建设"和谐世界"，资本主义国家愿意合作

推动建设"和谐世界"，符合资本主义国家人民的利益。因为"和谐世界"的内涵包括民主和人权，这与资本主义国家历来强调的价值观相符合，尽管双方对民主和人权的解释并不完全一致。既然"历史"还没有终结，历史经验表明通过武力不能摧毁社会主义国家，资本主义国家愿意与社会主义国家进行合作，"和平共处"，以此达到宣传资本主义国家包括民主和人权在内的西方价值观的目的。

（三）为推动建设"和谐世界"，发达国家愿意合作

推动建设"和谐世界"，符合发达国家人民的利益。因为"和谐世界"的内涵包括包容开放和可持续发展，这对于强调市场开放与注重可

持续发展的发达国家来说是重要的。发达国家在资金和技术方面处于优势地位，在开放的市场中，通过与发展中国家的合作，获得更为丰厚的相对利益。另外，发达国家已进入后工业化时代，特别强调可持续发展问题。然而，由于可持续发展具有全球性，仅凭发达国家一己之力是不可能办到的，需要发展中国家的配合，因此，在环境保护和能源方面，发达国家愿意与发展中国家合作。

（四）为推动建设"和谐世界"，发展中国家愿意合作

推动建设"和谐世界"，符合发展中国家的利益。因为"和谐世界"的内涵包括共同繁荣，这正是经济落后的广大发展中国家所盼望和努力追求的。发展中国家希望并愿意通过与发达国家的合作，在获得自身发展的同时，逐步缩小南北差距。

综合而言，"和谐世界"符合世界各国人民的利益，世界各国都愿意合作，由此，国际合作不是外部强加的，而是有内部动力的，是自愿的。正因为如此，国际合作对于世界和谐是根本性的。[①] 现在欠缺的只是合作的意图不一，这一点也应该引起我们的高度重视。如果各国各怀鬼胎，心不往一处想，劲不往一处使，可以想象合作的结局将会如何。

四　推行国际合作是构建"和谐世界"的主要手段[②]

"和谐世界"是一种理念，是对现代国家系统未来发展状态的美好憧憬，是对国际社会未来发展模式的理想设计和勾勒，是对人类作为整体其活动状态的合理规划。"和谐世界"的理念和目标要变成现实，必须借助于可行途径，国际合作就是实现"和谐世界"由理念向现实转化的有效手段。当今世界，争取和平是世界人民的共同愿望，谋求发展是世界各国的普遍需求，而加强国际经济合作是争取和平、谋求发展的一条重要途径。[③]

国际合作是构建"和谐世界"的手段。第一，国际合作具有现实可能性。当今国际社会在全球化的推动下日趋复杂和多样，各种全球问题日趋增多。国家间的联系日益紧密，呈现出"一荣俱荣，一损俱损"

---

① 江畅：《全球一体与世界和谐》，《伦理学研究》2008 年第 3 期。

② 参见薛亚梅、赵长峰《全球化进程中的国际合作与和谐世界》，《学术论坛》2007 年第 1 期。

③ 王世浚主编：《国际经济合作概论》，中国对外经济贸易出版社 1991 年版，序第 1 页。

的状态，加强国际合作将会"共赢"，拒绝国际合作则"俱损"。全球化为国际合作提供了坚实的现实条件和基础，而在治理全球化过程中的国际合作，恰好是趋向于"和谐世界"的过程，可认为是实现"和谐世界"的手段。理想（"和谐世界"）和现实（全球化）都为国际合作提供了广阔的空间和舞台。国际合作是克服不和谐的因素，解决问题的有效途径。第二，国际合作具有可行性。理由一："和谐世界"指引下的国际合作可使各国共同获益，是一种绝对获益。此种情况下，为着国际社会的共同利益，国际社会各成员国共同携手也是无可厚非的，国际合作容易达成和实现。理由二：国际合作可以降低交易成本，使参加国际合作的各成员国获得低投入高回报的效果。理由三：国际合作本身充分体现了尊重各国主权和国家利益的原则，是国际关系民主化的具体展开和实践运用。相对于霸权主义、强权政治等支配性的方式，国际合作这种方式更容易为国际社会各成员国所选择和接受。第三，国际合作具有有效性。在国际社会中，国际合作的成果已得到彰显，已被国际社会所共同认可。例如，"9·11"事件发生后，作为唯一超级大国的美国在反恐问题上感到有些力不从心，积极寻求在反恐问题上的国际合作。国际合作在全球生态问题和环境治理、打击跨国犯罪、消除世界性贫困等方面都取得了一定的成效。

国际合作是构建"和谐世界"的主要手段。一方面，国际合作是构建"和谐世界"的手段，但不排斥别的有效手段和途径；另一方面，"和谐世界"是国际利益，所以需要国际社会共同努力，要求进一步加强和贯彻国际合作，国际合作的地位和作用凸显；国际合作的实际效力也证明了其自身价值和地位。罗伯特·基欧汉曾经明确地指出：人们可能在需要什么形式的国际合作以及这种合作应该能够实现什么样的目标上存在争议，但一个没有任何合作的世界将的确是非常沉闷的。[①]

国际合作对于"和谐世界"如此重要，需要各国提高对合作重要性的认识：第一，各国要有合作精神，将合作视为实现"和谐世界"的重要方法和路径。第二，将合作提升为理念，赋予其更多的内涵。第三，进一步将合作上升为一种意识形态，成为一种"主义"，成为指导

---

① ［美］罗伯特·基欧汉：《霸权之后——世界政治经济中的合作与纷争》，苏长和等译，上海人民出版社2001年版，第11页。

"和谐世界"建设的理论。①

总之，在全球化条件下，国际合作与"和谐世界"之间展开有机互动，全球化为国际合作与"和谐世界"提供了坚实的现实基础。国际合作与"和谐世界"尤如一枚硬币的两面，包含两个相辅相成的向量，二者共同设计和作用于人类美好的未来。二者间的互动关系表现为：首先，二者的关系是手段和目标的关系。国际合作是通向"和谐世界"的可行和有效途径，是实现"和谐世界"的必要手段；"和谐世界"是国际合作的目标和归宿。其次，二者是结果和进程的统一。国际合作是一个不断分析和解决矛盾和冲突的进程；"和谐世界"是国际合作进程的结果展示。再次，二者互相补充、互相促进。分析问题和解决问题的合作过程，包含有接近和达到"和谐世界"的成分和要素，是一个趋向"和谐世界"的过程；"和谐世界"的展开则是不断克服和化解旧问题、解决新矛盾和展开合作的过程。

第二节　构建"和谐世界"对国际合作的原则要求

时至今日，"合作"已成为人们公认的解决国际政治和经济问题的最佳办法。然而，这一共识来之不易，在已经过去的 20 世纪里，人类为此付出了极其沉重的代价。两次世界大战的血的教训，促使各国政府和人民努力在战后半个世纪里探索合作之路，在政治、经济等各个领域里建立起了一套行之有效的合作协调机制。② 而现在，人类日益意识到国际合作的重要性，正如温家宝总理所言，"惟有合作，我们才能超越彼此分歧；惟有合作，我们才能不断扩大共同利益；惟有合作，我们才能有效应对各种挑战，抵达共赢的彼岸"。③ 国际合作如此重要，需要各国的共同呵护。为了构建和谐世界，世界各国在进行国际合作时需要坚持一些主要的原则。其中，"平等互利"是主要的原则，在此基础上，还应坚持"公平竞争"原则、"互利共赢"原则、"相互尊重"原

---

① 刘建飞：《合作主义与和谐世界》，《中国党政干部论坛》2008 年第 9 期。

② 王世浚：《21 世纪的国际经济合作》，《南亚研究季刊》1997 年第 4 期。

③ 温家宝：《坚持开放包容 实现互利共赢——在首届东亚峰会上的讲话》，《解放日报》2005 年 12 月 14 日。

则、"相互信任"原则以及"遵守公认国际准则"原则。

一 "平等相待"的原则

"己所不欲，勿施于人。"（《论语·颜渊篇》）

构建和谐世界对国际合作的第一要求是坚持平等相待原则，这是世界各国进行国际合作的基本前提。它要求进行国际合作的世界各国无论大小、强弱、贫富均是平等的主体，均有提出自己合理要求的权利，均有维护自身国家利益的权利，均有在合作进程中讨价还价的权利。只有平等相待的合作才是真正意义上的合作，反之，如果有些国家以强凌弱、以大欺小、以富压贫，这不是真正意义上的合作。西方历史学家普遍将 1870 年至 1914 年称为资本主义的第一黄金时代。这是怎样的一个黄金时代？按照英国著名历史学家爱德华·卡尔（Edward Carr）的说法是：领土和市场无限扩张；充满自信但却并非高压强制的英国霸权管理着世界；团结一致的"西方"文明通过不断扩大可以共同开发和利用的新的疆域化解内部冲突；大家自然而然地坚信两个理念，一是一人之福祉必然也是大家的福祉，二是经济上正确的事情在道德上也必然正确。① 这是谁的黄金时代，是所有国家的黄金时代吗？显然不是，它只是发达资本主义国家的黄金时代，对于其他国家而言，恐怕是炼狱时代。换句话说，合作只存在于发达资本主义国家之间，而发达资本主义国家与其他国家间根本谈不上合作关系，如果勉强算是，也只能是极其不平等的合作关系。

二 "公平竞争"的原则

"君子爱财，取之有道。"（《增广贤文》）

在无政府状态下的国际社会中，国家追求自身私利最大化是无可厚非的，毕竟国际社会不同于国内社会，它没有一个中央权威，不能够像国内社会那样对地方进行宏观调控，对财产可以进行二次分配。即便如此，在国际社会中，任何国家在追求自身私利最大化的时候也应该取之有道，应坚持"公平竞争"原则。"公平竞争"是指竞争者

---

① ［英］爱德华·卡尔：《20 年危机（1919—1939）：国际关系研究导论》，秦亚青译，世界知识出版社 2005 年版，第 204 页。

之间所进行的公开、公正、平等的竞争，对国际社会的良性发展具有重要的作用。它可以促进和优化国际分工，使国际社会资源得到合理的配置，从而提高整个国际社会的福利。"公平竞争"原则，反对唯利是图、不择手段的利己方式，例如，为了保护本国的产业和市场，某些国家采取极端的限制进口和鼓励出口的举措。如果其他国家也采取类似的政策，长此以往，"以邻为壑"局面便会产生，结果必将导致如1929年世界经济危机后的无序混乱状态。"公平竞争"原则，可以促进和优化国际分工，使国际社会资源得到合理的配置，从而提高整个国际社会的福利。

三 "互利共赢"的原则

"兼相爱，交相利。"（《墨子·兼爱》）

互利共赢是经济全球化时代的理性选择，也是构建"和谐世界"的理性选择，因为无论是全球化的良性发展，还是"和谐世界"的构建，都需要一个有利于和平发展的良好外部环境，这就要求世界各国按照互利共赢原则处理各种对外关系。互利共赢包含着对利益的追求，但并不仅限于对利益的追求。它要求在谋求自己发展的同时，带动他国的共同发展，也就是说，在实现本国发展的同时兼顾对方的正当关切。另外，互利共赢对发达国家还有额外要求：第一，帮助发展中国家提高自我发展的能力，改善民生，缩小南北差距。第二，完善国际贸易和金融体制，推进贸易和投资自由化便利化，通过磋商妥善处理经贸摩擦。第三，在平等互利的基础上推进南北合作。

四 "相互尊重"的原则

"万物并育而不相害，道并行而不相悖。"（《礼记·中庸》）

相互尊重是国际合作能够持续下去的重要前提。世界各国在漫长的历史发展进程中，各自形成了适合自身国情的意识形态、价值观念、政治经济制度。各国国情不同，存在分歧是正常的，关键是要相互尊重彼此的核心利益和重大关切。坚持相互尊重原则，要求尊重世界文明的多样性。文明多样性是客观存在的事实，也是推动人类进步的动力，各种文明应该相互包容、相互学习、相互借鉴，而不应相互排斥、相互诋毁。坚持相互尊重原则，要求尊重主权和不干涉内政，这是联合国宪章明文规定的基本原则，各国有根据本国国情自主选择社会制度和发展道路的权利，任何国家不得以任何方式加以干涉和侵害。

五 "恪守公认国际关系准则"的原则

"不以规矩，不成方圆。"（《孟子·离娄上》）

俗话说，"家有家规"，"国有国法"，之所以要有"家规"，有"国法"，目的无非是为了保障家庭运转有序，国家运转有序，这也就是常说的"没有规矩，无以成方圆"。同样的，在国际社会，国家间的合作也需要遵循国际规则，尤其是公认的国际关系准则。公认的国际关系准则，如《联合国宪章》、"和平共处五项原则"等，都是国际社会经过多年的谈判、协商，最终以法律的形式确立下来的，并得到世界各国的普遍认可。因此，恪守公认的国际关系准则，是国际合作的起码要求。如果连这一条都做不到，国际合作便无从谈起。

六 "相互信任"的原则

"民无信不立。"（《论语·颜渊》）

不信任是导致国际合作失败的关键因素之一，而相互信任则是国际合作达成的必要条件之一。可以这样理解：无信任则合作无，弱信任则合作弱，强信任则合作强。"相互信任"原则与上述原则紧密相连，其中"平等互利"是"相互信任"的前提；"公平竞争"是"相互信任"的要求；"互利共赢"是"相互信任"的基础；"恪守公认的国际关系准则"是"相互信任"的保障。"相互信任"原则要求：维护和发展共同利益，坚持平等协商，互谅互让，妥善处理彼此关切；加强对话，加深了解、增进互信；树立互信、互利、平等、协作的新安全观；坚持通过对话与合作解决争端，反对动辄诉诸武力或以武力相威胁；摒弃冷战思维，超越社会制度和意识形态的差异，不断扩大利益交汇点。①

---

① 吴邦国：《加强多边合作 促进共同发展——在第二届世界议长大会上的发言》，新华网，2005 年 9 月 8 日。

第三节　构建"和谐世界"对国际合作的具体要求

"和谐世界"不是乌托邦，是"新的国际秩序"，是"新的全球治理模式"，但它毕竟是理想，而不是现实。既然是理想就有可能沦为与乌托邦同样的结果——无法变为现实。因此，为了避免陷入乌托邦的结局，构建"和谐世界"必须要有明确的手段和切实可行的路径。构建"和谐世界"是一项十分复杂的系统工程，需要从理念层面、制度层面和实践层面同时着手。

一　理念层面[①]

"和谐世界"是中国提出的一种理念，可以用来指导中国外交实践，因此是中国的，但这一理念不仅仅而且也不应该仅仅属于中国，它同时也应该而且也必须属于世界，只有当它被世界各国所共同认可时，并在此基础上密切合作，共同努力，才有可能实现。这就涉及一个如何推广和普及"和谐世界"理念的问题。

（一）"和谐世界"理念普及的路径选择

一国提出的新理念怎样才能得以推广和普及世界各国，大致有两条途径：其一，一国凭借其强大的实力强行向他国灌输本国提出的新理念；其二，新理念符合各国的利益与价值观，具有普适性，其他国家自愿接受和认同新理念。"和谐世界"理念的推广与普及显然不能采取第一种途径，因为这违背了"和谐世界"理念的题中应有之义。因此，只能采取第二种途径，让世人自愿地接受和认同"和谐世界"理念。然而，要让对我们不甚了解的西方人欣赏和认同中国提出的具有中国传统文化内涵的"和谐世界"理念，并不是一件容易的事情。

（二）"和谐世界"理念普及所面临的挑战

第一，新理念与现有理念的关系。"和谐世界"理念是否定还是接受现有理念（西方理念占主导）？如何处理新理念与现有理念的关系？

---

① 参考王云芳《建构"和谐世界"理念的障碍及理论选择》，《理论导刊》2006 年第 9 期。

新理念是否比现有理念更具有普适意义？这些问题将伴随"和谐世界"理念普及的全过程。

第二，国家实力问题。理念属于上层建筑范畴，归根结底要由经济基础所决定。换句话说，新理念的推广与普及需要有雄厚的实力基础。而我国正处于和平发展中，尽管综合国力有了较大提高，但距离世界强国还有很大差距，在真正成为世界强国之前，"和谐世界"理念能否成功普及需要打个问号。

第三，新理念的具体实施问题。新理念仅仅是"理念"，将之束之高阁，还是除了"理念"，还要将之付诸实施？这是其一。其二，"理念"的实施与"理念"的内涵是否一致？①

第四，新理念的具体设计。新理念的普及，除了实力基础之外，还需要有相应的具体设计。自 2005 年"和谐世界"理念提出来以后，其内涵一直在不断丰富和完善，但是基本上还只是宏观层次上的、具有指导意义的、操作性比较弱的设计，缺乏微观层次上的、比较具体的、操作性比较强的设计。②

（三）"和谐世界"理念普及的可能性

第一，"和谐"思想具有普适性。如前所述，中国国家领导人在多种场合曾多次提及：和谐的理念并非中华文明所独有，其他文明都对和谐思想有过精辟的阐述和不懈的追求。只要我们注意发掘和培育这种共性，"和谐世界"理念的普及是有可能的，因为"和谐理念同民主、人权、法治等普适价值是相辅相成的"③。

第二，"和谐世界"理念迈出国门，走向世界具备了前提条件。其一，中国已具备一定实力，世界上任何国家都不会小觑中国，正所谓"用实力说话，更有分量"；其二，"和谐世界"理念本身充分体现了中国优秀传统文化精神，俗话说"只有民族的，才是世界的"；其三，现有理念在克服世界不和谐方面功能不大，世人期待新理念的出现。

---

① 历史上不乏这样的例子：理念很好，但实施起来却完全不是那回事。例如，很多国际条约都明确规定任何国家一律平等，但在实践中发展中国家的利益受到忽视却屡见不鲜。

② 中国目前正在试图扭转这种局面。例如，在第三届、第四届中非合作论坛部长级会议上，中国政府提出的各项援助非洲措施，便具有可操作性。

③ 王缉思：《和谐世界：中国外交新理念》，《中国党政干部论坛》2007 年第 7 期。

（四）"和谐世界"理念普及的具体选择

第一，认可现有理念。尽管由西方占主导的现有理念存在许多缺陷（至少在发展中国家看来是这样），但是，对正处于发展上升期的中国而言，最明智的选择仍然是认同现有理念。其一，在西方发达国家经济实力明显占优的形势下，现有理念不可能自动退出历史舞台；其二，现有理念并非一无是处，除了实力原因之外，它也有其合理性的一面，否则无法解释中国改革开放30年来取得的巨大成就；其三，不认同现有理念，很有可能面临被边缘化的危险，而认同现有理念，虽然有可能受制于现有理念的束缚，但同时也获得了推广和普及新理念的机遇。

第二，继续增强自身实力。如前所述，经济基础决定上层建筑，"和谐世界"理念的成功推广和普及，最终还是要取决于中国自身经济实力的增强。中国之所以能够提出"和谐世界"理念，并在各种国际场合宣扬"和谐世界"理念，继而能够得到一部分国家的认同与支持，与中国自身实力的增强不无关系。同此道理，"和谐世界"理念面向全球的推广和普及，仍然需要中国自身实力的进一步提高。

第三，具体实施"和谐世界"理念。理念的价值固然重要，但是理念的具体实施更重要。新理念的成功普及，除了其内涵要具有普适性之外，还要求理念提出者具体贯彻该理念时真正体现理念的实质。俗话说，"听其言而观其行"，只有做到"言行一致"，其"言"才可信。因此，"和谐世界"理念能否真正普及，取决于"和谐世界"理念是否得到真正贯彻实施。

第四，具体设计"和谐世界"理念。从目前来看，"和谐世界"理念主要是一种宏观层次上的设计。但是，仅有宏观层次上的设计还远远不够，它需要微观层次上的也就是具体的设计。例如，建设和谐世界，就是要在政治上平等民主，经济上互利合作，文化上交流共进，安全上相互信任。这属于宏观层次上的设计，国家领导人可以这样讲，也可以作为外交的指导原则，但如果没有更具体的设计，则其实用价值是有限的。例如，没有政治上的具体设计，如大小国家拥有同等的发言权、强弱国家拥有同等数量的投票权等，"政治上平等民主"只不过是一句空话；没有经济上的具体设计，如真正的等价交换、公平的技术转让条件等，"经济上互利合作"只不过是一句空话；没有文化上的具体设计，如互派留学生及其待遇规定、具体的文化交流形式等，"文化上交流共进"只不过是一句空话；没有安全上的具体设计，如加强各国军事交流、增加军事透明度等，"安全上相互信任"只不过是一句空话。总而言之，只有做到两个层次设计上的相得益彰，才有助于"和谐世界"理念的推广与普及。

二 制度层面

要实现"和谐世界"，除了理念层面，还需要制度层面作支撑。"和谐世界"由理念转变为现实，国际制度是不可或缺的。

（一）国际制度的价值[①]

1. 国际合作的障碍

构建"和谐世界"，需要国际合作，但是在无政府的国际社会下，国际合作的达成需要克服许多障碍。

在日益相互依赖的世界政治经济中，尤其是在缺少霸主的情况下，国际合作似乎非常有益，但是，在无政府的国际环境下，许多因素使合作变得困难。一方面，在无政府的国际社会中，理性利己主义使合作的基础更加脆弱，利益冲突使得合作更加困难。行为者的短视也是影响合作的一个因素。行为体需要形成一种"未来阴影"的观念，并且需要认识到现在的决策将影响到未来。这些特征（无政府、理性利己主义、利益冲突和短视）是国际政治的现实，也是国际合作前进道路上的绊脚石。另一方面，法律规则欠缺、高交易成本和信息不完善也是造成国际合作困难的罪魁祸首。法律规则可以确保行为者之间的相互预期，能为协商一致打下良好基础，而法律规则的欠缺则使国际合作变得困难，因为行为者没有一个可以依赖的出发点。交易成本越高，行为者越关心达成国际合作的高风险。信息不完善是国际合作的最大障碍，在存在市场失灵的情况下，信息的不确定是导致行为者行为不确定的原因。在没有合适的制度安排的情况下，由于不确定性的存在，使得一些相互有利的谈判协议不能达成。在信息不对称的情况下，一些行为者比其他行为者更为了解某种情况，这意味着在它们之间产生的谈判结果可能不公平，"局外者"将不愿与"局内者"达成一致的协议。

---

① 主要参考罗伯特·基欧汉《霸权之后——世界政治经济中的合作与纷争》，苏长和等译，上海人民出版社 2001 年版；赵长峰、薛亚梅：《罗伯特·基欧汉的国际合作思想》，《社会主义研究》2006 年第 6 期。

2. 国际制度的价值

国际制度的价值体现在它能克服国际合作中存在的许多障碍，从而促成国际合作的达成。

国际制度有三个重要功能：第一，创建法律责任模式。国际制度虽然不能创建出像国内社会那样稳固的法律责任模式，但却可以发展出零星的法律，即使它们不是非常重要。国际制度虽不具有强制性，但确实有助于以相互受益的方式组织行为者之间的关系。第二，改变交易成本模式。一旦国际制度建立起来，它会从其产生的相对高水平和对称的信息中获益，使支持机制的谈判协议更容易达成。通过在机制中的不同议题以及不同的机制间建立联系，使得处理每一个追加议题的边际成本将比没有机制要更低，这意味着政府可以从潜在的规模经济中获益。一句话，国际制度通过降低合法谈判的交易成本并增加非法谈判的交易成本，增强了合作的可能性。第三也是最为重要的功能是提供信息。信息不完善会降低对维持合作至关重要的互惠的利用。在一个无政府的世界中，信息的不完善并不会通过行为者之间的沟通就能简单地得到矫正，而国际制度却可以通过减少信息的不对称性，改善政府所接受信息的质量，降低环境的不确定性，从而为建立在互惠原则基础上的分散化实施行为打下基础。

国际制度虽没有强制性，但是在许多场合，都能得到遵守。理由如下：其一，国际制度对相关政府是有价值的。国际制度绝不会对政府构成威胁，国际制度使政府能够获得在没有国际制度的情况下所不能获得的目标。其二，国际制度赋予政府以权力，而不是束缚政府的行动。其三，国际制度不仅在制定法律责任、降低交易成本和减少不确定性方面为各国政府之间的合作提供了便利手段，而且还可以产生一定的道德效力，使得利己的政府也不得不遵守，因为违犯规则不仅将破坏一系列互惠安排，而且会背上违约的恶名，损害其在未来订约的能力。

（二）维护和尊重、改革和完善现有的国际制度

构建"和谐世界"需要国际制度做支撑，是现有的国际制度，还是全新的国际制度？综合考虑，完全依靠全新的国际制度构建"和谐世界"不现实，依靠现有的国际制度是明智的选择。现有的国际制度是由西方大国主导建立起来的，体现了大国的利益与意志。尽管如此，现有

国际制度仍应该被理解为人类进步的产物，它也并不必然意味着其与发展中国家的利益完全对立。因此，首先要维护和尊重现有的国际制度，肯定现有国际制度对构建"和谐世界"所起到的积极作用。其次要改革和完善现有的国际制度，认识现有国际制度存在的内在缺陷，在尊重现有国际制度的基础上对其加以改善。

1. 维护和尊重现有国际制度

按地理范围，国际组织可分为全球性国际组织和区域性国际组织。[①]无论是全球性的国际组织，如联合国、国际货币基金组织、世界银行、世界贸易组织，还是区域性的国际组织，如上海合作组织、北大西洋公约组织、东南亚国家联盟等，从其成立之日起至今，尽管存在这样那样的问题（在有些人看来简直就是难以容忍的问题，如有人建议将国际货币基金组织撤销），但应当看到其成绩还是主要的。联合国在维护国际和平、促进国际发展、保障人权等方面发挥了至关重要的作用；国际货币基金组织维持了币值稳定；世界银行促进了贫困国家的发展；世界贸易组织保障了全球贸易的畅通；上海合作组织保证了中国与中亚国家的周边稳定；北大西洋公约组织确保了欧洲地区的和平；东南亚国家联盟扩大了东南亚国家的影响。今后，在构建"和谐世界"的进程中，仍然离不开国际组织的参与和支持。

2. 改革和完善现有国际制度

现有国际制度需要改革和完善，理由不难理解：其一，现有国际制度大多是由西方国家主导建立的，发展中国家的利益和价值没有得到很好的体现；其二，国际形势发展很快，现有国际制度跟不上时代发展步伐。在改革与完善现有国际制度的时候，争取做到：第一，结合实际，对症下药，不能千篇一律；第二，针对存在的问题，制定恰当的原则与具体的措施。

以改革和完善现有国际金融制度为例。爆发于2008年的国际金融危机充分暴露了现有国际金融制度的缺陷，国际社会纷纷要求对其改革，以推动国际金融秩序朝着公平、公正、包容、有序的方向发展。在

---

① 从严格意义上来讲，国际组织与国际制度不同，但是两者又具有紧密的联系，如国际组织是国际制度得以维护、巩固和进一步发展的重要条件；国际组织总是依托于一定的国际制度而存在并服务于该制度。因此，此处的国际组织等同于国际制度。

充分调研的基础上，中国政府郑重地提出了改革国际金融制度应该坚持的原则与具体的措施。原则包括：全面性原则，就是要总体设计，既要完善国际金融体系、货币体系、金融组织，又要完善国际金融规则和程序，既要反映金融监管的普遍规律和原则，又要考虑不同经济体的发展阶段和特征。均衡性原则，就是要统筹兼顾，平衡体现各方利益，形成各方更广泛有效参与的决策和管理机制，尤其要体现新兴市场国家和发展中国家利益。渐进性原则，就是要循序渐进，在保持国际金融市场稳定的前提下，先易后难，分阶段实施，通过持续不断努力最终达到改革目标。实效性原则，就是要讲求效果，所有改革举措应该有利于维护国际金融稳定、促进世界经济发展，有利于增进世界各国人民福祉。① 具体的措施包括：第一，加强国际金融监管合作，尽快制定普遍接受的国际金融监管标准和规范，完善评级机构行为准则和监管制度，建立覆盖全球特别是主要国际金融中心的早期预警机制，提高早期应对能力，加强对各类金融机构和中介组织的监管，增强金融市场及其产品透明度；第二，国际金融机构应该增强对发展中国家的救助，有关国际和地区金融机构应该积极拓宽融资渠道，通过多种方式筹集资源；第三，金融稳定论坛应该发挥更大作用；第四，国际货币基金组织应该加强和改善对各方特别是主要储备货币发行经济体宏观经济政策的监督，尤其应该加强对货币发行政策的监督；第五，改革国际金融组织决策层产生机制，提高发展中国家在国际金融组织中的代表性和发言权；第六，完善国际货币体系，健全储备货币发行调控机制，保持主要储备货币汇率相对稳定，促进国际货币体系多元化、合理化，共同支撑国际货币体系稳定；第七，改善国际金融组织内部治理结构，建立及时高效的危机应对救助机制，提高国际金融组织切实履行职责能力；第八、建立合理的全球金融救助机制。②

---

① 胡锦涛：《通力合作 共度时艰——在金融市场和世界经济峰会上的讲话》，《人民日报》2008 年 11 月 16 日。

② 胡锦涛：《携手合作 同舟共济——在二十国集团领导人第二次金融峰会上的讲话》，《解放军报》2009 年 4 月 3 日；胡锦涛：《在 2009 年亚太经合组织工商领导人峰会上的演讲》，2009 年 11 月 13 日，新加坡；胡锦涛：《通力合作 共度时艰——在金融市场和世界经济峰会上的讲话》，《人民日报》2008 年 11 月 16 日；《温家宝在第七届亚欧首脑会议上的讲话：同舟共济，互利共赢》，《人民日报》2008 年 10 月 26 日。

三　实践层面

（一）推动国际关系民主化建设

1. 坚持民主平等

所谓"民主平等"，是指在国际社会中，国家无论大小、强弱、贫富，都有平等参与国际事务、发表自己意见、维护自己正当利益、选择自己社会发展道路的权利。当然，这里的"平等"是相对意义上的平等，而不是绝对意义上的平等。别说在国际社会，就是在国内社会，绝对意义上的平等也几乎不存在。事实上，由于各国实力大小不等，更常见的是各种"不平等"现象（详见第一章第二节）。有些"不平等"现象无法得到修正（至少短期内会如此），如国际货币基金组织总裁和世界银行行长的人选问题；有些"不平等"现象需要得到修正，如美国在国际货币基金组织中的一票否决权。关于当今热议的国际货币基金组织的改革问题，本书认为，增加发展中国的投票权很重要，但是更重要的是减少发达国家的投票权，尤其要废除美国的一票否决权，或者降低美国的总投票（比如，使美国的总投票权降到15%以内），或者降低重大决议通过的投票率（如获得80%以上即可通过）。这里面有一个技术问题需要引起注意，即投票权的计算方法，[①] 如果投票权的计算法不改变，无论是增加发展中国家的投票权还是降低发达国家的投票权，若要有一个基本改观都很难实现。本书认为，应该修改投票权的计算方法，或者增加基本投票权，比如将原先的250票提高到25000票；或者降低加权投票权，比如将原先的每10万特别提款权是1票改为每1000万特别提款权是1票。

2. 尊重多样文明

当今的世界是一个多样文明的世界，只有尊重多样文明，才能使不同文明和平共处、相得益彰。怎样才能做到尊重文明呢？答案是"文化自觉"（或"文明自觉"）。文化自觉是世界多样性文化共同面临的发展问题，是当今世界文化转型的时代要求。尽管"文化自觉"是费孝通

---

① 在国际货币基金组织中，一国的总投票权＝基本投票权＋加重投票权＝250＋x/10万特别提款权（其中 x 代表该国在国际货币基金组织中所占的份额）。按此规定，美国1999年所缴份额为3714930万特别提款权，那么，美国享有的总投票权就是371743（250＋3714930/10）个投票权，占该年 IMF 总投票权的19.66%。

先生对自身学术思想反思的结晶，但是事实上，如若尊重多样文明，同样需要遵循着这样一条"文化自觉"之路，即费孝通先生所讲的"各美其美，美人之美，美美与共，天下大同"。

第一，各美其美。所谓"各美其美"，就是不同文化中的不同人群对自己传统文化的欣赏。就中国文化而言，就是中国人尊重自己的优秀传统文化，既不能视传统文化为落后，一切以"西方标准"来衡量，也不能盲目推崇儒学，认为"只有儒学才能救中国"，正确的态度是去其糟粕，取其精华。胡锦涛在联合国成立 60 周年首脑会议上的讲话中指出："在人类历史上，各种文明都以自己的方式为人类文明进步作出了积极贡献。存在差异，各种文明才能相互借鉴、共同提高；强求一律，只会导致人类文明失去动力、僵化衰落。各种文明有历史长短之分，无高低优劣之别。"①

第二，美人之美。除"各美其美"外，我们更要学会"美人之美"。所谓"美人之美"，就是要求我们了解别人文化的优势和美感，不仅容忍他人，而且还应该进一步欣赏他人，这是不同人群接触中要求共存时必须具备的不同文化的相互态度。王缉思教授指出，在文化领域，要警惕过分突出自己的东西，那样容易变成民族主义，民族主义暗含着我的东西就是好的。只讲我们文化的好处，只讲中国文化是和的文化，暗含西方文化是冲突的文化，这样讲有问题。②当然，"美人之美"并不要求"从人之美"，而是容忍不同的文化并行不悖。这就要求摆脱本位中心主义而支持多元并存的观点。真正地"美人之美"，应该能够从别人和自己不同的东西中发现美的地方，形成一个发自内心的认知和欣赏，而不是为了一个短期的目的或一个什么利益。只有这样才能相互容纳，产生凝聚力，做到国家之间的"和而不同"与"和平共处"。

第三，美美与共。"美美与共"就是不同人群在人文价值上取得共识，以促使不同的文化类型和平共处。特别是在讲到如何对待"异文化"时，强调要以容忍的态度来尊重别人与自己不同的价值观点，不仅要容忍别人，而且要理解别人，欣赏别人，使不同的价值观点在相互理

---

① 胡锦涛：《努力建设持久和平、共同繁荣的和谐世界——在联合国成立 60 周年首脑会议上的讲话》，《人民日报》2005 年 9 月 16 日。

② 《和谐世界与中国外交》，《外交评论》2006 年第 1 期。

解、容忍中共同存在、不相排斥，进而互相接近、互补与融合。世界之美正在于其多样性，恰如马克思在《评普鲁士最近的书报检查令》中所深刻指出："你们赞美大自然令人赏心悦目的千姿百态和无穷无尽的丰富宝藏，你们并不要求玫瑰花散发出和紫罗兰一样的芳香，但你们为什么却要求世界上最丰富的东西——精神只能有一种存在形式呢？"①因此，面对多样的世界文明，我们应该"美美与共"，首先就是坚持求同存异，美人之美，这是实现"美美与共"的基础，再者应该认真对话，沟通交流，这是达到"美美与共"的途径。只要大家都能做到"美美与共"，共致和谐，则离"天下大同"不远矣。

（二）推动国际关系法治化建设

有相当多的学者指出，实现和谐世界的一个重要（最好）途径是法治途径，法治的核心是尊崇法律的神圣地位，形成一种对法律的信仰和依赖，这有助于世界和谐。② 这一判断是有道理的。

1. 国际法的价值

作为国际法来说，除了国家之间可以用来维护国家利益，进行国际斗争的一面之外，也还有协调国家关系，维护国际秩序的另一面。由于国际法是调整国家之间相互关系的准则，因而国际法与国际社会乃至整个世界有着更大的联系。国际法在被有关国家作为斗争工具的同时，本身就有着缓和国际冲突，维护世界和平的重大意义。

2. 充分发挥国际法的作用

何志鹏在《国际法治：和谐世界的必由之路》一文中指出了国际法之于和谐世界的三个重要作用：法律规范使和谐世界的主张更具权威、法律体系使和谐世界的要求更为具体、法律运作使和谐世界的指标更合实际。③ 这是国际法"作用"于和谐世界的直接表现，也就是使"和谐世界"法治化。

（三）各大国要承担应有的责任

"国际政治是大国的舞台"，不管你怎么理解，是"喜剧"还是

---

① 《马克思恩格斯全集》第 1 卷，人民出版社 1995 年版，第 111 页。

② 何志鹏：《国际法治：和谐世界的必由之路》，《清华法学》2009 年第 1 期；邢爱芬：《实现和谐世界的国际法治途径》，《北京师范大学学报》2007 年第 1 期；秦亚青：《和谐世界：中国外交新理念》，《理论参考》2007 年第 5 期。

③ 何志鹏：《国际法治：和谐世界的必由之路》，《清华法学》2009 年第 1 期。

"悲剧",是"好"还是"坏",是"支持"还是"反对",这都是现实。不要一提到"大国",小国民众满脑子的"罪恶"、"敌人"、"复仇"等充满仇恨的词,整天盼望大国"生命周期"的早日到来。如果真能出现这种状况,倒也罢了,但关键是,"大国"离其所能"容纳的全部生产力发挥出来"还有多长时间,谁能说清楚?既然"大国主导国际社会"是现实,我们不如勇敢地直面现实,让其在构建"和谐世界"的过程中承担起应有的责任,换句话说,为了推动和构建"和谐世界",世界各主要大国,都要做"负责任的大国"。具体要求如下:

1. 各大国要对自身负责

大国要做负责任的大国,首先是要对自身负责,即保障本国内部的和谐,大国内部不和谐,何以构建"和谐世界"。

2. 各大国要相互负责

除了要对自身负责,各大国还要相互负责,即各大国之间要相互沟通,彼此信任,建立起伙伴关系。历史经验表明,如果没有至少两个大国参与其中,世界性大战基本上不可能发生。当然,这不是要求大国合伙来共同"统治"世界。

3. 各大国要对发展中国家负责

(1)大国为何对发展中国家负责

大国要对发展中国家负责,真诚帮助发展中国家的发展,逐步缩小南北差距。某些发展中国家至今还相当贫困,当然与其自身有很大关系,但是与某些大国历史上的剥削也不无关系。因此,在发展中国家的发展问题上,发达国家负有不可推卸的责任,这涉及一个正义的问题。这是其一。其二,这也不仅仅是一个正义的问题,与此同时,它也符合大国的自身利益。发展中国家的经济发展离不开同发达国家的联系,这是事实,但是发达国家的经济发展离不开同发展中国家的联系,这也不是谎言。因为在相互依赖的当今国际社会,各国之间已形成"一荣俱荣,一损俱损"的联系,南方如果没有北方的协助就不能获得充分的发展;反之,如果南方没有取得更大的进步,北方也不可能繁荣,情况得不到改善。① 正如勃兰特委员会《共同的危机》报告中所指:"越来越清楚,我们大家是坐在一条船上,如果南方的一端在下沉,北方是不能

---

① 王世浚主编:《国际经济合作概论》,中国对外经济贸易出版社1991年版,第42页。

心安理得的。再说北方那端的浮力也不太多了。"①

（2）大国如何对发展中国家负责

第一，各大国在制定宏观经济政策，尤其是能够产生巨大外溢效应的宏观经济政策时，必须充分考虑到发展中国家的利益。

第二，各大国在消除贫困、资金援助、减免债务等方面采取得力措施，帮助发展中国家特别是最不发达国家的经济发展。为此，各大国应每年拿出一定比例的国内生产总值用于援助发展中国家特别是最不发达国家。

第三，各大国应为发展中国家的发展创造良好的国际环境，从而使之能够真正从经济全球化中受益。

第四，对现有的国际经济制度进行必要的改革，使发展中国家能够平等地参与国际经济制度，进而扩大发展中国家的权益。

第五，在应对气候变化方面，发达国家应该履行对发展中国家的技术转让和资金支持承诺，切实帮助发展中国家提高减缓和适应气候变化能力。发达国家应本着共同发展的伙伴精神，积极帮助发展中国家提高适应能力，增强应对气候灾害的能力；尽快启动《京都议定书》的适应基金，并对所有发展中国家开放；完善全球环境基金和清洁发展机制的运作，使发展中国家更加受益；扩大适应资金来源，为发展中国家适应气候变化提供新的和额外的资金支持。②

第六，在应对金融危机方面，国际社会特别是发达国家应该承担应尽的责任和义务，采取切实措施，帮助发展中国家尤其是非洲国家克服困难。特别是在实施宏观经济政策时应该注意对发展中国家的影响，避免加剧发展中国家的困境。国际金融组织应该通过放宽贷款条件等措施，建立更加便利化的机制，对遭受金融危机冲击严重的发展中国家进行及时救助。应该支持新兴市场国家保持经济持续平稳增长的努力。切实保持和增加对发展中国家的援助。发展中国家在实现发展方面面临严峻挑战，金融危机使他们的处境雪上加霜。如何既克服金融危机、又兼顾实现联合国千年发展目标，这是全世界的共同责

---

① 《争取世界经济复苏：勃兰特委员会备忘录》，沈佩篁等译，中国对外翻译出版公司1983年版，第28页。

② 温家宝：《携手合作 共同创造可持续发展的未来——在第三届东亚峰会上的讲话》，《人民日报》2007年11月22日。

任。发达国家应该继续履行对发展中国家的援助承诺，推进国际减贫进程。对于最不发达国家，更应该减免其债务，对其出口产品减免关税，扩大技术转让，同时尽最大力量帮助其进行基础设施建设，以增强其自我发展能力。①

4. 各大国要对世界的和平与发展负责

各大国既然是国际政治舞台上的主角，自然应该承担起国际社会和平与稳定的责任，尽可能避免战争与贫困等"悲剧"的产生。

（1）推动经济全球化朝着均衡、普惠、共赢的方向发展

建立"和谐世界"，必须致力于实现全球经济和谐发展。马克思主义认为，经济是基础、是根本。当今世界许多矛盾的根源在于世界经济发展的不平衡和贫富差距的日益扩大。② 发达国家应该重视并采取有效措施推动经济全球化朝着均衡、普惠、共赢的方向发展，努力缓解发展不平衡问题，消除贫困。构建一个"和谐世界"，要注重并真正采取措施解决南北矛盾和南北差距，使南北关系真正成为互利双赢的关系。一个不注重困难群体的社会不可能有和谐的秩序，一个不关心发展中国家的国际社会也不可能成为一个和谐的世界。③

（2）积极推进区域和全球经济合作

积极推进区域和全球经济合作，共同解决全球经济发展中出现的问题，维护经济安全。区域和谐是世界和谐的有机组成部分，是建设"和谐世界"的基础。只有一个个区域实现和谐，"和谐世界"才能得以建立。因此，参与和积极推进区域和全球积极合作，是建设"和谐世界"的重要步骤。

（3）建立开放、公平、规范的多边贸易体制

应该以相互开放取代彼此封闭，努力建立开放、公平、规范的多边贸易体制，实现优势互补、互利共赢，使所有国家都从中受益。④

这里存在一个如何看待大国在构建"和谐世界"中的作用的问题。

---

① 胡锦涛：《通力合作 共度时艰——在金融市场和世界经济峰会上的讲话》，《人民日报》2008 年 11 月 16 日。

② 秦亚青：《和谐世界：中国外交新理念》，《理论参考》2007 年第 5 期。

③ 秦亚青：《和谐社会与和谐世界》，《理论参考》2007 年第 5 期。

④ 胡锦涛：《促进中东和平 建设和谐世界——在沙特阿拉伯王国协商会议的演讲》，《人民日报》2006 年 4 月 24 日。

世界大国和地区大国对建设"和谐世界"负有更加重大的责任和义务。① 这种说法有一定道理。但是如果说建设"和谐世界"主要靠大国，则值得商榷。本书作者认为，大国固然重要，在国际事务中能发挥重大作用。但是，一些大国往往难以摆脱强权政治的羁绊，追求自己的超级国家利益，对"和谐世界"的建立设置障碍。经验证明，许多重大国际问题的解决只能靠大多数国家，靠他们的广泛支持与合作。这个大多数，就是世界上广大的发展中国家。同样，建设"和谐世界"也寄希望于他们的共同努力，并通过他们的努力来推动其他国家。②

（四）注重发挥非国家行为体的作用

国内外越来越多的学者意识到，除了国家之外，非国家行为体在全球治理过程中的作用越来越突出。戴维·赫尔德指出："国家政府已不再是政治权威的唯一所在地了。在国家、地区和全球的层面上，越来越多的公共和私人的代理机构在行使有效的权力和制订管制区域清晰的人类活动的标准。这些机构组成一个多层次的全球管理体制，它比单纯的国家的努力和政策具有更大的能力，去解决经济的、军事的、政治的和环境的相互依赖问题。"③ 国内学者常宗耀认为："要促成"和谐世界"，不仅需要主权国家作出积极努力，还需要发挥国际组织、包括非政府组织的作用。"④

1. 积极发挥跨国公司的作用

"富可敌国"是中国古代的一句成语，意思是说私人拥有的财富可以与国家的资财相匹敌，形容极为富有。在古代，若要做到这一点基本上是天方夜谭，是不可能实现的目标。但是在当今国际社会，这不再是一种幻想，而的的确确是现实。用"富可敌国"来形容一些跨国公司已不再是夸张，事实上，一些超大型的跨国公司所拥有的总资产，不仅仅是"富可敌国"，而是"富可敌大多数国家"。据统计，2004 年在世界前 100 个最大经济体中（国家根据 GDP，企业根据销售额），53 个是

---

① 朱达成：《倡导推动建设和谐世界——中国外交思想的发展和创新》，《当代世界》2007 年第 3 期。

② 高秋福：《对"建设和谐世界"的几点看法》，《理论视野》2007 年第 3 期。

③ ［英］戴维·赫尔德：《从行政的到世界主义的多边主义》，载［英］戴维·赫尔德等：《驯服全球化》，童新耕译，上海世纪出版集团 2005 年版。

④ 常宗耀：《略论和谐世界理念及其构建途径》，《兰州学刊》2007 年第 9 期。

国家，47 个是跨国公司。沃尔玛、英国石油集团公司、通用汽车、皇家壳牌、福特汽车、丰田汽车等公司超过或等同于许多中等国家，例如奥地利、土耳其、丹麦、波兰、南非、约旦和希腊等。①

　　跨国公司是推动全球化快速发展的一大动力之一，换句话说，全球化之所以能够发展到当今如此高的水平，与跨国公司的快速发展有着莫大的关系。跨国公司在建设"和谐世界"的过程中同样可以发挥重要的作用。政治上，遵守东道国的法律，不干涉东道国内部事务；经济上，在保障自身经济利益最大化的同时，促进东道国的经济发展；文化上，在宣传自己文化的同时，尊重东道国的风俗习惯；环境上，在倡导环保经营，发展低碳经济上起表率作用。如果跨国公司能够做到上述几点，那么它便能够对"和谐世界"的构建起到积极的推动作用。

　　2. 积极发挥非政府组织的作用

　　非政府组织从事的是社会公益事业，提供的是公共产品，其涉及的领域相当广泛，包括环境保护、社会救济、医疗卫生、教育、文化等各个领域。非政府组织有 6 个特性：组织性、民间性、非营利性、自治性、志愿性和公益性。与国家和国际组织相比，非政府组织在构建"和谐世界"的进程中发挥的作用是次要的，但绝不是无关紧要，可有可无的。事实上，在全球化大发展的背景下，非政府组织发挥的作用越来越大。全球化进程中产生的很多全球问题，已经超出一国范围而威胁到全人类的生存。而这些全球问题的解决往往超越一国主权范围，此时，非政府组织的价值体现了出来，成为国家和国际组织的必要补充。在构建"和谐世界"的进程中，要注重发挥非政府组织在全球经济、社会发展、环境保护、维护世界和平等方面的积极作用。

　　（五）推动和谐地区的建设

　　从范围来看，"和谐世界"，顾名思义，是指"和谐"的"世界"，而不是"和谐"的"国家"或"地区"。然而，推动"和谐世界"的建设，却离不开"和谐国家"和"和谐地区"的建设。如果"和谐国家"和"和谐地区"都无法达成，何谈"和谐世界"？因此，先从构建"和谐国家"开始，继而推动"和谐地区"建设，在此基础上，将"和

---

① 葛顺奇：《透过〈财富〉热看世界 500 强》，《中国经济时报》2005 年 5 月 18 日。

谐"范围逐步推广，直至"和谐世界"。这一推理是合乎逻辑的。①

有学者指出，从空间和逻辑结构上分析，和谐分为三个大的层面：和谐国家、和谐地区、"和谐世界"，三者并行不悖，其中和谐国家是基础，和谐地区是重要环节、纽带，"和谐世界"是最高目标。② 亦有学者根据系统科学将物质世界分为宇观世界、宏观世界、中观世界、微观世界和渺观世界五个层次的思想，将"和谐世界"的建设划分为五个层次：宇观层面——"和谐世界"、宏观层面——和谐地区、中观层面——和谐社会、微观层面——和谐组织、渺观层面——和谐个体，这五个层次相互区别、相互联系而又相互作用。③

中国领导人在多种场合多次提到构建"和谐地区"的重要性和必要性。例如，2005 年 11 月 17 日，胡锦涛在韩国国会发表的《加强友好合作 共创美好未来》演讲中指出，面对机遇和挑战并存、困难和希望同在的新形势，如何共同构建一个政治上和睦相处、经济上平等互利、安全上互信协作、文化上交流互鉴的和谐亚洲，是摆在亚洲各国政府和人民面前的一个重大课题。④ 2006 年 6 月 16 日，胡锦涛在上海合作组织成员国元首理事会第六次会议上的讲话中指出，面对机遇和挑战，我们应该全面加强合作，努力把本地区建设成为持久和平、共同繁荣的和谐地区。⑤ 2006 年 6 月 18 日，胡锦涛在亚洲相互协作与信任措施会议成员国领导人第二次会议上的讲话中指出，办好亚洲的事情，必须依靠亚洲各国政府和各国人民的团结协作。所有亚洲国家应该携手建设一个持久和平、共同繁荣的和谐亚洲。⑥ 2006 年 11 月 19 日，胡锦涛在亚太经合组织第十四次领导人非正式会议上的讲话中指出，中国将坚持走和

---

① 需要强调的是，先国家，后地区，再世界，这只是一种逻辑上的推理。事实上，"和谐国家"、"和谐地区"与"和谐世界"的建设是同步进行的。

② 王永贵、李沛武：《全球化挑战与中国构建和谐世界的对外战略选择》，《当代世界与社会主义》2007 年第 3 期；杨丹志：《构建和谐地区对于和谐世界构建的理论和现实意义》，《教学与研究》2007 年第 11 期。

③ 顾瑞涵：《和谐世界理念的整体性精神意蕴》，《兰州学刊》2007 年第 9 期。

④ 胡锦涛：《加强友好合作 共创美好未来——在韩国国会的演讲》，《文汇报》2005 年 11 月 18 日。

⑤ 胡锦涛：《创造上海合作组织更加美好的明天——在上海合作组织成员国元首理事会第六次会议上的讲话》，《中国青年报》2006 年 6 月 16 日。

⑥ 胡锦涛：《携手建设持久和平、共同繁荣的和谐亚洲——在亚洲相互协作与信任措施会议成员国领导人第二次会议上的讲话》，《人民日报》2006 年 6 月 18 日。

平发展道路，坚持实施互利共赢的开放战略，愿同亚太经合组织各成员携手努力，为推动建设持久和平、共同繁荣的和谐亚太大家庭作出贡献。①。2010 年 6 月 11 日，胡锦涛在上海合作组织成员国元首理事会第十次会议上的讲话中指出，"和谐世界，从邻开始"，是上海合作组织参加上海世博会的主题，也符合中国一贯坚持奉行的与邻为善、以邻为伴的周边外交方针。中国将坚持互利共赢的开放战略，同各国一道，为创造本地区持久和平、共同繁荣的新成就作出更大努力。②

　　事实上，这也并非没有历史根据，例如，西方所谓的"国际关系"、"国际法"，起初范围仅限于欧洲，只是后来才扩散至全球；库珀将世界分为"后现代世界（欧洲）与现代世界（其他地区）"，③ 也包含了这层含义。

　　构建"和谐地区"与构建"和谐世界"没有什么不同，最主要的仍是在尊重多样性的基础上，坚持"和而不同"，各国共同致力于地区的繁荣与稳定。

---

　　①　胡锦涛：《推动共同发展 谋求和谐共赢——在亚太经合组织第十四次领导人非正式会议上的讲话》，《人民日报》2006 年 11 月 19 日。

　　②　胡锦涛：《深化务实合作 维护和平稳定——在上海合作组织成员国元首理事会第十次会议上的讲话》，《人民日报》2010 年 6 月 12 日。

　　③　转引自［德］赫尔弗里德·明克勒《帝国统治世界的逻辑——从古罗马到美国》，阎振江、孟翰译，中央编译出版社 2008 年版，第 81 页。

第五章　"和谐世界"理念与中国外交

中国的前途命运日益紧密地同世界的前途命运联系在一起。中国将始终不渝走和平发展道路，始终不渝奉行互利共赢的开放战略，坚持在和平共处五项原则的基础上同所有国家发展友好合作。中国越是发展，对世界的贡献就越大，给世界带来的机遇也越大。中国过去、现在、将来都是维护世界和平、促进共同发展的积极力量。

——胡锦涛：《在第 64 届联大一般性辩论时的讲话》

第一节　"和谐世界"理念对于中国的意义

一　"和谐世界"理念对于中国的意义

"和谐世界"理念既可以说是一个战略蓝图，也可以说是一个纲领性主张，它为当前和今后处理中国与世界关系指明了方向，从而对指导中国外交全局有着重大的指导意义。

（一）有助于社会主义现代化建设事业的进一步发展

实践证明，改革开放 30 多年来，中国社会主义现代化建设事业取得辉煌成绩的主要原因有两个：其一，相对和平的国际环境；其二，改革开放政策的制定与实施。上述两个原因相辅相成，缺一不可，只有和平的国际环境而没有改革开放政策，或者只有改革开放政策而没有和平的国际环境，中国社会主义现代化建设若想取得现在的成就是不可想象的。尽管中国社会主义现代化建设事业取得了世人瞩目的成绩，但是距离中华民族的伟大复兴还有很长的一段路要走。总结过去，面向未来，中国改革开放的政策肯定不会放弃，关键是和平的国际环境是否能够维持较长时间。"和谐世界"理念的价值就在于能够为中国社会主义现代化建设事业的进一步发展创造和平的国际环境。

（二）有助于中国全球策略的制定与实施

在 2007 年的十七大报告中，胡锦涛主席提出了"统筹国内国际两个大局"的重大战略思想。如果说"和谐社会"是事关国内大局的发展战略的话，那么，"和谐世界"理念则是事关国际大局的发展战略。"和谐世界"理念是中国的全球战略思想，有助于中国全球具体策略的制定与实施，从而使中国外交在政治、经济、文化、环境保护等各个方面更加系统化、具体化，进而使中国在应对全球化的各种挑战中处于主动地位。

（三）有助于塑造良好的国家形象

众所周知，在社会主义现代化建设的过程中，物质文明和精神文明是相辅相成和互相促进的。物质文明是基础，对精神文明起着最终的决定作用。精神文明也对物质文明发挥重要的反作用。没有经济的发展，社会发展和精神文明就失去了物质基础；没有社会的发展和精神文明的进步，物质文明就会失去精神动力、智力支持和思想保证。因此，两个文明必须一起抓，绝不能一手硬一手软。

国内社会如此，国际社会亦如此。一个国家要成为世界强国，除了"物质文明"（即经济实力）要发展之外，"精神文明"（国家形象和影响力等）也要给予高度重视。尽管"精神文明"最终取决于"物质文明"，但是"物质文明"的强大并不一定带来"精神文明"的强大。因此，世界强国都很注重"精神文明"的建设。

"和谐世界"理念，表明了中国在国际事务上的立场和原则，是中国加大国际"精神文明"建设的一次努力。尽管与西方国际秩序观不同，但是"和谐世界"理念并无挑战或彻底摧毁现有国际秩序的意图，因此，"和谐世界"理念无损于发达国家正当的利益诉求，当然更有益于发展中国家正当的利益诉求。在国际金融危机依然严峻的国际形势下，世界需要听到中国声音的时候，兼顾各方利益的"和谐世界"理念由于顺应时代潮流，在国际社会产生了巨大的感召力，获得了大多数国家和人民的认同与支持，有助于塑造我国良好的国家形象。

良好国家形象对于提高国家在国际舞台上的影响力具有非常重要的

意义，有学者将其概括为：第一，良好的国家形象有利于增强国家"软实力"；第二，良好的国家形象有利于国家掌握对外关系的主动权；第三，良好的国家形象有利于增强政权合法性的国际认同。[①]

（四）有助于纠正西方对我国外交政策的歪曲和误解

自冷战结束以来，随着中国经济实力的快速稳定发展、国际影响日趋上升和国际地位的不断提高，西方国家宣扬的形形色色的"中国×××论"轮番上场，以"中国威胁论"和"中国责任论"最为出名，各有两个版本。"中国威胁论"：版本一，挑战现有国际秩序。夸大中国的实力，把中国的正常需求与正常外交行为看成是对其他国家的威胁，是对现有国际秩序的挑战；版本二，挑战意识形态，本以为随着冷战的结束，"历史"已终结，"意识形态"也终结，没有想到，中国的发展使得未来的"历史"、"意识形态"不再具有"确定性"。"中国责任论"：版本一，中国在国际事务中不负责任；版本二，中国应该承担更多的责任。例如，在哥本哈根世界气候大会上，一些发达国家要求中国担负同发达国家一样的责任；有些发展中国家要求中国加大对他们援助的力度。无论是何种版本的"中国威胁论"与"中国责任论"，都是对中国外交政策的歪曲与误解，都是对中国未来发展的怀疑与担心，其目的无非就是约束和规制中国，阻止或延滞中国走向富强。

面对此种论调，我们要严肃对待和积极应对。"和谐世界"理念的提出，再次郑重承诺中国走和平发展道路的决心，"中国将始终不渝走和平发展道路，这是中国政府和人民根据时代发展潮流和自身根本利益作出的战略抉择，中华民族是热爱和平的民族，中国始终是维护世界和平的坚定力量。我们坚持把中国人民的利益同各国人民的共同利益结合起来，秉持公道，伸张正义"，这是对"中国威胁论"的有力回击。

"和谐世界"理念的提出，表现出了中国要积极参与国际事务的态度：坚持公正、主持公道、追求进步的立场；以合作谋和平、谋发展、谋安全；促进中国与各国互利共赢与共同繁荣的意愿。"和谐世界"理念是中国向国际社会奉献的国际公共物品——国际政治经济新秩序，体现了中国的高度责任感，是对"中国责任论"的妥善回应。

---

① 参见赵磊《以"和谐世界"理念提升"负责任大国"形象》，《中国党政干部论坛》2007 年第 12 期。

总而言之,"和谐世界"理念的提出,回应了国际社会对中国的某些歪曲和误解,有助于中国国际整体环境的改善。

二 "和谐世界"理念指导下的中国外交

在国际社会,大国提出的任何一种新理念,总会招来其他国家(甚至国内)、学者各种不同的评论,支持者有之,反对者亦有之,这实属正常现象。因此,面对"和谐世界"理念所引起的国际社会的不同反响,我们要泰然处之,既不能因赞美之词而沾沾自喜,也不能因恶语中伤而恼羞成怒。我们要做的是在向世界广泛宣传何谓"和谐世界"理念的同时,以实际行动向世人证明中国提出"和谐世界"理念是可操作的,不是乌托邦。

中国不仅是"和谐世界"理念的倡导者,而且是"和谐世界"理念的积极践行者,近年来的外交实践便是对"和谐世界"理念很好的诠释。

(一)从外交领域看,"和谐世界"理念对中国外交的指导意义

1. 相互尊重、平等协商的政治外交

早在1945年的《联合国宪章》,就明确规定了国际关系的基本准则,"相互尊重"、"平等协商"是其中的基本原则之一。然而,看似简单且理所当然的国际关系基本准则,实施起来却是相当的困难。实力逐步增强的中国提出的"和谐世界"理念,再次强调"相互尊重、平等协调"意义重大,它是建立公正合理的国际政治经济新秩序所必需的。在实践中,中国不仅强调与发达国家的"相互尊重、平等协调",更看重与发展中国家的"相互尊重、平等协调"。

2. 相互合作、优势互补的经济外交

在经济全球化下,各国相互依存日益紧密,任何一国经济的发展都离不开其他国家的经济发展,任何一国既不可能也没有必要生产自己国民所需的全部商品,因此,世界各国应该"相互合作"、"优势互补"。"和谐世界"理念指导下的中国经济外交充分体现了这一特点。

3. 尊重多元、相互借鉴的文化外交

冷战结束后,国际形势发生了重大变化,国家间交往的关注点亦发生了变化,由传统关注政治、军事、安全等领域,转而关注经济、文化等领域。文化外交大有取代军事(或安全)外交成为继政治外交、经

济外交之后的第三大外交方式。①

外交的最高目标是什么？不是国家利益（尽管外交要为国家利益服务，或者说国家利益是国家制定外交政策的依据），而是世界的和平与发展。这与"和谐世界"理念的核心内涵——持久和平、共同繁荣，如出一辙。显然，是文化外交，而不是政治外交，也不是经济外交能够更好地完成这一目标。

中国重视文化外交，但在指导思想上一直比较模糊，而"和谐世界"理念弥补了这一缺陷，提出了文化外交的具体指导思想，即"尊重多元、相互借鉴"。所谓"尊重多元"，是指各国相互尊重他国的文化，承认文化的多元性，而不是试图取代和排斥他国文化。所谓"相互借鉴"，是指各国应该吸收他国文化的优势所在，丰富自己文化的内涵。

在"尊重多元、相互借鉴"思想指导下，近年来，中国文化外交取得了可喜的成绩，通过相互举办展览、展会、艺术节、"文化年"、"文化节"等对外文化活动以及中国在国外建立"孔子学院"和海外文化中心，既扩大了中国文化在世界上的传播，展示了中国传统文化的魅力，也加深了国人对其他国家优秀文化的认识，增进了中国与世界的相互了解，扩大了共识。2009年年底，我国已同160多个国家和地区建立文化交流关系，同140多个国家签订政府间文化合作协定和近800个年度文化交流计划。②

4. 相互信任、加强合作的安全外交

2002年7月31日，参加东盟地区论坛外长会议的中国代表团向大会提交了《中方关于新安全观的立场文件》，全面系统地阐述了中国在新形势下的新安全观。根据该文件，中国新安全观的核心内容是：互信、互利、平等、协作；新安全观的实质是"超越单方面安全范畴，以互利合作寻求共同安全"。新安全观的核心内容可以概括为"相互信任"，新安全观的实质可以概括为"加强合作"，而"相互信任"与"加强合作"恰好是"和谐世界"理念在安全外交上的要求。

近年来的中国安全外交，完全体现了"相互信任、加强合作"的特

①　当然，也有很多学者尤其是现实主义者不同意这种看法，但是文化外交的地位有了很大提高，是任何学者都无法否认的。

②　转引自《刘云山：文化是一个政党一个国家的精神旗帜》，中国新闻网，2010年10月17日。

点。中国尽量扩大与其他国家的军事交流，增强与他国的相互信任。在地区和国际安全领域，中国注重与其他国家的合作，争取以和平方式解决争端，或以和平方式处理国际安全事务。

5. 相互帮助、协力推进的环保外交

随着人类社会的发展，环保问题日益引起世人的高度关注，成为上至国家领导人，下至普通百姓离不了的话题。面对全球性的资源与环境压力，人类不得不全力应对，力求出路，加强全球环保合作成为人类必然的选择。然而，愿望虽然强烈，而且加强合作是必需的，但是，各国的诚意却大相径庭。

随着中国综合实力的提高，中国在环保问题上的态度和选择成为世界各国普遍关注的焦点。"和谐世界"理念中的"和谐"内涵很丰富，其中之一指的是"人与自然的和谐相处"。事实上，这不仅是中国传统文化的应有之义，也是中国的环保外交所要努力争取的。

早在1972年，中国便初登环保外交舞台，但真正在环保领域大显身手还是要从进入21世纪，尤其是2006年第六次全国环保大会的召开算起。在此次大会上，温家宝总理提出了我国环境保护要实现"三个历史性转变"，即：从重经济增长轻环境保护转变为保护环境与增长同步，从环境保护滞后于经济发展转变为环境保护与经济发展同步，从主要用行政办法保护环境转变为综合运用法律、经济、技术和必要的行政手段解决环境问题。2007年，中国共产党第十七次全国代表大会更是将环保提高到和平发展道路的重要组成部分的高度，第一次与政治、经济、文化和安全等重大战略并重。这为我国加强环保外交提供了重要的战略基点。

自此，中国的环保外交更上一层楼，环保成为中国与其他国家双边合作谈判中的重要议题。中国的身影更是频繁地出现于多边环保外交场合，就有关气候变暖、臭氧层破坏、酸雨、荒漠化、森林砍伐、有毒化学品污染、生物多样性破坏等全球性环境问题，与其他国家进行磋商、谈判，制定环境协定。2009年12月8日至20日，国际气候变化大会在丹麦首都哥本哈根举行，在此次会议上，中国发挥了举足轻重的作用，中国作出了"到2020年，单位国内生产总值二氧化碳排放比2005年下降40%—45%"的承诺，体现了中国负责任大国的外交形象，为中国的环保外交增添了浓重的一笔。

环保外交的推行，除了具有履行国际责任与义务的内容之外，还有其他一些价值，例如，第一，通过环保外交，我们引进了环保先进理念，引进了环保所必需的技术与资金。第二，环保外交的推行，对于我国促进经济增长方式的转变无疑既是巨大的压力，也是强大的动力。

总而言之，相互尊重、平等协商的政治外交，有助于推进国际关系民主化；相互合作、优势互补的经济外交，有助于推动经济全球化朝着均衡、普惠、共赢的方向发展；相互借鉴、求同存异的文化外交，有助于促进人类文明繁荣进步；相互信任、加强合作的安全外交，有助于维护和平稳定；相互帮助、协力推进的环保外交，有助于呵护人类赖以生存的地球家园。

（二）从外交主体看，"和谐世界"理念对中国外交的指导意义

"和谐世界"理念对中国具体外交提出的要求是：发展与大国的战略合作关系；发展与周边国家的友好合作关系，发展与发展中国家的务实合作关系，发展与多边的积极合作关系。

1. 中国与大国的外交：战略合作

"大国是关键。"发展与大国的战略合作关系，是中国外交战略的重点。与此同时，这也是对国际关系（政治）事实的反映。大国是国际关系（政治）舞台上的主角，主角（大国）的表现直接推动着国际形势"剧情"的发展，结局是"悲剧"还是"喜剧"，均与"主角"（大国）有莫大关系。同样，在"和谐世界"的构建过程中，也离不开大国的参与与合作，大国的积极参与与密切配合是构建"和谐世界"所必需的。因此，"和谐世界"理念指导下的中国外交强调中国与大国的战略合作关系。需要注意的是，这里指的是"战略合作"关系，而不是一般的合作关系。"战略合作"关系要求双方尊重彼此核心利益和重大关切、积极开展各领域的密切合作、增进两国人民的相互了解和友谊以及通过各种渠道和机制加强在地区和国际热点问题上的沟通和协调。

近年来，中国不断加大运筹大国关系力度，同各大国的关系处在稳中有升的发展时期（杨洁篪语）。中美确定了"战略伙伴"关系、中俄"战略协作伙伴"关系更上一层楼、中日"战略互惠"关系继续取得进展、中法"全面战略伙伴"关系迅速发展、中德"战略伙伴"关系全面推进。

2. 中国与周边国家的外交：友好合作

"周边是首要"。发展与周边国家的友好合作关系，是中国外交战略的基本方针。中国是世界上拥有邻国（包括陆上和海上）最多的国家之一，因此，周边外交是中国外交的一个重要方面。中国传统文化十分看重邻里关系，如"唇亡齿寒"、"远亲不如近邻"等成语就说明了这一点。中国国家领导人在多个场合提出要努力构建"和谐地区"的设想，这既是中国传统文化在外交中的体现，也是"和谐世界"理念对中国周边外交的具体要求。只有"和谐地区"，才能保障周边的和平环境，消除各种威胁，促进中国和谐社会的建设，进而为构建和谐世界奠定坚实的基础。怎样做到"和谐地区"？我们对周边所有国家，不论强弱，不分大小，都一视同仁，平等相待。在处理同周边国家的关系时，严格遵循不干涉内政原则，尊重各国的独立自主。在"和谐世界"理念和"和谐地区"理念的指导下，我国同周边国家已经建立起了睦邻友好合作的关系。

东南方向，世界上最大的自由贸易区中国—东盟自由贸易区于2010年1月1日正式启动，标志着中国与东盟之间的关系迈上了一个新台阶。必将为今后中国与东盟国家的政治经济发展增添新的活力。

西南方向，中国同印度和巴基斯坦之间的互访不断，既改善了中国与印度的关系，也巩固了中国与巴基斯坦的传统友谊。

西北方向，在"和谐世界"理念的指导下，在上海合作组织的推动下，中国与俄罗斯、哈萨克斯坦、吉尔吉斯斯坦、塔吉克斯坦和乌兹别克斯坦等国在包括政治、经济、文化、安全在内的几乎所有领域展开了合作，政治互信进一步增加，文化交流进一步加强，军事交流进一步密切，经贸合作总额进一步扩大。

东北方向，中国积极促成和参与朝核六方会谈，推动局势朝着缓和的方向发展，为地区和平作出了贡献，也维护了东北亚地区的安全环境。

3. 中国与发展中国家的外交：务实合作

"发展中国家是基础。"发展与发展中国家的务实合作关系，是中国外交战略的基础。中国与发展中国家的合作关系，强调的不是"务虚"合作而是"务实"合作。"务实"合作要求双方从各自切身利益出发，以达到共同发展之目标。例如，中国与非洲国家的合作关系，便是中国与发展中国家务实合作的典范（详见本章第二节）。

4. 中国与多边外交：积极合作

"多边是重要舞台。"发展多边外交是中国外交战略的重要手段。尤其是在全球化日益发展的今天，多边外交在国际关系（政治）中的地位和作用日益凸显，它为各国的交往提供了一个很大的平台，有利于各国的相互了解；它是讨论和应对重大国际问题的主要平台。它有利于推动国际社会向多极化方向发展。与此同时，多边外交是中国在国际社会发挥积极作用的重要平台。利用这个平台，一是可以更好地向世界阐明中国的立场、主张和"和谐世界"理念；二是可以展示中国努力构建"和谐世界"的决心以及展示负责任大国形象；三是可以有效地维护中国的国家利益。中国要积极参与多边外交，这里的"积极"有两层含义：其一，"积极"指的是中国由以前的"不愿意"或"迫于压力"而不得不参与多边外交到现在的积极、主动的参与多边外交。这是较低层次的"积极参与"。中国已实现了这一层次的"积极参与"。其二，"积极"指的是中国由仅仅主动参与讨论而不设定议题到主动设定议题、参与并力争主导国际规则的谈判与制定。这是较高层次的"积极参与"。中国已认识到这一层次"积极参与"的重要性并已开始采取行动，但力度明显不够。"和谐世界"理念对中国多边外交提出的要求不是第一层次的"积极参与"，而是第二层次的"积极参与"。

第二节 "和谐世界"理念指导下的中国外交案例一——新时期的中非合作关系

巩固与加强同非洲国家的合作始终是中国外交的重要组成部分，也是中国与发展中国家友好合作关系的典范，更可以看作中国尝试构建"和谐世界"的重要实践。为此中国十分珍视中非友谊，注重从全局和战略的高度审视中非关系。如果说1955年召开的万隆会议开启了中非关系的新纪元，那么2006年举行的被誉为"第二次万隆会议"[①]的中非合作论坛北京峰会则昭示着中非关系进入了一个新时期。面对不断发

---

① 杨中旭：《中非论坛：新时代的万隆精神》，《中国新闻周刊》2006年第41期。

展的中非关系，国际社会（尤其是西方大国）给予了极大关注和持续热议。在此背景下，准确把握新时期中非合作的现状以及诊断其存在的问题，进而结合实际提出相应的对策，是进一步稳步发展中非合作关系所必需的。

一　新时期中非合作关系的现状

2006 年 11 月 3 日至 5 日，中非合作论坛北京峰会召开，双方共同制定并一致通过了《中非合作论坛北京行动计划（2007—2009 年）》，内容包括政治领域合作、经济领域合作、国际事务中的合作、社会发展领域合作。在中非双方的共同努力下，各项计划进展顺利，成效显著。

（一）政治领域合作

高层对话与互访。2007 年，胡锦涛、吴邦国、贾庆林和李肇星先后访问了 20 个非洲国家；非方有多位（副）总统、总理及外长先后来华访问。2008 年，吴邦国、李克强、贺国强、李长春等先后访问了非洲多个国家；20 多位非洲国家元首、政府首脑先后访华或来华观摩北京奥运会、残奥会。2009 年，先是杨洁篪外长访问乌干达、卢旺达、马拉维和南非四国，继而胡锦涛主席又对马里、塞内加尔、坦桑尼亚和毛里求斯四国进行了"强化友谊、深化合作"之旅；非方塞拉利昂总统、莱索托王国外交大臣、利比里亚副总统相继访华。2010 年，贾庆林出访喀麦隆、纳米比亚和南非三国；外交部长杨洁篪出访突尼斯、肯尼亚、尼日利亚、塞拉利昂、阿尔及利亚、摩洛哥等国；国务委员戴秉国访问埃塞俄比亚、阿尔及利亚、赤道几内亚、刚果（金）和赞比亚五国。非洲方面，多位非洲国家元首、外长和议长和主席访华或来华出席上海世博会。频繁的高层互访与对话，进一步加深了中非传统友谊和相互信任。

磋商与合作机制。2007 年 9 月 26 日，中国和 48 个非洲国家外长在纽约举行首次政治磋商并发表《联合公报》，正式启动了论坛框架下中非外长级定期政治对话机制。截至 2008 年 5 月，中国与 7 个非洲国家举行了外交部政治磋商，与南非举行了第三次国家双边委员会全体会议，与 11 个非洲国家举行了双边经贸混委会等会议。上述磋商和对话加强了双方在重大问题上的沟通与协调，促进了双方务实合作。

（二）经济领域合作

为鼓励和支持中国企业到非洲投资，于 2007 年 6 月设立了中非发展基金，截至 2008 年年底，基金已投资 20 个项目，投资额近 4 亿美元，带动中国企业对非投资 20 多亿美元；截至 2008 年年底，中方对非直接投资存量超过 50 亿美元。在有关非洲国家建设经贸合作区的工作稳步推进，例如，赞比亚中国经贸合作区、尼日利亚广东经贸合作区、尼日利亚莱基自由贸易区、埃及苏伊士经贸合作区、埃塞俄比亚东方工业园等都在建设之中。

中非贸易保持快速增长势头，2008 年，历史性地突破千亿美元大关，达到 1068 亿美元。中国认真兑现向非洲国家开放市场的承诺，已与 31 个非洲最不发达国家中的 30 个国家完成了涉及 466 个税目输华商品的免关税换文，截至 2008 年 10 月末，中国从非洲进口受惠商品累计6.8 亿美元。中非联合工商会的成立，为中非企业间的贸易往来发挥了沟通、协调和促进作用。

（三）国际事务中的合作

中国和非洲国家在联合国等各种国际场合继续相互理解、相互支持，共同维护双方的共同权益。非洲国家在涉台、涉藏、人权、北京奥运会等方面给予中方大力支持。中国积极支持和参与联合国在非洲的维和行动，在各种场合呼吁发达国家更加关注非洲发展，切实兑现援非承诺。在联合国安理会等多边场合，中国一如既往地支持非洲国家的合理主张，重视非洲国家的关切，在涉及非洲国家正当权益问题上为非洲朋友仗义执言。

（四）社会发展领域合作

发展援助与减债。中国增加了对非洲国家的援助，已与 48 个非洲国家签署了新的双边援助协议，与 20 个非洲国家签署了提供优惠贷款框架协议，用于 33 个项目，并正与部分非洲国家落实优惠出口买方信贷项目。在减债方面，中国已免除 32 个非洲重债穷国和最不发达国家截至 2005 年年底到期的 150 笔对华债务。

人力资源开发。截至 2008 年年底，中国根据非洲实际需要，在经贸、教育、卫生、科技、文化、农业、海关、质检、电信、环保、新闻等领域，为非洲国家举办了近 300 期各类培训班，共培训 1.1 万多名各类人才。

中国有句俗语叫"患难见真情",尽管受到国际金融危机的严重影响,但中国落实中非合作论坛北京峰会各项举措不打折扣。近年来,取得的成绩有目共睹,受到了广大非洲国家和人民的普遍赞誉。

二 新时期中非合作关系存在的主要问题

新时期的中非合作引起了国际社会的极大关注和持续热议:有赞扬的、羡慕的、惊叹的;也有批评的、嫉妒的。对此,我们应保持清醒头脑,既不因别人的批评而妄自菲薄,也不因别人的表扬而忘乎所以,在看到中非合作取得的成就的同时,更要看到存在的问题。

(一)中国自身存在的问题

1. 政治交往中存在的问题

在政治交往中,存在灵活性与前瞻性不够的问题。如在坚持"一个中国"问题上,重表态,轻实质,给了一些政客翻手为云、覆手为雨的可乘之机,让一些国家得以在海峡两岸间反复"跳槽"。在双边交流上,重视上层交流,而对民间、行业间交流和感情培养重视不够,有待进一步加强。①

2. 经济交往中存在的问题

在经济交往中,存在中国国家利益与在非中国企业利益的矛盾。随着中非合作的深入,企业逐渐取代政府成为中非合作中的主体。然而,作为经营成本独立核算的企业,它们追求自身利润最大化,这在某种程度上难免与国家利益最大化产生摩擦。例如,部分企业为了追求短期的利润最大化,第一,不注意所在地的环境保护;第二,员工主要从国内招募,没有给当地提供更多的就业机会;第三,当地人民生活水平没有得到根本的改善与提高;第四,片面强调经济效益,以次充好,以假冒真;第五,存在违犯当地法规及其他不良行为。所有这些,都不同程度地影响甚至干扰了中国国家的战略利益,② 损害了中国在非洲的声誉,甚至引起当地人的怨恨,出现一些针对中方人员的过激行为。究其原因,除了中非产业结构的趋同和贸易不平衡以及企业自身原因之外,与中国政府缺少对企业的政策引导也有很大关系。

---

① 陶短房:《中非交往:风风雨雨 50 年》,《南风窗》2006 年第 22 期。
② 中国政府希望看到的是双赢结局:中国在非洲获得所需,而非洲亦可借此长足发展。

3. 文化交流中存在的问题

在文化交流上，存在文化供给与需求之间的矛盾。如非洲各国汉语热的兴起，主要是由于对华商业的迅速升温，商业汉语需求极为强烈，而中国在非的汉语教学，却仍以普通文化普及性质为主，严重落后于需求。①

（二）中非之间存在的问题

中非之间存在利益上的分歧，但更主要的是认识上的分歧。

1. 利益上的分歧

部分非洲学者认为，中国对非政策既有诱人的一面，也有威胁的一面。2006 年 11 月 22 日至 24 日，联合国全球契约学习论坛（United Nations Global Compact Learning Forum）在加纳首都阿克拉举行，在其中的一场主题为"中国在非洲：关注公司社会责任"的研讨会上，一位加纳与会者说："未来最大的挑战是：中国大量廉价商品的进口导致生产结构转变而带来的地方性失业，当地人与成功融入社会的中国人之间的摩擦，以及当地政府在处理这些情况时丧失的灵活性。"②

2. 认识上的分歧

第一，关于"援助"问题。在 2006 年中非合作论坛北京峰会上，中国宣布对非洲援助八项政策与措施，尽管把非洲作为整体来对待，但在执行过程中以双边合作为主要实施形式。这种政策及其实施形式合情合理，我们总不能把所有的援非物资（包括无形和有形）直接交给非洲组织（如非盟），然后再由其去进行分配，这不符合我们援非目的。然而在非洲学者看来，"非洲次地区的发展是整个非洲发展的重要步骤，所以建立起不同的次地区组织，并且努力完善其功能。故此，中国在以非洲各国为受援单位的基础上，更应该考虑以非洲次地区组织为新的受援单位。这将使中国对非洲的援助发挥更显著的作用"③。

第二，关于"民主"问题。中国媒体出于"好意"，认为西方强行输出"民主"为非洲埋下祸根。④ 但是有些非洲人士并不这样认为，阿尔及利亚《民族报》的法赛尔·梅塔沃伊回应称，"西方民主"不适合

---

① 陶短房：《中非交往：风风雨雨 50 年》，《南风窗》2006 年第 22 期。

② Godwin Nnanna, China in Africa: after the summit , December 14, 2006.

③ ［贝宁］莫里斯：《中非发展合作：关于非洲新受援单位的思考》，《西亚非洲》2009 年第 5 期。

④ 李新烽：《国家发展"和为贵"》，《人民日报》2008 年 1 月 14 日第 3 版。

非洲的言论暗示了非洲人只能生活在独裁统治之下，而不能生活在自由民主的环境中；中国的经济发展虽然迅速，但是并不能作为非洲民主的榜样。马拉维大学的布莱希·基兴纳表示，民主并不只适用于特定的人群，而是一种基于特定价值观的普遍概念。基兴纳认为，非洲的问题在于，人们经常在采取行动时忽视了民主价值。①

第三，关于"不干涉内政"问题。不干涉内政是中国外交政策的重要原则，不只对非洲国家，对世界上其他任何国家都是如此。20世纪90年代以来，多数非洲国家进行民主化改革，要求扩大"民主"和"自由"，改善"人权"和实行"良政"。在《非盟宪章》中虽然保留了"不干涉内政原则"（non - interference principle），但同时又确立了"非漠视原则"（indifference principle），即"非洲联盟和平与安全理事会"有权在成员国国内出现战争罪、种族罪、反人道罪行时，以及在出现不符合宪法的政府更迭时采取强制措施，以恢复正常的国家秩序和政府治理。②

（三）中西之间存在的问题

中非合作关系，顾名思义，就是中国与非洲国家之间的合作关系，不涉及第三方。这本无可厚非，但在当今的全球化时代，各国之间的相互依赖日益加深，任何国家之间的关系都会或多或少地受到国际社会的直接或间接、积极或消极的影响。中非关系也不例外，中非关系不单纯是中国与非洲之间的关系，随着非洲在国际战略格局中的地位相对上升，中国综合实力不断增强，以及中非关系的迅速发展，其他国家也越来越多地介入其中。下列事实就是明证：中国的非洲政策已经成为中—欧对话和八国集团讨论的关键性议题。③

尽管中国历来强调对外坚持走和平发展道路，但西方大国却对中国的非洲政策抱有明显的偏见、误解乃至猜疑。西方对中国的批评主要有"新殖民主义论"、"掠夺非洲资源论"、"漠视非洲人权论"、"破坏非

---

① 《德国之声 非洲人以"怨"报"德"》，转引自星岛环球网：http：//www. stnn. cc/pol_op/200801/t20080116_ 713671. html。

② 转引自贺文萍《从中非关系看我国在发展中国家的利益与战略》，《亚非纵横》2008年第3期。

③ ［德］白小川：《欧盟对中国非洲政策的回应——合作谋求可持续发展与共赢》，《世界经济与政治》2009年第4期。

洲环境论"、"援助方式危害论"①。具体而言：第一，为了满足经济的快速发展及其对国内环境的关注，中国不得不向海外尤其是非洲资源进行"新殖民主义"式的掠夺，而这加剧了非洲的腐败、环境退化和内部分歧；第二，中国大量廉价商品进入非洲，严重削弱了非洲国家实现经济结构调整和产业升级的能力；第三，中国不附带任何政治条件的经济援助客观上支持了非洲的所谓"失败国家"，抵消了国际社会为促进非洲国家政府提高透明度、公共责任和良好治理所做的努力；第四，中国劳动力的流入威胁到了当地就业，从长远来看还会破坏当地的社会团结。② 西方之所以有如此言论，除了思维方式不同、存在利益分歧之外，更主要的还是它们担心丧失对非洲的垄断，担心西方式民主与人权观念受到挑战。

三 新时期加强中非合作关系的对策思考

新时期中非合作能否进一步加强，保持健康稳定地发展，是关乎双方切身利益，进而维护地区与世界和平与发展的大计，需要慎重对待，高度重视。

（一）坚持合作原则

1. 继续坚持和平共处五项原则

和平共处五项原则由周恩来总理于 1954 年在处理中印关系时首次提出。1955 年，在万隆会议上，和平共处五原则得到了广大亚非国家的认可和支持。正是在此原则基础上，中国先后与埃及和其他非洲国家建立了外交关系。50 多年来，尽管国际形势发生了巨大变化，但中非友好关系仍保持良好发展态势，成为"南南合作"的典范，究其原因在于，中非在发展相互关系中始终坚持了和平共处五项原则。现如今，和平共处五项原则早已成为国与国建立和发展友好合作关系的公认准

---

① 此类著作、文章、报道相当多，例如，Ian Taylor, China's environmental footprint in Africa, February 02, 2007. Mandy Tumer, Scramble for Africa, May 08, 2007. Godwin Nnanna, China in Africa: after the summit, December 14, 2006. Denis M. Tull "China's Engagement in Africa: Scope, Significance and Consequences," The Journal of Modern African Studies, September2006, pp. 459—479. Joshua Eisenman & Joshua Kurlantzick, "China's Africa Strategy," Current History, May 2006, pp. 219—224.

② ［德］白小川：《欧盟对中国非洲政策的回应——合作谋求可持续发展与共赢》，《世界经济与政治》2009 年第 4 期。

则。新时期加强中非合作，仍必须坚持这一原则。关于备受争议的"不干涉内政原则"（"和平共处五项原则"的重要组成部分之一），本书认为，要尽可能在原则性与灵活性之间找到平衡点。换句话说，在不干涉非洲国家内政的同时，适当地介入非洲事务，以实现和维护双方的共同利益。

2. 继续坚持互利共赢原则

中国关于中非合作的大政方针之一是"互利共赢"。总体来讲，达到了这一目的，即通过合作，中国获得了所需，而非洲亦取得了长足发展。双方基本上皆大欢喜，但是由于中国自身存在的问题和中非就某些问题存在着认识误差，非洲一些民众对中非合作有一些非议。这不是"互利共赢"原则的自然结果，恰恰相反，是"互利共赢"原则没有得到很好贯彻的结果。因此，新时期的中非合作仍必须坚持"互利共赢"原则，面对存在的问题，一一改之，例如，主动承担社会责任，扩大当地就业，关注当地环保，赢得所在地人民的支持。

3. 继续坚持经济援助"非政治化"原则

对非经济援助是中非合作最重要的内容之一，我们历来强调和坚持毫无条件的经济援助。但是，近年来中国未附加政治条件的对非援助却不断受到西方的批评，说什么不利于非洲的真正进步，侵犯非洲的人权等。面对来自西方的批评，我们是修正经济援助原则，和西方一样，附加种种政治条件，还是继续坚持"非政治化"原则。权衡利弊，还是要坚持"非政治化"原则，其一，这是我们的优良传统和特色；其二，也是更重要的，如果对非经济援助附加政治条件，也许来自西方的批评会少一些，但却有可能伤害广大非洲国家人民的心。

（二）确定合作策略

1. 国家与市场并重

新时期的中非合作，既要积极发挥市场的调节作用，又要充分发挥国家的引导作用，争取做到国家与市场的并重。第一，鼓励企业对非洲的贸易、投资，与此同时，引导企业履行必要的社会责任，支持当地基础设施、教育、环境和医疗卫生事业等有关民生的发展。第二，对部分企业在非洲的不当或违法行为，中国政府要及时通过相关法律和政策加以监督和约束。第三，坚持共同发展原则，对非洲原有支柱产业但受到中国威胁的纺织等相关产业采取一定的保护和让渡措施。第四，注重开展与非洲国家在民主与人权领域的对话和协商，以达成相互理解。

2. 处理好与大国的关系

中非关系首先是中国与非洲国家之间的关系，但也要处理好与大国的关系。查道迥教授指出，在国际政治的演变中，美国对中国的指责是否公平合理并不重要。重要的是，这些指责增添了中国外交中建构"软实力"的代价。① 所以，中国应重视对非政策的国际宣传，注重与国际社会在非洲外交活动的协调，争取与西方大国就有关热点问题、石油和资源开发等问题，通过对话、协商与沟通，削减矛盾，增进共识。当然，对于西方媒体、学者及政要别有用心地诋毁中非合作关系的谬论要给以坚决的驳斥和回应。

3. 对非援助做到统筹兼顾

随着国际形势的变化，新时期的中国对非援助也应做出相应的调整，争取做到统筹兼顾，使其能更好地促进非洲经济和社会发展，这是非洲自己的职责，也是中国的责任。② 首先，对非援助要"按需分配"。非洲有 50 多个国家，国情不同、需求各异，加之中国在非洲各国的利益侧重点不同，因此在援助规模、援助方式和援款结构等方面灵活掌握、区别对待。③ 其次，接受非洲学者的建议，根据具体情况，争取做到个别国家与次区域组织兼而有之。

（三）扩大合作内容

新时期的中非合作，面临的新问题将会更复杂，要应对的挑战将会更多。因此，本着"友谊、和平、合作、发展"的宗旨，在全方位、多层次、宽领域的基础上，进一步扩大中非合作的内容。

第一，政治领域。在进一步加强和密切高层互访的同时，还应充分利用不同层次和渠道的磋商机制，加强各层面、各部门的人员往来与交流，在强化相互尊重的基础上，增进包括"民主"、"不干涉内政"等方面的共识。

---

① 查道炯：《中国在非洲的石油利益：国际政治课题》，《国际政治研究》2006 年第 4 期。

② ［南非］马丁·戴维斯：《中国对非洲的援助政策及评价》，《世界经济与政治》2008 年第 9 期。

③ 参考张宏明《中国对非援助政策的沿革及其在中非关系中的作用》，《亚非纵横》2006 年第 4 期。

第二，经济领域。在平等互利、合作共赢、共同发展的基础上，加强贸易、金融、投资、技术、项目承包等各领域的务实合作。贸易方面，中国政府应采取更多的积极措施方便非洲商品进入中国市场，保障出口非洲产品的档次和质量，力争杜绝假冒伪劣产品；金融方面，同非洲就防范金融风险加强合作，设立中国金融机构非洲分支机构；投资方面，加大投资力度，注重促进当地社会发展和民生改善；技术方面，尽最大努力提供非洲急需的技术、管理经验；项目承包方面，雇用更多当地劳工，以提高就业。在众多经济领域中，尤其要注重农业领域的合作，原因在于不仅潜力巨大，而且优势互补性强。

第三，人文领域。大力加强文化、教育、卫生等领域以及青年、妇女、学者等人员的交流合作，以增进相互了解，缩小认识上的误解与分歧。特别是在学术层面，应大力加强双方学者的交流，共同主持或积极参与有关非洲问题或中非关系的国际研讨会，从而掌握话语的主导权。

第四，国际事务领域。宏观层面，协调立场，共同应对全球化挑战；中观层面，密切配合，积极推动南南合作和南北对话；微观层面，扩大共识，努力维护双方的共同利益。

（四）利用合作机制

1. 发挥中非合作论坛的作用

中非合作论坛自创立以来便成为中非交流和对话的有效机制和务实合作的重要平台。新时期的中非合作应继续发挥中非合作论坛的政治引领作用，并根据中非关系发展的需要，不断丰富、充实和完善该机制，加强其与非洲联盟和次地区组织的沟通与联合，使之成为中非在更高层次、更广领域和更大范围合作的平台，实现论坛的可持续发展。

2. 发挥联合国多边机制的作用

新时期的中非合作将日益受到国际社会的关注，如果说中非合作论坛是处理中非之间关系的一个重要平台的话，那么，联合国多边机制则是处理中非与其他大国关系的另一个重要平台。中国应充分利用自己是联合国安理会常任理事国这一重要身份，积极参与联合国及其他多边机制的涉非会议，并争取在其中发挥建设性作用，在协调与其他大国关系的同时，尽最大努力维护非洲国家和中国的共同利益。

上述都是从中国角度提出的加强中非合作的对策。那么，非洲方面呢？一些有识之士和政治家提出了一些独到的见解。坦桑尼亚前总统姆卡帕（Benjamin William Mkapa）在一次访谈中指出，为了保障中非合作的健康发展，非洲国家自身也要有一些改变。首先，改变西方国家灌输给非洲的冷战观念和思维，改变和减少对西方国家的"偏好"和依赖，保持自己的独立自主性，从而实现一种共赢局面。其次，改变对援助的态度，从依赖援助转向建立一种战略伙伴关系。再次，非洲国家要在本国营造一个便利、良好的投资环境，以吸引外国直接投资。复次，非洲国家必须迫使欧盟国家（即前殖民宗主国）改变"非洲是它们的独占领地"的观念和态度，迫使它们抛弃"它们仍拥有我们"、"它们对我们的自然资源拥有独占或优先的权利"，或者"让它们与中国、印度、巴西等国竞争开发非洲的资源是在剥夺它们对我们的占有权"等冷战观念和心态。最后，在与中国打交道时，要有足够的自信，而不是依附于中国。①

展望中非关系的未来，中国外交部非洲司司长、前中国驻肯尼亚大使张明在 2009 年 5 月 25 日第 46 个"非洲日"的庆祝活动上信心满怀地说："展望未来，中非关系有着广阔的前景，作为发展中国家，中国和非洲会坚定地站在一起。我们要抓住这个机会，进一步努力，辛勤的工作，把中非合作，中非关系推上一个新的台阶。"巩固中非友好，加强中非合作，是历史赋予的使命。我们深信，通过中非双方的共同努力，这一历史使命一定能够实现。

第三节　"和谐世界"理念指导下的中国外交案例二——奥巴马执政以来的中美合作关系

总体而言，奥巴马总统就职以来，在双方的共同努力下，中美合作关系呈现出良好发展态势，进入一个战略合作的新阶段。②

---

①　曾爱平：《坦桑尼亚前总统姆卡帕谈中非关系和非洲形势》，《西亚非洲》2007 年第 12 期。

②　针对 2010 年以来发生的一系列事件，如美国宣布新的对台军售、谷歌事件、奥巴马会见达赖喇嘛、中美贸易摩擦、美国炒作人民币汇率等问题，国内外许多媒体惊呼中美关系开始进入"不稳定、不正常"状态；而当美国国家经济委员会主任拉里·萨默斯（Lawrence Summers）和国家安全事务副助理托马斯·多尼隆（Thomas Donilon）于 2010 年 9 月初访华时，媒体又改口说中美关系开始"回暖"。本书作者对类似"摇摆立场"持反对意见。

一　中美合作关系的现状

（一）亮点

自奥巴马执政以来，中美合作关系的亮点很多，本书认为最值得关注的亮点有两个：一是中美两国元首的频繁会晤；二是两轮中美战略与经济对话的成功举行。

1. 中美两国元首会晤频繁

从2009年4月至2010年6月，中美首脑会晤的次数已达5次，如此高密度的元首会晤在之前是没有过的。第一次是2009年4月在伦敦的G20峰会期间；第二次是2009年9月在联合国系列峰会期间；第三次是2009年11月奥巴马访华；第四次是2010年4月在华盛顿举行的全球核安全峰会期间；第五次是2010年6月在多伦多举行的G20峰会期间。每次会晤，两国元首均就中美关系和共同关心的国际和地区问题交换意见，这无疑有助于推动两国关系向前发展。

尤其值得一提的是，奥巴马是美国历史上第一位任职当年就访问中国的总统，且其亚洲四国之行的一半时间在中国，这里的象征意义极大。就像美国犹太人大会主席杰克·罗森（Jack Rosen）所说："奥巴马的亚洲之行预计不会取得大突破，但重要的是他在总统任期内早早就出访亚洲、特别是出访中国。"① 另外，这次中美峰会还有一大变化，以前两国元首峰会仅限于讨论人权、贸易、台湾问题等少数议题，而这次峰会讨论的议题却很广泛，从双边经贸、军事问题到朝核、伊朗核问题再到应对全球金融危机、气候变化等问题无所不包，其中大多是与美国国家利益紧密相关的双边、地区和全球事务。

2. 中美战略与经济对话成功举行

在2009年4月1日举行的中美两国元首会晤时，双方一致同意共同推动建设"21世纪积极合作全面的中美关系"。为扩大共识、减少分歧、加深互信、促进合作，推动两国关系朝着积极合作全面的方向不断发展，双方一致同意建立中美战略与经济对话机制。2009年7月27—28日与2010年5月24—25日，中美首轮和第二轮战略与经济对话分别在华盛顿和北京成功举行。与此前双方举行的"战略对话"和"战略

---

① 转引自《奥巴马访华"无利不起早"凸显外交实用主义》，2009年11月12日。

经济对话"相比，"战略与经济对话"有以下几大特点：

第一，层次更高。"战略对话"与"战略经济对话"是中美两国60多个磋商机制中的两个重要机制，此前一直分别举行。"战略与经济对话"则把中美战略对话和战略经济对话纳入进同一个对话框架中进行。这不仅仅是一个简单叠加，它包括更宽泛的议题，将两国合作提高到一个新的层面。

第二，级别更高。"战略对话"机制是副部长级的高层对话，美方代表是副国务卿，中方代表是外交部副部长；"战略经济对话"机制是双方财金部门主官定期举行的高层对话，美方代表是财政部部长，中方代表是主管金融的国务院副总理。而"战略与经济对话"机制的美方代表是国务卿与财政部长，中方代表是国务院副总理与国务委员，而且还分别是总统特使和主席特使。级别之高可见一斑，这是其一。其二，"战略与经济对话"开幕式国家元首到场发言，这个级别也是以前没有的。其三，中方派出十个部长级官员，美方派出十几个内阁级官员参加"战略与经济对话"，规模和级别也是空前的。

第三，议题更广泛。"战略对话"侧重于战略与政治；"战略经济对话"侧重于战略与经济。而"战略与经济对话"则涉及面更广，战略的、政治的与经济的均包括在内，涵盖双边、地区和全球层面的议题。按照中方代表国务委员戴秉国不无幽默的话说"除了没有讨论上月球，我们谈了很多问题"，以此来形容中美双方在此次对话中涉及领域之广。

第四，气氛更和谐。由于讨论的主要议题中包括人权问题、台湾问题等一些敏感性问题，"战略对话"与"战略经济对话"经常是处于争议的氛围之中。"战略与经济对话"讨论的议题主要是中美共同关心的问题以及一些全球性热点问题，而将人权问题置于次要位置，尽管也会存在分歧，但是双方都能克制，使之保持在一种协作的框架下进行，从而使得气氛比较和谐。另外还有一点，就是中美官员在战略与经济对话中妙语连珠，经常使用一些成语、名言、谚语、流行语，更加活跃了气氛。

第五，对话更具战略性。"战略对话"与"战略经济对话"每半年举行一次，而"战略与经济对话"是一年一次，这使对话更具战略性。

（1）中美首轮战略与经济对话

在首轮中美战略与经济对话中，中美双方就事关两国关系发展的战略性、长期性、全局性问题坦诚、深入地交换了意见。在这一体现中美关系 30 年来成果的新机制中，双方对话涉及解决全球金融危机、地区安全关切、全球可持续发展、气候变化等共同挑战的许多议题。首轮中美战略与经济对话结束后，双方于 2009 年 7 月 28 日发表《首轮中美战略与经济对话联合新闻稿》和《中美战略与经济对话框架下经济对话联合成果情况说明》，并公布如下五项成果：

第一，关于中美关系。经中美双方确认，美国总统奥巴马将应中国国家主席胡锦涛邀请于 2010 年年内访问中国。中美两军将扩大各级别交往，中国中央军委副主席徐才厚将于 2010 年年内访问美国。双方争取于 2010 年年底前举行下一轮人权对话。

第二，关于中美经济、金融及相关领域的合作。中美两国将各自采取措施促进国内经济平衡和可持续的增长，以确保从国际金融危机中有力复苏。美方将采取措施增加国民储蓄率，并致力于在 2013 年前将联邦预算赤字占 GDP 的比例降至可持续水平；中方将扩大国内需求，增加消费对 GDP 增长的贡献。双方将共同努力建设强有力的金融体系，并且完善金融监管。美方将进行全面的金融监管改革，以构建一个更稳定的金融体系；中方将推动利率市场化和消费融资，加快审批 QFII 投资额度至 300 亿美元。双方致力于构建更加开放的全球贸易和投资体系，并将共同抵制贸易保护主义。双方同意在改革和加强国际金融机构方面进行合作，增加包括中国在内的新兴市场和发展中经济体的发言权和代表性。

第三，关于中美在全球问题上的合作。双方谈判拟就了一份关于加强气候变化、能源和环境合作的谅解备忘录，双方将建立气候变化政策对话与合作机制。双方将共同致力于进一步加强《联合国气候变化框架公约》的全面、有效和持续实施，致力于今年底哥本哈根会议取得成功。双方决定通过油气论坛、能源政策对话和新建立的中美清洁能源研究中心继续开展务实合作。

第四，关于中美在国际地区问题上的合作。双方表示将共同努力，以便早日实现朝鲜半岛无核化，共同推动阿富汗和巴基斯坦的稳定和发展，在伊朗和中东事务等方面加强磋商，共同推动达尔富尔问题早日得到持久政治解决。双方都反对恐怖主义，承诺共同努力加强全球防扩散和军控机制；双方同意加强合作，打击跨国犯罪、恐怖主义、非法毒品贸易、海盗等跨国挑战。

第五，关于中美战略与经济对话机制。双方都认为，中美战略与经济对话机制是新时期两国加深了解、增进互信、促进合作的重要平台。第二轮中美战略与经济对话将于 2010 年在北京举行。

（2）中美第二轮战略与经济对话

中美第二轮战略与经济对话是在国际政治经济形势出现新变化、中美关系发展面临新机遇的重要时刻举行的。

第二轮中美战略与经济对话框架下的战略对话。双方就中美关系、国际地区及全球问题进行了深入探讨。在此框架下，两国有关部门还就能源安全、气候变化、联合国维和、反恐等问题进行对口磋商和双边会见。通过此次战略对话，中美双方加深了相互了解，增进了战略互信，加强了双方在双边、地区和全球层面的协调与合作。

第二轮中美战略与经济对话框架下的经济对话。经济对话的主题为"确保持续发展、互利共赢的中美经济合作伙伴关系"。围绕这一主题，双方讨论了以下议题：一是促进强劲的经济复苏和更加持续、平衡的经济增长。主要包括评估世界经济形势的最新发展，特别是欧洲主权债务危机及其对世界经济的影响，推动采取可持续的财政政策，管理好通胀预期，促进结构调整等议题。二是促进互利共赢的贸易和投资。主要探讨构建开放的投资环境、促进开放的贸易、反对贸易保护主义。三是金融市场稳定和改革。主要就金融监管改革的进展、金融部门的发展，加强双边和多边协调以及金融部门在促进经济平衡发展方面的作用交换意见。四是国际金融体系改革。双方将评估匹兹堡峰会以来的进展，探讨进一步深化两国在国际金融机构改革方面的合作，包括推动国际货币基金组织如期完成匹兹堡峰会确定的份额目标。

"战略与经济对话"虽然只有两天时间，但是成果丰富，取得包括26 项战略对话成果、五方面经济对话重要内容在内的丰硕成果。

（二）中美合作关系取得进展的原因

1. 中美两国高度重视中美关系

中国高度重视发展对美关系，认为发展长期健康稳定的中美关系，符合两国人民共同意愿、顺应时代发展潮流，也有利于亚太地区乃至世界和平、稳定、繁荣。中方愿同美方一道，抓住机遇，深化合作，推动两国关系健康稳定向前发展。

奥巴马表示，美中关系具有全球意义。美中发展积极合作全面的关系对两国十分重要，对世界也十分重要。发展健康稳定的美中关系符合两国长期和战略利益。在促进世界经济复苏、应对气候变化、维护亚太地区和世界安全与稳定等重大问题上，美中合作至关重要。双方要摒弃互不信任和误解，加强对话与合作，推动美中关系不断向前迈进。

2. 中美关系发展目标和政策框架的确立

在2009年4月1日举行的中美两国元首会晤时，双方一致同意共同努力建设"21世纪积极合作全面的中美关系"，这是新时期中美关系发展的目标。2009年11月，奥巴马总统成功访华，双方发表《中美联合声明》，为中美关系发展提供了政策框架。中美关系发展目标和政策框架的确立，这就使得双方能够从战略高度、以全局眼光看待和处理彼此关系，都能把着力点放在加强对话、扩大合作上，都本着相互尊重、求同存异的精神处理好各种敏感问题和彼此关切。

3. 中美双方在很多问题上拥有共同利益

当今世界正处在大发展大变革大调整时期。世界多极化和经济全球化深入发展，国际金融危机继续蔓延和深化，各种全球性挑战明显增多，国际和地区热点问题此起彼伏。中美作为联合国安理会常任理事国，分别作为世界上最大的发展中国家和最大的发达国家，无论是在应对国际金融危机冲击、推动世界经济全面复苏和可持续增长方面，还是在处理国际和地区热点问题、应对全球性挑战、维护世界和平与安全方面，都拥有更加广泛的共同利益，面临着共同课题、肩负着重要责任。

（三）存在的问题

尽管奥巴马在亚洲之行中多次提到中美关系，且给予中国极高的评价，① 但是这并不意味着中美合作的前程将是一条坦途。事实上，由于社会制度和历史不同，一些老问题仍然顽固地存在于中美关系中，影响着中美关系的发展。

① 2009年11月14日，奥巴马在日本东京发表亚洲政策演讲时称"一个强大而繁荣的中国的崛起，将成为国际社会的力量源泉"；16日在上海与中国学生交流时说"美国欢迎中国成为国际社会强大、繁荣和成功的一员"；17日在北京与胡锦涛会晤后的新闻发布会上重申"美国欢迎一个强大、繁荣、成功、在国际事务中发挥更大作用的中国"；19日在韩国乌山回顾亚洲之行时再次指出"美中两国的合作对于我们来说意味着世界更加安全和繁荣"。

1. 台湾问题

台湾问题一直中美之间挥之不去的阴影，犹如一颗定时炸弹，随时可能影响中美关系发展的走势。自中美建交以来的美国历代政府如此，奥巴马政府也不例外。奥巴马执政初期，由于在台湾问题上保持比较低调，中美关系保持稳定发展态势。但是台湾问题，特别是对台军售问题并没有解决。奥巴马访华期间，虽然强调要坚持中美三个联合公报，但是在对台军售问题上并没有做出任何明确的表述。访华结束后不久，2010 年 1 月末，美国便宜布新的对台军售，包括 60 架黑鹰直升机、爱国者三型导弹系统、2 艘鹗级猎雷舰、鱼叉反舰导弹及博胜指管系统等，总价值达 63.92 亿美元。

2. 经贸摩擦问题

根据美国向 WTO 提交的通报，2009 年下半年美国发起的反倾销调查数量达到 13 起，其中中国成为首要目标，13 项调查中 9 项针对中国产品。① 2009 年 12 月 30 日，美国国际贸易委员会最终批准对价值约 27.4 亿美元的中国产油井管征收 10.3%—15.78% 的关税，这是近年来美国对华最大的反倾销反补贴案。刚进入 2010 年，1 月 5 日，美国钢铁工人联合会和四家美国公司提出反倾销反补贴调查申请，要求对中国产钻杆征收 109%—274% 的关税。1 月 6 日，美国商务部宣布对从中国进口的价值超过 3 亿美元的钢丝层板初步征收 43% 至 289% 的反倾销关税。针对美国的上述行为，中国也采取了相应的针对美国的反倾销措施。由此，无论是官方还是学者，都对 2010 年的中美经贸关系持谨慎态度。美国国家公共电台 2010 年 1 月 2 日报道称，在贸易、投资和汇率等事宜上，可以预见的前景"是更多的冲突，而非更多的合作"。接受《瞭望》新闻周刊采访的专家认为，中美贸易摩擦已有愈演愈烈之势，给中国的贸易环境和经济发展带来更大挑战，也会为中美关系带来严峻考验。②

3. 西藏问题

2010 年 2 月 11 日，美白宫发言人答记者问时表示，奥巴马总统拟

---

① 参见中华人民共和国常驻世界贸易组织代表团网站，http://wto.mofcom.gov.cn/aarticle/slfw/201003/20100306835600.html。

② 皇甫平丽：《冷观中美贸易摩擦：中美关系不会轻易倒退》，《瞭望》新闻周刊2010 年 1 月 18 日。

于2月18日会见达赖喇嘛。对此,外交部发言人马朝旭说:中方已就美方上述决定向美方提出严正交涉。我们坚决反对达赖窜访美国,反对美国领导人与达赖进行接触,这一立场是一贯的、明确的。中方敦促美方充分认清涉藏问题的高度敏感性,恪守承认西藏是中国一部分、反对"西藏独立"的承诺,不为达赖从事反华分裂活动提供任何场所和便利,以免给中美关系造成进一步损害。但是,美国总统奥巴马不顾中国方面的强烈反对,于2010年2月18日在华盛顿会见了达赖。外交部发言人马朝旭就此发表谈话指出,美方的行为严重违背国际关系基本准则,违反中美三个联合公报和《中美联合声明》确定的原则,违背美国政府多次重申的承认西藏是中国一部分、不支持"西藏独立"的承诺。中方对此表示强烈不满和坚决反对。中方要求美方认真对待中方立场,立即采取有效措施消除恶劣影响,停止纵容和支持"藏独"反华分裂势力,停止干涉中国内政,以实际行动维护中美关系健康稳定发展。

那么该如何正确看待中美关系中存在的问题呢?首先,要保持一颗平常心。由于国家利益不可能完全一致,两国在各领域交往中产生矛盾和摩擦再正常不过,因此,对于产生的矛盾和摩擦不必大惊小怪。其次,要高度重视,合理应对。对产生的问题要采取及时、恰当的办法应对,或严正交涉,或采取针锋相对的举措,不能听之任之。时至今日,中美关系并没有如有些人2010年年初预测的那样出现"倒退"或"滑坡"。美国暂缓对台军售,贸易摩擦或纠纷也没有酿成贸易大战。

二 对中美合作关系的认识

(一) 中美关系的复杂性与两面性

当奥巴马上任即访华,一改美国前几任总统惯用的"先抑后扬、先磨后合"的对华政策时,有人开始期盼中美合作关系的大好前景;当奥巴马访华刚一结束,中美双方在气候、贸易和台湾等问题上的摩擦立即凸显时,有人又开始预言中美关系2010年将步入低谷。值得庆幸的是,对中美关系持有此种观点的人越来越少。期盼中美两国关系直线上升或直线下降都是不现实的,欠妥当的。换句话说,中美关系必定是曲折发展的,中美关系需要双方共同努力,主动经营。

中美关系之所以时好时坏,是由两国关系的复杂性与两面性决定的。两个再亲密的人如果长时间相处，出现一点矛盾和摩擦是十分正常的，何况两个国家，更何况中国和美国是两个非同寻常的国家：一个最大的发达国家与一个最大的且发展速度很快的发展中国家。两个大国每天每时每刻的政治、经济、文化等各领域的交往不计其数，其中个别领域个别时间有相互需求进而产生合作关系再正常不过了，与此同时，个别领域个别时间因利益冲突发生矛盾与摩擦也在所难免。这便是两国关系的复杂性与两面性。而这又是由两国各自的国家利益所决定的，尤其是受到美国国家利益的影响。①

先说复杂性。如前所述，自奥巴马执政以来，中美两国合作关系的亮点很多，其中"中美两国元首会晤频繁"与"战略与经济对话"尤为突出。这对于中美两国来说当然是好事情，对此不容置疑，但是另一方面也意味着中美关系的复杂性。比如说美国和英国之间，也许不需要这么高规格和一年几十次的这样一个双边对谈，因为他们可能已经相对来说很容易解决很多的问题。中美两国一个是作为发展中最大的国家，一个是作为最大的发达国家，在拥有很多共识和相互需求的同时，分歧、不同、摩擦的东西还有很多很多（中央电视台著名主持人白岩松语）。②

再说两面性。两面性表现在两个方面：一是表现在不同的领域。一方面美国在一些领域积极寻求同中国的合作，因为"没有中国支持和协助，奥巴马政府稳定美国经济、解决朝核问题、伊朗核问题的目标无从谈起，在这些急需解决的问题上，美国都要倚赖中国"③。另一方面，美国在人权、台湾问题、军售、贸易等领域出于自身利益考虑，对中国采取遏制策略。这是从总体而言，另外，具体来说，即使在同一领域中美关系也表现出两面性。以军事领域为例，中美军事关系 2009 年出现了回暖的迹象。中国军委副主席徐才厚访美，建立一种互信的机制，包括建立信息告诉机制、预防机制以及军事热线，目的是为了交换信息，防止像过去在南海上空发生的那些事情。但是到了 2010 年，

---

① 中美关系发展的主动权，在很大程度上，掌握在美国手中。从几十年中美关系的发展历程来看，基本上呈现出这种特点。

② 参见《中美对话的虚与实：大卫与兵马俑不再掰手腕》，来源：中央电视台《新闻1＋1》2009 年 7 月 30 日。

③ 转引自《奥巴马访华"无利不起早"凸显外交实用主义》，2009 年 11 月 12 日。

美国插手南海问题、韩美举行联合军事演习，中美军事关系再次面临严峻考验。

（二）中美关系日趋平稳①

自建立外交关系以来，中美合作关系时起时伏，但总体而言，中美关系日趋平稳。主要表现在：第一，高级别的对话增多了。不仅有部长级的对话，还有元首级的对话，而且次数明显增多；第二，对话机制增多且日益完善。以前，中美之间虽然也有对话，次数少不说，而且没有形成机制。现在不仅对话的次数增多，而且形成日益完善的对话机制。这是中美关系日趋平稳的标志之一。由于高级别的对话增多以及对话机制的日益完善，使得中美交往过程中出现的许许多多的问题能够得到及时地处理，或化解或将危害性降低到最小，从而保障中美合作关系能够顺利发展下去。

（三）关于G2

自2008年国际金融危机以来，中国瞬间被从后台"抬"到了前台。于是有人惊呼，"欧洲已经从副驾驶座位退到了后排座位上"②，甚至有人建议，应该用G2取代G8和G20。对此，我们应该保持清醒的头脑。

首先，我们必须承认，中国国际地位提升了，关于这一点没有必要自我贬损。在当今世界处于大发展大变革大调整的背景下，中美合作关系的意义和影响已远远超出双边范畴。中美合作可以发挥独特作用，促进世界和平、稳定和繁荣。

其次，我们不能忘乎所以，太过自负，不能赞成G2的提法。第一，中国是一个人口众多的发展中国家。其一，即使中国超越日本成为世界第二大经济体，但GDP仍然无法与美国相比，从人均角度来说，中国更是望尘莫及，比许多发展中国家还低。其二，中国自身仍面临许多艰巨的国内任务，例如经济结构的战略转型、社会保障的普及和完善、政治体制改革的深化以及城乡差距鸿沟的消减等，哪一项任务处理不好都

---

① 关于对当今中美关系的定性，大陆许多学者使用了"成熟"一词，但亦有学者认为使用"成熟"一词欠妥。参见阎学通《中美关系切勿太"成熟"》，《环球时报》2010年7月20日。本书作者认为，无论是赞成使用"成熟"还是否定使用"成熟"的学者，其论述的具体内容大都是正确的，只是对"成熟"一词的具体内涵有着不同的理解罢了。综合考虑，本书使用"平稳"一词，指中美关系处于一种无大起大落的状态。

② ［德］加博尔·施泰因加特、威兰·瓦格纳：《不情愿的伙伴》，德国《明镜》周刊2009年11月9日。转引自http：//news. xinmin. cn/rollnews/2009/11/13/2911043. html.

有可能危及到中国的现代化进程。第二，中国奉行独立自主的和平外交政策，不与任何国家或国家集团结盟；第三，中国主张世界上的事情应该由各国共同决定，不能由一两个国家说了算。第四，中美合作也不可能解决全球问题，必须要有其他国家的参与。第五，G2 提法肯定会给发展中国家带来不必要的误解，既不利于推动重大国际问题和热点问题的解决，也不利于维护中国的战略利益。[①] 第六，中国历来倡导世界多极化，如果默许 G2 的提法，无疑是有悖于中国的一贯主张，今后将无法取信于世人。

总而言之，我们要理性地看待中美关系，不因具体的事件而影响对中美关系的整体判断。既不能因发展势头度良好表现地过于乐观，也不能因稍有波折而表现地过于悲观。随着中美双方共同利益的增多（包括双边、地区和全球）以及经过 30 多年中美双方已经成功探索出的一些比较成熟的合作机制，我们有充分的理由相信，中美利益交织将越来越紧，对话与合作仍将是今后中美关系的主流。

三　中国政府关于进一步加强中美合作关系的建议

古往今来，顺历史潮流者昌，逆历史潮流者亡。发展中美合作关系是中美两国人民的共同愿望和利益所在。中美两国要顺应这一大势和民心，将中美关系推进到新的更高水平。

（一）保持高层和各级别交往

我们要保持两国高层及各级别密切往来。充分沟通是促进合作的重要基础。再先进的通信技术也取代不了面对面交流。我们也应该加强战略性对话和磋商，围绕共同关心的全局性、战略性、长期性问题坦诚交流、深入沟通，以加深了解、扩大共识、促进合作。当前，要高度重视中美战略与经济对话机制，使其成为加强两国交流合作的重要平台。尤为重要的是，对于中美战略与经济对话达成的协议和成果，要积极地落实，以免流于形式。

---

① 我们一定要清醒地认识到，如果说中国的国际地位提高了，除了中国综合国力增强之外，最重要的原因是中国始终站在第三世界一边，得到了广大发展中国家的理解与支持。邓小平同志曾反复强调，中国永远属于第三世界。"中国和所有第三世界国家的命运是共同的。中国永远不会称霸，永远不会欺负别人，永远站在第三世界一边。"参见《邓小平文选》第三卷，人民出版社 1993 年版，第 56 页。

（二）彼此尊重

中美国情不同，双方难免存在一些矛盾和分歧，但是只要双方彼此尊重，再多再大的矛盾与分歧也可以化解。首先要尊重各国自主选择发展道路的权利。应该承认各国文化传统、社会制度、价值观念、发展理念等方面的差异，努力推动不同文明和发展模式取长补短、相互促进、共同发展，不应该以一种模式来衡量丰富多彩的世界。其次要尊重彼此核心利益和重大关切。主权独立和领土完整是国际关系基本准则赋予一国的最基本权利。台湾、涉藏问题事关中国主权和领土完整，涉及中方核心利益。妥善处理这些问题对确保中美关系健康稳定发展至关重要。

（三）深化各领域交流合作

双方应在已有合作领域和成果的基础上，继续推进两国全方位交流合作。中美应该加强经贸、能源、环境、反恐、防扩散、执法、科技、教育、农业、卫生、质检等方面交流合作，积极拓展民用航空、高速铁路、基础设施建设、空间探索等新的合作领域，不断为中美关系发展注入新动力。

（四）加强地区热点和全球问题上的协调

中美应该通过双边渠道和各种多边机制加强在地区热点问题上的沟通和协调。努力推动朝核、伊朗核、南亚等地区热点问题的妥善解决；推进在气候变化、核安全、能源安全、粮食安全、减灾防灾、打击跨国犯罪、防治重大传染病等全球问题上的磋商与合作。中美应该同国际社会一道，推动国际体系朝着更加公正合理的方向发展，共同维护和促进世界和平、稳定、繁荣。

（五）深化两国人民相互了解和友谊

人民的相互了解和友谊是国与国关系发展的永恒动力和广泛基础。中美两国应该充分发挥已经建立起来的人文交流机制在促进两国文化、科技、教育等领域交流合作的积极作用。双方应该支持两国青年交往，为中美关系发展培养后备力量。双方应该加强两国工商、学术、媒体等各界以及地方交流合作，在两国人民之间架起宽广的友谊桥梁。同时，中美双方应继续本着平等、相互尊重、互不干涉内政的精神就人权和宗教等问题开展对话交流，以增进了解、减少分歧、扩大共识。

结语：构建和谐世界任重而道远

通过上述几章的论证，我们知道，"和谐世界"不是对现实情况的一种描述，而是对未来景象的一种期盼，是一个目标和理想。但是，我们确信构建"和谐世界"不是乌托邦，经过世界各国的共同努力是可以实现的。尽管如此，我们也要清楚，"和谐世界"的构建将是一个渐进、漫长而曲折、艰难的进程，期间充满着多种阻力和障碍，构建和谐世界任重而道远。[①]

一　如何控制多样性产生的消极影响

前面多次讲到"多样性"，即使不具有"褒义"，至少没有"贬义"，因此，要尊重"多样性"，"多样性"可以产生积极的作用。但是，不要忘记，"多样性"同时意味着差异和矛盾。这就是说，"多样性"产生积极影响是有前提条件的，即"多样性"所天然具有的差异和矛盾必须合理地共存于一个矛盾统一体中，否则，差异和矛盾就有可能激化，导致对抗和冲突。问题难就难在合理地处理差异和矛盾，日常生活中要想将差异和矛盾合理地共存于一个矛盾统一体中都有一定的难度，何况在形势更复杂的国际社会中，因此，"文明冲突论"和"民主和平论"比较盛行，前者承认多样性文明的存在，但认为多样性的文化将导致冲突；后者也承认多样文明的存在，由于多样文明导致冲突，为了世界和平，只好有比较"文明"的"民主"统一其他相对不"文明"的民主。如何控制多样性产生的消极影响，将是构建"和谐世界"过程中必须处理好的一大难题。

二　如何解决地区或全球性的冲突、危机和战乱

在某种程度上，我们可以说，正是因为当今世界还存在着很多冲突、危机、战乱，所以才有提出建设"和谐世界"的必要。问题的关键是，如果这些地区或全球性的冲突、危机、战乱总也得不到很快的解

---

① 张蕴岭：《关于构建和谐世界的思考》，《当代亚太》2008年第2期。

决,怎么去建设"和谐世界"。曾几何时,在某些大国的努力下,巴以冲突出现了和解的曙光,甚至相关人员还获得了诺贝尔和平奖,但是,接下来的不是和平,而是更强烈、破坏性更大的冲突;印巴冲突、朝核危机、伊朗核危机、阿富汗战乱、达尔富尔战乱……人们不禁要问:这些冲突、危机、战乱能够解决吗?什么时候才能解决?为什么进行的各种努力最终仍是付之东流?是冲突、危机、战乱太严重以至于根本无法解决,还是人类智慧尚有待开发?如何解决地区或全球性的冲突、危机、战乱,恐怕将贯穿于构建"和谐世界"的全过程。

三 如何处理不同社会制度国家间的关系

自十月革命胜利以来,如何处理社会主义国家与资本主义国家之间的关系,便成为摆在社会主义国家面前的首要任务。冷战的结束,并没有出现西方某些人士所提出的"历史的终结",它仅仅表明苏联和东欧一些社会主义国家的消亡,而不代表整个社会主义国家的消亡,因为以中国为首的社会主义国家仍然屹立于世界,而且发展态势良好。因此,在当今及其以后很长一段时期内,"如何处理不同社会制度国家间的关系"仍将是一个严峻的现实问题。我们现在的既定方针依然是列宁时代就提出的"共处论"与"交往论",主要内容有:不同社会制度国家间应和平共处、和平解决国际争端、学习和利用资本主义国家的文明成果、积极发展同西方资本主义国家的经济贸易关系。①

上述看法既是本书的看法,也是我国学术界的普遍看法。事实上,"如何处理不同社会制度国家间的关系"绝不仅仅是社会主义国家思考的问题,它也是资本主义国家思考的问题,而且是相当重要的问题。直到现在,在资本主义国家眼中,"社会主义国家"就是"专制国家"、"独裁国家"、"无赖国家"的代名词,它们对社会主义国家"恨之入骨",存有"必欲除之而后快"的心理,从三次围剿苏维埃国家失败后的失望,到封锁中华人民共和国未遂后的无奈,再到冷战终结后的狂喜,我们都能看到这种心理。

社会主义国家与资本主义国家能够真正做到"和平相处"吗?我们

---

① 参见陈海燕《论列宁处理"两制关系"的辩证思想》,《当代世界与社会主义》2009年第4期。

从一些学者的观点中可以看出一些端倪，有学者指出，集中精力发展综合国力是实现社会主义与资本主义"和平共处"的现实基础，也就是说，当前社会主义国家相较于资本主义国家，处于弱势地位，而处于弱势地位的社会主义国家只有增强综合国力，才能从根本上维护"和平共处"的局面。[①] 言外之意（事实上可能也是如此），如果不同社会制度国家间的实力相差悬殊，"和平共处"局面可能不会存在。

如何处理不同社会制度国家间的关系，是构建"和谐世界"进程中不容也无法回避的一个重大问题。

四 如何处理美国的全球战略与"和谐世界"理念的关系

"和谐世界"理念比较集中地表明了中国对国际局势和全球治理的原则性立场，体现了中国在 21 世纪初的全球战略。[②] 如果说中国的这一全球战略能够得到世界上大多数国家的支持与认同而无异议的话，那么，美国是否支持与认同则要打上一个大大的问号"？"。

第一，"和谐世界"理念强调多边主义，而美国却总是力图实施单边主义，"迫不得已"时才采取多边主义。

第二，"和谐世界"理念强调尊重文化多样性，而美国却总是强调西方文化的优越性，在全世界传播其文化价值观，有时不惜动用强力。

第三，"和谐世界"理念强调政治上相互尊重，而美国却总是自以为是，以世界警察自居，动辄对他国实施霸权主义和强权政治。

第四，"和谐世界"理念强调经济上互利共赢，而美国却总是以自我利益为中心，强行实施对他国有可能造成损害的经济措施。

第五，"和谐世界"理念强调安全上相互信任，而美国却总是疑神疑鬼，担心某个地区出现挑战其霸权地位的国家。

从上面五点可以看出，美国的外交理念与"和谐世界"理念很不一致。作为当今世界上实力最强大的国家，美国如果不认同或支持"和谐世界"理念，构建"和谐世界"还有没有可能？或者换个角度，美国有没有可能改变其外交理念使其与"和谐世界"理念相符？也许有这

① 参见陈海燕《论列宁处理"两制关系"的辩证思想》，《当代世界与社会主义》2009年第 4 期。

② 俞可平：《和谐世界理念下的中国外交》，《瞭望》2007 年第 17 期。

种可能，尤其是当美国外交到处碰壁的时候，它可能会想到"和谐世界"理念。

五 如何防止南北差距进一步扩大

因为"和谐世界"强调共同繁荣，所以，两极分化严重不可能是"和谐世界"。然而，当今的现实是世界经济严重失衡，南北差距继续扩大。为了构建"和谐世界"，需要解决世界经济严重失衡现状，但是解决的难度很大。众所周知，在存在中央政府的一国内部解决两极分化都不是轻而易举的事情，在缺少中央权威的国际社会上解决两极分化的难度可想而知。第一，任何国家都希望自己繁荣发展，但是否愿意共同繁荣则不一定。这不是空话，有理论与现实依据，在现实主义理论看来，国家更看重相对收益（即不仅考虑自己所得，更关心别人所得），而不是绝对收益（只关心自己所得，而不关心别人所得）。现实生活中，美国曾有学者对美国民众做过这样一个调查：你是希望美国经济增长7%，而日本经济增长5%，还是希望美国经济增长10%，而日本经济增长20%。大多数美国民众选择第一种情况。这说明美国民众希望即使自身经济增长慢但却高于竞争对手，而不是自身经济增长快但却低于竞争对手。这一调查即使不具有普遍性，但至少也反映了某些国家的心态。第二，即使所有国家都反对两极分化，赞成共同繁荣，但是在如何才能消除两极分化、达到共同繁荣上意见不一。发达国家要求任何国家都应该自力更生，[①] 而欠发达国家则要求发达国家拿出国民生产总值的百分之几帮助其发展。

如何防止南北差距进一步扩大，将是构建"和谐世界"进程中必须着力解决的一个重要问题。

上述任何一种困难都不是轻而易举能够解决的，事实上，一旦处理不好，带来的将不是"和谐世界"，而是"悲惨世界"。由此可见，"和谐世界"的构建绝非易事。

总而言之，构建"和谐世界"是必要的，也是可能的，但是过程将是艰难的。我们既不能因其可能而盲目乐观，忽视前进道路上的困难；也不能因其困难艰巨而过于悲观，看不到光明的前景。一句话，构建

---

① 想想殖民地解放运动以前的历史，发达国家能够做到这一点已经很不错了。

"和谐世界"的过程是"路漫漫其修远"，但是只要具有"吾将上下而求索"的精神，我们坚信，拥有无比智慧大脑的人类是能够克服上述困难的，进而到达"和谐世界"的理想境地。

参考文献

一 中文著作

《马克思恩格斯全集》第一卷，人民出版社 1956 年版。

《马克思恩格斯全集》第二十二卷，人民出版社 1965 年版。

《马克思恩格斯全集》第二十三卷，人民出版社 1972 年版。

《毛泽东选集》第四卷，人民出版社 1991 年版。

《邓小平文选》第三卷，人民出版社 1993 年版。

《江泽民文选》第三卷，人民出版社 2006 年版。

［美］乔治·洛奇：《全球化的管理——相互依存时代的全球化趋势》，胡延泓译，上海译文出版社 1998 年版。

［美］约瑟夫·奈、约翰·唐纳胡主编：《全球化世界的治理》，王勇译，世界知识出版社 2003 年版。

［美］亚历山大·温特：《国际政治的社会理论》，秦亚青译，上海人民出版社 2000 年版。

［美］约瑟夫·奈：《硬权力与软权力》，门洪华译，北京大学出版社 2005 年版。

［美］曼瑟尔·奥尔森：《集体行动的逻辑》，陈郁等译，上海三联书店、上海人民出版社 1995 年版。

［美］埃莉诺·奥斯特罗姆：《公共事物的治理之道——集体行动制度的演进》，余逊达、陈旭东译，上海三联书店 2000 年版。

［美］法里德·扎卡利亚：《后美国世界——大国崛起的经济新秩序时代》，赵广成、林民旺译，中信出版社 2009 年版。

［美］罗伯特·基欧汉：《霸权之后——世界政治经济中的合作与纷争》，苏长和等译，上海人民出版社 2001 年版。

　　［美］詹姆斯·多尔蒂、小罗伯特·普法尔茨格拉夫：《争论中的国际关系理论》，阎学通等译，世界知识出版社 2003 年版。

　　［美］安东尼奥·奈格里、［意］麦克尔·哈特：《帝国——全球化的政治秩序》，杨建国、范一亭译，江苏人民出版社 2005 年版。

　　［美］杜威：《新旧个人主义——杜威文选》，孙有中等译，上海社会科学院出版社 1997 年版。

　　［美］约瑟夫·奈：《硬权力与软权力》，门洪华译，北京大学出版社 2005 年版。

　　［美］康威·汉德森：《国际关系：世纪之交的冲突与合作》，金帆译，海南出版社 2004 年版。

　　［美］肯尼思·华尔兹：《人、国家与战争——一种理论分析》，倪世雄等译，上海译文出版社 1991 年版。

　　［美］肯尼思·华尔兹：《国际政治理论》，信强译，上海人民出版社 2003 年版。

　　［英］戴维·赫尔德：《全球大变革：全球化时代的政治、经济与文化》，杨雪冬等译，社会科学文献出版社 2001 年版。

　　［英］戴维·赫尔德等：《驯服全球化》，童新耕译，上海世纪出版集团 2005 年版。

　　［英］齐格蒙特·鲍曼：《全球化：人类的后果》，郭国良、徐建华译，商务印书馆 2001 年版。

　　［英］马丁·怀特：《权力政治》，宋爱群译，世界知识出版社 2004 年版。

　　［英］爱德华·卡尔：《20 年危机（1919—1939）：国际关系研究导论》，秦亚青译，世界知识出版社 2005 年版。

　　［德］乌尔利希·贝克等：《全球政治与全球治理——政治领域的全球化》，张世鹏等编译，中国国际广播出版社 2004 年版。

　　［德］赫尔弗里德·明克勒：《帝国统治世界的逻辑——从古罗马到美国》，阎振江、孟翰译，中央编译出版社 2008 年版。

　　［德］奥特弗利德·赫费：《全球化时代的民主》，庞学铨等译，上海世纪出版集团 2007 年版。

　　［苏］弗罗洛夫：《人的前景》，王思斌、潘信之译，中国社会科学出版社 1989 年版。

〔苏〕尼涅莉·斯特列利佐娃：《关于未来的思考——在二十一世纪前夕的对话》，何毓德、丁士超译，内蒙古大学出版社1988年版。

〔俄〕阿·恩·丘马科夫：《全球性问题哲学》，姚洪芳等译，中国人民大学出版社1996年版。

〔意〕但丁：《论世界帝国》，朱虹译，商务印书馆2009年版。

〔日〕星野昭吉：《全球社会和平学》，梁云祥等译，北京师范大学出版社2007年版。

〔法〕孟德斯鸠：《论法的精神》，张雁深译，商务印书馆1961年版。

〔印〕卡瓦基特·辛格：《不纯洁的全球化》，吴敏、刘寅龙译，中央编译出版社2005年版。

〔阿尔及利亚〕穆罕默德·贝贾维：《争取建立国际经济新秩序》，欣华、任达译，中国对外翻译出版公司1982年版。

蔡拓：《全球问题与当代国际关系》，天津人民出版社2002年版，第439—440页。

陈彪如等：《国际经济学》，华东师范大学出版社1993年版。

方连庆、刘金质、王炳元主编：《战后国际关系史（1945—1995）》，北京大学出版社1999年版。

和平等：《全球化与国际政治》，中央编译出版社2008年版。

李学保：《当代国际安全合作的探索与争鸣》，世界知识出版社2006年版。

刘金质：《冷战史》，世界知识出版社2003年版。

刘曙光：《全球化与反全球化》，湖南人民出版社2003年版。

苏长和：《全球公共问题与国际合作：一种制度的分析》，上海人民出版社2000年版。

孙宽平、滕世华：《全球化与全球治理》，湖南人民出版社2003年版。

王绳祖主编：《国际关系史（十七世纪中叶———一九四五年）》，法律出版社2001年版。

王世浚主编：《国际经济合作概论》，中国对外经济贸易出版社1991年版。

王兴成、秦麟征编：《全球学研究与展望》，社会科学文献出版社

1988 年版。

王丽娟等：《全球化与国际政治》，中国社会科学出版社 2008 年版。

夏建平：《认同与国际合作》，世界知识出版社 2006 年版。

俞可平：《全球化与政治发展》，社会科学文献出版社 2003 年版。

俞可平等编：《全球化与国家主权》，社会科学文献出版社 2004 年版。

俞可平主编：《全球化论丛》，中央编译出版社 1998 年版。

俞可平、黄卫平主编：《全球化的悖论》，中央编译出版社 1998 年版。

俞正梁：《当代国际关系学导论》，复旦大学出版社 1996 年版。

袁明主编：《国际关系史》，北京大学出版社 1994 年版。

张立文：《和合学概论——21 世纪文化战略的构想》，首都师范大学出版社 1996 年版。

张季良主编：《国际关系学概论》，世界知识出版社 1989 年版第 111 页。

张世鹏、殷叙彝编译：《全球化时代的资本主义》，中央编译出版社 1998 年版。

赵长峰：《国际金融合作：一种权力与利益的分析》，世界知识出版社 2006 年版。

中国孔子基金会：《儒学与廿一世纪》，华夏出版社 1996 年版。

朱孟楠：《金融监管的国际协调与合作》，中国金融出版社 2003 年版。

二　外文参考文献

Charles Lipson, International Cooperation in Economic and Security Affairs, *World Politics*, Vol. 37, No. 1（October 1984）, pp. 1—23.

David L. Rousseau, Motivations for Choice：The Salience of Relative Gains in International Politics, *The Journal of Conflict Resolution*, Vol. 46, No. 3（June 2002）, pp. 394—426.

Duncan Snidal, Relative gains and the pattern of international cooperation, *American Political Science Review*, Vol. 85, No. 3（September 1991）, pp. 701—726.

Feldstein Martin, Distinguished Lecture on Economics in Government: Thinking about International Economic Coordination, *Journal of Economic Perspectives* 2, Spring, 1988.

Garrett Hardin, The tragedy of the commons, *Science*, *New Series*, Vol. 162, No. 3859 (Dec. 13, 1968), pp. 1243—1248.

Jack Donnelly, *Realism and International Relations*, Cambridge University Press, 2000.

James S. Mosher, Relative Gains Concerns When the Number of States in the International System Increases, *The Journal of Conflict Resolution*, Vol. 47, No. 5 (October 2003), pp. 642—668.

Joseph Grieco, Anarchy and the Limits of Cooperation: A Realist Critique of Newest Liberal Institutionalism, *International Organization*, Vol. 42, No. 3 (August 1988): pp. 485—507.

kenneth Oye, *Cooperation Under Anarchy*, Princeton: Princeton University Press, 1986.

Matthew J. Costello, Impure Public Goods, Relative Gains, and International Cooperation, *Policy Studies Journal*, Vol. 24, No. 4, 1996, pp. 578—594.

Niall Ferguson. Colossus: *The Rise and Fall of the American Empire*. London, Allen Lane/Penguin Press, 2004.

Robert Axelrod, *The Evolution of Cooperation*, New York: Basic Books, 1984.

Robert Axelrod, On Six Advances in Cooperation Theory, Prepared for a Special Issue of *Analyse & Kritik on The Evolution of Cooperation*, January 2000.

Robert Axelrod and Robert Keohane, Achieving Cooperation under Anarchy: Strategies and Institutions, *World Politics*, Vol. 38, No. 1 (October 1985), pp. 226—254.

Robert Gilpin, The Richness of Tradition of Political Realism, in Robert Keohane, ed., *Neorealism and Its Critics*, New York: Columbia University Press, 1986.

Robert Jervis, Cooperation under the Security Dilemma, *World Politics*,

Vol. 30, No. 2 (January 1978), pp. 167—214.

Robert Jevis, Realism, Neoliberalism, and Cooperation: Understanding the Debate, *International Security*, Vol. 24, No. 1 (Summer 1999), pp. 42—63.

Robert Powell, Absolute and Relative Gains in International Relations Theory, *American Political Science Review*, Vol. 85, No. 4 (December 1991), pp. 1303—1320.

Rusett, Bruce and John Oneal, *Triangulating Peace: Democracy, Interdependence, and International Organizations*. New York: W. W. Norton and Company, 2001.

Suzanne Werner, In Search of Security: Relative Gains and Losses in Dyadic Relations, *Journal of Peace Research*, Vol. 34, No. 3 (August 1997), pp. 289—302.

后　记

　　《现实与理想：全球化背景下的国际合作与和谐世界》是笔者主持的教育部人文社科立项课题（2007 年）的最终成果。

　　国内学界有股"从风"的"习俗"，党和政府一旦提出某一政策主张，紧接着便是学界一窝蜂的求证，证明这一政策主张是如何的及时与必要，鲜有批评质疑之声（当然并非绝对）。然而随着时间推移，不管该求证是否完成既定目标，"执着"研究者已不再。笔者此处无批评任一学者之意，只是觉得学界这种"习俗"——"政策出台先于争鸣讨论"——还是改一改比较好。如果什么时候我们能够做到，先是学界就国家当前和今后应当关注的问题进行公开地讨论与争鸣，等到主流认识基本达成时再上升为国家的政策主张，那么这种"习俗"——"争鸣讨论先于政策出台"——应该优于前者。

　　自胡锦涛主席于 2005 年 9 月 15 日在联合国成立 60 周年首脑会议上正式提出"和谐世界"理念以来，学界迅疾刮起一股研究"和谐世界"的热风，2007 年至 2008 年达到高潮（笔者亦不能免俗，2007 年底便是以此为题申请到教育部课题），此后便日渐冷淡。以中国学术期刊数据库为例，以"和谐世界"为题名进行搜索，2006 年 181 篇；2007 年 331 篇；2008 年 204 篇；2009 年 152 篇；2010 年 105 篇。那么，学界是否已解决"和谐世界"（理念）所有重大问题或者完全认清"和谐世界"（理念）的本质属性。恐怕未必。正如本书所言："和谐世界"理念需要细化，因为其内涵与外延不是静态的，而是动态的，需要根据不断的实践来继续丰富和修正。因此，在笔者看来，"和谐世界"（理念）是一个需要给予长期持续关注的重大现实问题，而不仅仅是一个研究一段时间即可告一段落的学术问题。

　　在本书付梓出版之际，笔者特别感谢中国社会科学出版社的冯斌老师，他对本书提出了部分修改意见，并对文字进行了仔细校对，他的辛勤劳动使本书得以顺利付梓。

感谢华中师范大学政治学研究院徐勇院长、程又中副院长、唐鸣副院长、肖友英书记和王长华书记一直以来对我工作和生活的关心与帮助，感谢院里为本书出版提供的资助。

感谢政治学研究院国际事务研究所韦红教授、胡宗山教授、宋秀琚副教授以及王勇辉副教授。我们是一个团结的集体，一起申报各类课题，一起分享教学与科研经验。能有一个舒心快乐的工作环境岂不是人生一大乐事。

感谢初中班主任王景治老师，毕业至今已20多年，他一如既往地、慈父般地关心与提醒我。我时常在想，如果人生中没有遇到他，我能否有现在的生活。衷心祝愿他晚年生活幸福、身体康健。

感谢我的岳父岳母，他们不顾古稀之年，不远千里给我带孩子，使我有较多的时间从事自己的科研与教学。衷心祝愿他们身体健康。

最后我要特别感谢我的夫人薛亚梅博士，她一方面要从事自己的教学与科研，一方面还要照顾孩子，尤其是我们两地生活，艰辛程度可想而知。但愿我们能够尽早结束两地生活。

本书在写作过程中，借鉴、参考了国内众多学者的研究成果，直接引用的在文中注释中已标明，有些虽然没有列出来，但是他们的思路给我启发很大，在此谨向学界同仁表示感谢。当然，本书难免会存在一些错漏，敬请专家和读者提出批评。

赵长峰

2011 年 9 月 22 日